- 国家自然科学基金地区项目"农业产业化背景下小农户衔接大市场的决策行为优化：跨境山区农户分化实证"（72263035）、"西部边疆民族地区乡村小规模学校发展的时空演化及驱动因素研究"（72164039）
- 国家留学基金"高级访问学者"项目（202008530022）
- 云南省科技计划基础研究专项"云南跨境山区农户异质性分化视角下的农业产业化经营行为决策风险评估及影响因素研究"（202301AT070496）
- 云南省哲学社会科学规划项目"云南农业企业面向东南亚构建跨境农业产业链的路径研究"（YB2021017）
- 云南省高层次人才培养支持计划"青年拔尖人才"项目（YNWR-QNBJ-2020-228）

国际农业合作机制建设

跨境粮仓理念与创新实践

冯璐 晋燕 张焱 李勃 云建辉 等著

Construction of International Agricultural Cooperation Mechanisms

The Concept and Innovative Practices of Cross-Border Granary

中国社会科学出版社

图书在版编目（CIP）数据

国际农业合作机制建设：跨境粮仓理念与创新实践/冯璐等著.—北京：中国社会科学出版社，2023.9
ISBN 978-7-5227-2425-6

Ⅰ.①国⋯ Ⅱ.①冯⋯ Ⅲ.①粮食问题—国际合作—研究 Ⅳ.①F316.11

中国国家版本馆 CIP 数据核字（2023）第 153024 号

出 版 人	赵剑英
责任编辑	任睿明　刘晓红
责任校对	阎红蕾
责任印制	戴　宽
出　版	中国社会科学出版社
社　址	北京鼓楼西大街甲 158 号
邮　编	100720
网　址	http://www.csspw.cn
发 行 部	010-84083685
门 市 部	010-84029450
经　销	新华书店及其他书店
印　刷	北京君升印刷有限公司
装　订	廊坊市广阳区广增装订厂
版　次	2023 年 9 月第 1 版
印　次	2023 年 9 月第 1 次印刷
开　本	710×1000　1/16
印　张	16.25
字　数	251 千字
定　价	89.00 元

凡购买中国社会科学出版社图书，如有质量问题请与本社营销中心联系调换
电话：010-84083683
版权所有　侵权必究

前　言

当前，百年变局叠加新冠疫情，俄乌冲突、中美贸易摩擦加速世界经济格局裂化，国际粮食市场动荡不稳、各国贸易限制措施频出，全球粮食安全面临巨大的风险。因此，中国不仅要提高粮食综合产能，夯实大国粮仓根基，更要充分利用国际市场资源保障粮食安全，而东南亚作为重要的粮食产地尤其不可忽视。在中国与东南亚的跨境区域合作中，云南省下辖 25 个边境县拥有 11 个国家口岸、16 个跨境民族、4 个大国际河流，涉及 1000 多万跨境人口，辐射面积近 2000 万公顷，其农业生产、经贸往来等都受到两个市场的双重影响。随着"南亚东南亚辐射中心"以及"中老铁路"的建设叠加《区域全面经济伙伴关系协定》（RCEP）生效，中国（云南）—东南亚跨境合作的重要性日益突出。2022 年 7 月 4 日举行的澜沧江—湄公河合作第七次外长会议更是重申并强调"共同维护区域粮食安全及产业链安全，加强澜湄合作农业联合工作组机制作用"。

科技外交作为全球外交的重要方式之一，对农业科技合作提出了新的要求，随着中国政府宏观调控能力的不断加强，对尚处于发展中的农业科技合作平台建设又提出新的挑战。另外，对外农业投资企业是双循环新发展格局下深化农业对外合作的重要力量，分析农业投资企业的现状和困境，有助于优化跨境投资布局，充分发挥国内、国际两个市场的作用。因此，该跨境区域的市场和运输外部环境更加优化，对外农业投资需求进一步增加，而以创新实践驱动"跨境粮仓"建设是保障区域粮食安全的重要一环。当前国际农业合作效能偏低的现象较为突出，其问题的解决不仅需要进一步搭建国际农业科技合作平台，更需要构建完善的合作机制。而东南亚国家国情复杂、人文风俗差异较大，合作双方理解不足则很难开展深入的科技合作与产业建设，国际农业投资合作也受限较多，跨境农业合作的成果转化落地风险较大。本书持续关注20年来云南与东南亚农业跨境合作，分别从以下三个主题开展研究。

（1）理论基础篇：系统阐述区域粮食安全下的跨境农业发展动态变化。通过梳理相关理论和文献，阐述全球化下中国粮食生产及贸易发展情况，并以云南省粮食生产贸易为典型代表，运用文献研究和数理统计分析跨境区域粮食的生产特点、市场地位、贸易对象等；系统回顾跨境区域政策文件，再结合前期研究基础，总结归纳跨境区域的粮食生产发展特征，从横向和纵向两个维度比较分析跨境农业发展的动态变化，进而提出"跨境粮仓"理念和概念。

（2）国别贸易篇：比较粮食商业化下的东南亚五国粮食生产贸易差异。"跨境粮仓"研究要客观地了解本国及合作国的粮食生产贸易情况，因此，本书通过文献回顾并利用现有合作平台，以市场动态、政府政策、产业发展、合作对象等为分析要素，收集并梳理泰国、缅甸、越南、柬埔寨和老挝五国的粮食生产及贸易案例。通过比较，有针对性地分析东南亚五国粮食商业化下的生产贸易差异，进而考察"跨境粮仓"的建设基础和发展前景。

（3）创新实践篇：结合创新实践构建"跨境粮仓"国际农业合作机制。科技外交作为全球外交的重要方式之一，对农业科技合作提出了新的要求，而随着我国政府宏观调控能力的不断加强，对尚处于发展中的农业科技合作平台建设也提出了新的挑战。因此，本书通过跨境农业企业、中老铁路、自贸区以及"南亚东南亚农业科技创新联盟"等平台机构的调研案例，以创新实践构建全球治理下的"跨境粮仓"国际农业合作机制。

因此，系统研究区域粮食安全视角下的国际农业合作机制，首创"跨境粮仓"理念，有助于厘清跨境农业发展的内涵和特征，揭示从生产化到商业化的动态变化，系统总结跨境农业的发展问题；梳理东南亚五国粮食生产贸易案例，对探讨粮食商业化下的粮食安全全球治理具有借鉴参考价值；构建"跨境粮仓"创新国际农业合作机制，可

前　言

为双循环格局下的政府政策制定及企业决策提供重要依据，充分利用国内、国际两个市场，深度参与全球产业链体系和推动澜湄农业合作可持续发展，并为维护边境繁荣稳定、建设"南亚东南亚辐射中心"等提供智力支持。

冯璐

2023 年 1 月 1 日

目 录

理论基础篇

第一章 绪论 3
  第一节 全球化背景下我国经济发展与资源分配 3
  第二节 科技外交下我国粮食安全与国际稻米贸易 6
  第三节 跨境农业及区域合作研究理论与动态发展 9

第二章 跨境农业合作进展 20
  第一节 跨境农业合作的事实依据 20
  第二节 跨境农业合作机遇 23
  第三节 跨境农业合作挑战 29
  第四节 跨境农业贸易进展 33
  第五节 跨境农业科技合作进展 35

第三章 跨境粮食生产贸易 39
  第一节 中国粮食生产情况 39
  第二节 云南粮食生产现状 45
  第三节 云南跨境粮食贸易 55

国别贸易篇

第四章 香米贸易：泰国粮食商业化演进及跨境贸易 61
  第一节 泰国粮食跨境贸易 61

第二节　泰国国家稻米政策 …………………………………… 64
　　第三节　泰国东北部粮食商业化生产 ………………………… 70

第五章　绿色革命：老挝粮食商业化演进及贸易 ………………… 79
　　第一节　老挝农业系统及水稻生产 …………………………… 79
　　第二节　老挝绿色革命和粮食商业化生产 …………………… 83
　　第三节　沙湾拿吉省的大米营销和跨境贸易 ………………… 89

第六章　锻造白金：柬埔寨粮食商业化演进及跨境贸易 ………… 95
　　第一节　柬埔寨粮食生产发展 ………………………………… 95
　　第二节　柬埔寨南部灌溉稻商业化 …………………………… 98
　　第三节　柬埔寨稻农种植行为影响下的中柬稻米合作 …… 102

第七章　湄公河三角洲：越南粮食商业化演进及贸易 ………… 113
　　第一节　中南半岛粮食发展 ………………………………… 113
　　第二节　越南湄公河三角洲的粮食产业 …………………… 116
　　第三节　湄公河三角洲稻米跨境贸易 ……………………… 125

第八章　逆境发展：缅甸粮食商业化演进及贸易 ……………… 132
　　第一节　缅甸农业经济发展 ………………………………… 132
　　第二节　缅甸粮食生产贸易 ………………………………… 135
　　第三节　中缅农业贸易 ……………………………………… 138

创新实践篇

第九章　跨境农业经济合作发展 ………………………………… 149
　　第一节　跨境经济合作典型案例及启示 …………………… 149
　　第二节　双循环格局下云南跨境农业的转型升级 ………… 163
　　第三节　云南跨境经济合作建设面临的问题 ……………… 169

第十章　跨境粮仓的农业产业链建设实践 ……………………… 174
　　第一节　跨境农业企业生产加工 …………………………… 174

第二节　跨境农业企业国际贸易 …………………………… 179
　　第三节　跨境农业企业外贸营销 …………………………… 184
　　第四节　跨境农业企业的仓储建设 ………………………… 189
　　第五节　跨境农业企业物流发展 …………………………… 193

第十一章　跨境粮仓的农业合作机制建设 ………………………… 198
　　第一节　跨境农业产业发展的SWOT分析 ……………………… 199
　　第二节　科技外交下跨境农业合作平台管理 ……………… 203
　　第三节　跨境粮仓的国际合作机制建设 …………………… 206

参考文献 ……………………………………………………………… 216

后　记 ………………………………………………………………… 247

理论基础篇

第一章

绪 论

第一节 全球化背景下我国经济发展与资源分配

在百年变局和新冠疫情的危机下，随着"南亚东南亚辐射中心"以及"中老铁路"的建设运行，中国（云南）—东南亚跨境合作区域的重要性日益突出。

一 科技合作下的区域粮食安全亟须落实国际农业合作

科技合作是区域内多国政府共同应对气候变化、能源危机、重大疾病和粮食安全等世界性挑战的重要途径。中国和"一带一路"沿线发展中国家处在转型时期的不同阶段，农业与非农的交叉融合、城镇化和经济收入的提高、不同地区农业生产潜力和劳动力效率的不断变化，都对国际合作和产业发展提出了新的挑战（Zeigler，2019）。发展中国家面临相似的约束条件且存在共同的发展目标，科技合作及平台搭建有助于加快发展中国家突破资源约束，共同应对气候变化挑战（Altenburg，2009；Harvey and Pilgrim，2011；Reynolds et al.，2017）。

东盟是全球重要的国际政治和经济力量。2020 年，中国和东盟已互为第一大贸易合作伙伴，2021 年，中国与东盟双边关系提升为全面战略合作伙伴关系。中国—东盟自贸区的建立、农产品贸易的频繁往来和快速增长增强了双方经济发展的相互依赖性，推进区域经济合作是发展全球伙伴关系和构建新型国际关系的重要内容（刘中伟，2014；钟飞腾，2020；孙伊然等，2021）。作为松散型的国际组织，东盟成员国中三个国家是我国的陆上邻国，四个国家与我国隔海相望，区域内各国发展水平多样化，资源条件和制度环境不尽相同，使中国通过"一带一路"倡议进一步推动与东盟各国间的合作需与各成员国分别达成一致意见（邓启明，2018）。虽然中国与东盟已形成较为系统的区域、次区域合作机制与合作模式（全毅和尹竹，2017），但科技合作仍处于初始阶段，明确科技合作选择机制能够促进区域内合作机制的升级与整合，提升区域合作的制度化水平和发展策略的有效性。

同时，水稻研究是一项重要的全球事业，为可持续粮食安全提供充足的粮食供应。面对土地、劳动力和水资源日益激烈的竞争以及全球变暖带来的挑战，改进水稻生产力增长技术对于实现粮食安全和减少贫困至关重要。亚洲主要作物之一稻米生产的"绿色革命"有力地表明了技术变革一直是农业增长的主要来源。改良水稻品种的普及以及灌溉和化肥的使用预示着产量快速增长时代的到来，这有助于改善亚洲的粮食安全和收入增长（Hazell，2010）。"绿色革命"对亚洲灌溉地区的这些影响已被广泛记录和分析（Evenson and Gollin，2003；Hazell，2010；Kajisa and Payongayong，2011；Stone and Glover，2017）。同时，传统的轮耕已在很大程度上被永久耕作所取代。随着粮食安全状况的改善，农民越来越多地从事农业活动以增加收入。由于生产力的提高，不仅确保了粮食需求，促进了收入增长和环境保护（Atlin et al.，2006；Wang et al.，2010），更为粮食贸易打下了坚实基础。因此，通过国际农业合作机制建设，进一步提升南亚东南亚地区的粮食商业化，深化中国区域性粮食合作，共建跨境粮仓确保区域粮食安全具有前瞻性和重要性。

二 中国农业生产需要树立全球视野推进供给侧改革

亚洲农业经济及其生产正在发生重大的结构变化，主要农业产业也在变革，而通过产业结构优化增强全球农业资源配置能力是成为大国、强国竞争的核心。2014年，中国超过日本成为全球第二大经济体，经济迅速发展在全球有目共睹，现在已是全球最大的债权国和外汇储备国。但是，中国海外投资数额与美国、日本相比有着很大的差距，多集中于东南亚地区。从存量角度看，中国对外投资位列第八，比第五位的日本少4635.2亿美元，与第一位的美国差5.59万亿美元，仅为美国对外投资存量的11.55%。尤其中国农业国际竞争力下降已经是农业发展的核心矛盾之一，目前我国农业发展主要表现为基于要素禀赋基础上的静态比较优势，相对而言，农业的比较劣势更为突出。

习近平总书记在党的二十大报告中再次明确"我国社会主要矛盾是人民日益增长的美好生活需要和不平衡不充分的发展之间的矛盾"，我们"必须完整、准确、全面贯彻新发展理念，坚持社会主义市场经济改革方向，坚持高水平对外开放，加快构建以国内大循环为主体、国内国际双循环相互促进的新发展格局"（习近平，2022）。目前，农业的主要矛盾仍然是结构性矛盾，突出表现为阶段性供过于求和供给不足并存，矛盾的主要方面在供给侧，这种矛盾对农业农村的发展提出了新要求。新时期农业发展主要矛盾的解决兼顾国外市场和资源，从而抓住推进农业供给侧改革的时机。因此，合理利用国际资源保障中国粮食安全已经成为学界共识。价优物美的国际农产品为改善我国农业供需矛盾、缓解农业资源紧缺、提高农产品比较优势、丰富民众饮食结构等提供了充足的置换空间。

三 "一带一路"倡议推动全球资源配置和农业生产发展

"一带一路"倡议指出我国产业转型升级在"新业态"窘境下通过产业转移提高全球资源配置能力之路。2017年，我国对外投资规模达1200亿美元，共对"一带一路"沿线的59个国家有新增投资，合计143.6亿美元，占同期总额的12%，比2016年同期增加了3.5百分点。中国从东盟进口农产品的价格从2000年的13.1亿美元增加到2017年的158.9亿美元，比重从11.6%增加到12.6%。2016年，中国与东盟农产品贸易占东盟对世界农产品贸易额的比重已达14.5%（王永春和王秀东，2018）。在投资方面，中国近5年农业对外投资年增长率达到18%，区域主要集中在南亚东南亚包括印度尼西亚、泰国、老挝、柬埔寨等优势资源突出的国家，中国也是缅甸最大的贸易伙伴和投资来源国。贸易在经济增长以及改善食物安全和营养的进程中起到重要作用（李崇光，2018；樊胜根等，2019）。

"经济外交"是中国与南亚东南亚各国传统外交的重要组成部分，在国际政治和经济形势发生重大变化的今天，选取代表第一生产力、无国界的"科技"为介入点，打造中国与南亚东南亚各国多边的"战略关系升级版"意义深远，是促成区域"可持续发展"和"可持续安全"的重要保障。农业作为南亚、东南亚国家的第一大产业，已将粮食安全和农业发展作为优先发展的重大战略（程国强和朱满德，2014；吴孔明，2018）。通过农业国际合作，中国农业技术研发时间平均缩短了10—15年，研发投入平均节省30%—50%，合理的跨平台合作与技术支持是不可忽视的基础性建设（肖卫东和詹琳，2018；梁湘梓，2018）。中国粮食生产实现历史的"九连增"，农民收入实现"九连快"，农业农村发展取得了巨大成就。广大发展中国家不仅希望搭上中国发展的快车，同时也希望借助中国的发展经验和实用技术，与中国开展广泛的农业国际合作。因此，将技术、资金和资源输送至南亚、东南亚国家可以大范围地带动所在国农业发展水平的提高，同时也为中国的粮食战略储备提供保障（冯璐等，2022）。

第二节 科技外交下我国粮食安全与国际稻米贸易

一 科技外交下应深化粮食安全国际合作

全球经济一体化和贸易自由化，自然要求农业走向开放、合作和竞争。但全球农业资源约束趋紧，增强全球农业资源配置能力和国际影响能力已成为大国、强国竞争的核心（Zeigler，2019）。近20年来，我国科学技术的一系列重大进展为外交体系创新重建奠定了物质基础，随着经济全球化和经济竞争高科技化的日益凸显，农业国际合作与政治、经济、科技、社会、健康、伦理及国防安全等一系列重大问题交织在一起，在我国新常态下，将面临解决人类进步、经济增长、社会稳定与自然和谐发展等综合性新问题的课题。以对外科技合作为主要形式的科技外交是目前全球外交的重要方式之一，科技外交水平已成为衡量一个国家综合外交水平的重要标志（祝学华和霍国庆，2012）。2019—2022年，因突发新冠疫情，国际农产品贸易因限制性措施受阻，市场供应链和贸易受到波及，因此，我国需在深化农业合作的基础上，确保自身的粮食和重要产业链供应链安全，正如2023年中央一号文件强调的坚决守牢确保粮食安全，抓紧粮食和重要农产品稳产保供给。食物安全不再是一个区域性问题，而是一个需要共同应对的全球性问题，各国应当共同努力，加强合作和全球治理，在保持贸易开放和坚决不放松确保本国粮食安全的前提下，积极应对贸易限制措施，有效开展农业对外援助，深化粮食安全国际合作（李先德等，2020；陈志钢等，2020）。在此，国际农业合作更应逆势而上、未雨绸缪，发挥稳固的桥梁作用以实现全球治理，从而保障粮食安全。

二 东南亚农业发展潜力巨大合作空间广阔

农业国际合作通过贸易和投资利用全球农业资源，有助于减轻我国当前的资源压力（黄季焜，2013，2018；赵其波和胡跃高，2015；蓝海涛等，2016）。南亚东南亚国家的大宗商品与中国在产品空间上更为邻近，出口大宗商品到中国更有利于其出口产品比较优势的提升（孙楚仁和易正容，2019）。在开放经济条件下，我国粮食安全思路已从产需两元平衡的思路转变为生产、需求进口三元平衡（程国强和朱满德，2014；倪洪兴和吕向东，2018；肖卫东和詹琳，2018；朱晶等，2018）。进口多元化是中国今后更灵活、更高效统筹利用国外农业资源、调节农产品国内供需的重要路径（肖卫东和詹琳，2018）。孙雨嘉（2007）表示，中国与南亚、东南亚地区所处的地理位置不同，自然在气候特点上也会存在一定的差异，不同的气候特点自然适宜种植的农作物不同，但也正因如此，具有明显的互补性特征，对不同地区之间农业合作发展具有一定的优势。丁阳（2016）提出，中国非常重视与"一带一路"沿线国家的交流与合作，农业合作作为众多产业之一，其在国际分工程度上的占比并不高，一直维持在8%左右，相比其他产业，在国际分工程度上自然是较低的。张原天（2018）认为，"一带一路"沿线国家有很多，在这些国家中大部分国家地大物博，非常适合大力发展农业，且实际上从这些国家发展的总经济来看农业占比确实非常高，几乎可以达到总经济的15%—20%。程国强（2015）表示，从对中国、老挝、柬埔寨和缅甸之间的农业合作实证分析来看，加强各国之间的农业合作，可将大米的出口数量新增2000万吨，由此说明加强跨境农业合作是至关重要的。

三 双循环格局下中国稻米贸易具备双重身份

将世界七大洲稻谷种植面积进行排序，其依次分别为亚洲、非洲、美洲等，而亚洲国家中印度和中国稻谷种植面积最大。且随着稻谷种植技术的提高，亚洲稻谷总产量日益剧增，占据世界稻谷总产量的90%，其中东亚、东南亚、南亚属于季风区，非常适合稻谷的生长，自然成为亚洲水稻种植的主产区，且稻谷产量在亚洲中的占比分别为38%、29%、25%。而中国在世界稻谷产量中的占比最高，高达30%，也因此被称为"稻米王国"。中国虽然无论从种植稻谷面积还是从稻谷生产总量上来看在世界上都是占据领先地位的，但是从2012年往后的中国大米进口量和出口量的数据显示可知，中国以往是大米出口量最大的国家，但现在是大米进口量最大的国家，而从进口大米的品种来看，其主要进口的是精米，由此说明中国在水稻种植质量上还有待提高，这样才能打破贸易保护主义的限制，实现真正意义上的对外开放。2017年，全球大米出口量创下4400万吨的新纪录，其中出口到中国的大米占总出口量的10%，巴基斯坦、缅甸、越南、泰国成为向中国出口大米的主力国家。但是从以往的发展历史来看，缅甸在"二战"期间是出口大米的大国，占全球出口量的40%，主要的出口对象是印度。但是现如今，印度已经代替缅甸成为大米出口大国，中国人口众多，自然也成为周边国家大米出口的重要市场。

第三节 跨境农业及区域合作研究理论与动态发展

一 跨境经济合作区概念与理论

(一) 跨境经济合作的相关理论

1. 关税同盟理论

关税同盟理论是在1950年由美国经济学家维纳在《关税同盟问题》中提出的。该理论指的是两个国家或者多个国家共同制定统一的关境协定,针对有关境内国家之间的关税可以进行相关的减免或者取消关税,同时针对关境外的国家实行相同的关税税率。如果将关税同盟的效果进行分类,其可以分为以下两种效果,即静态效果和动态效果。但无论是哪种效果,都对资源使用效率的提高、经济利益的扩大以及技术的进步具有重要意义。

2. 大市场理论

大市场理论的代表提出者是西托夫斯基,各国之间在市场竞争中维护各自国家的利益是非常正常的,但受此思想的影响,在以往各国之间所制定贸易保护政策缺乏一定的弹性,不利于实现规模化经济,自然国家经济发展会受到一定的限制。基于此,大市场理论的提出就是希望可以建立共同市场,在激烈的竞争下,实行大批量的生产,实现规模经济。在关税取消之后,进口产品的价格不再是高攀不起的,消费群体的增加,也可以在一定程度上带动经济的发展。

3. 综合发展战略理论

综合发展战略理论是由鲍里斯·塞泽尔基在《南南合作的挑战》一书中提出的。个人的力量毕竟是有限的,对于发展中国家而言,其想要实现由发展中国家向发达国家的转变,就必须实行经济一体化的发展战略,国家与国家经济的联合,会达到强强联合的效果,既是对发展中国家的一种保护,也更有利于推进世界经济结构的变革。

（二）国际科技合作机制

1. 国际科技合作历程

从国际科技合作发展历程的时间线来看，其主要分为以下五个时期：18世纪60年代至1945年，这一时间段内发生了两次工业革命，其所带来的成果也开始在全球范围内进行推广，这一时期被称为技术扩散期；1945年至20世纪60年代初，美国和苏联作为当时比较强大的国家，开始向同盟国家进行军事援助，这一时期被称为技术援助期；20世纪60年代至90年代初，在这一时期，第三次工业革命在科技领域可以说是突飞猛进，导致信息技术、新能源技术、生物技术等多个领域发生了变革，更是拉大了社会主义国家与资本主义国家之间的差距，但在这一时期，各国为了提升自身的技术能力也在积极进行技术转移，故被称为技术转移期；20世纪90年代至20世纪末，国际市场被打开，各国意识到国际合作的重要性，在合作与竞争中，各国科技力量得到不断提升，这一时期被称为国际合作期。而发展到21世纪之后，科技外交应运而生。

2. 国际科技合作格局

随着时间的推移，国际科技合作不断深入，合作的重点也在不断调整。在科学技术的不断发展下，新兴产业开始崛起，与传统产业相比，新兴产业技术含量比较高，自然具有高附加值的特点，对优化产业结构具有积极作用（单玉丽和苏美祥，2011）。正因如此，现如今各个国家都非常重视新兴产业的发展，跨国公司将新科技技术带入了更多的国家，也在一定程度上对国际科技合作具有促进作用。而为了实现技术转移，各国开始更加重视国际科技合作，在科技转移途径上由单一向多样进行转变，不仅积极开展科技外交，更是重视各国科学家之间的交流与合作以及优秀学科家的引进等。

3. 科技外交的国际科技合作模式

美国的技术移民模式。美国作为发达国家，所制定的移民政策对移民者而言是具有较强吸引力的。在具备此经验之后，在技术移民上自然并不需要额外多投入费用，且会有专业的公司为符合技术移民要求的移民提供全程的支持（Gohen，2004），加拿大、澳大利亚等国家也开始效仿美国采用技术移民模式。

日本的技术许可模式。日本同样作为发达国家之所以没有在国际科技合作模式上效仿美国，是因为日本在"二战"后经济发展受到打击，本国人民的生活水平都无法得到保障，自然也无法为技术移民提供良好的政策。因此日本采用技术许可模式以引进专利技术。

苏联的技术产品贸易模式。苏联地大物博，自然资源种类丰富，其不仅可以满足本国所需，还可以出口到其他国家以换取利益，巨大的经济实力使其有能力承担大型机械设备的购买费用，这些机械设备中存在着科学技术，苏联就是通过这种贸易的形式完成了国际科技合作。

巴西和新加坡的外国直接投资模式。巴西和新加坡为了引进科学技术，都采用了对外直接投资的方式，获取相关技术，且从其投资的国家来看，主要投资国自然是以发达国家为主的，但是该模式存在依赖性较强的不足，并不利于该国家科学技术的研发和发展。

（三）跨境经济合作区内涵

1. 跨境经济合作区概念

跨境经济合作区在区域划定上一般会选择在两国边境交界的位置附近，为了更好地在该区域内开展经济合作，同时吸引人流、物流、信息流等在此聚集，两国在商定下不仅会制定优惠的税收政策，还会积极完善相应的配套设施，从而推进跨境经济合作区获得快速的发展，进而带动周边地区共同实现经济增长。而在现如今，两国或两国以上国家往往会在相邻的沿边地区的保税区或者自由贸易区等制定一些特殊的优惠政策，该优惠政策往往是获得两国或多国共同认可的，这么做是为了更好促进经济合作国家之间资源的合理利用，促进跨境经济合作国家之间的经济协调发展。

由此可见，跨境经济合作区从地理位置上来看，一般会选择设立在相邻国家之间的边境沿海地区，这里交通往往更加便利，便于两国或多国各种资源聚集。从合作主体来看，跨境经济合作区的设立以及实行的特殊政策，必须经过两国或多国政府的授权，进而在共同商议下制定适合推动其经济协调发展的制度，保证经济活动的有效开展，且企业和边民作为经济活动开展的重要参与者，在一定程度上会直接影响经济活动的开展效果。从合作动力上看，国家与国家之间的经济合作，往往具备一定资源互补、经济互补的优势，在一定程度上有利于控制生产成本，提高生产效益，进而扩大市场发展规模，自然国家之间的经济合作在不断收获理想成效之后，国家之间经济合作的动力会更强。从合作内容上看，跨境经济合作区合作的内容是非常丰富的，其不仅包括贸易和投资合作，技术的融入以及旅游业的发展也会对国家经济发展起到积极促进作用。而从协调机制上看，在跨境经济合作区中，各国之间只进行发展政策的协调是远远不够的，还需要在管理模式、相关法律法规等多个方面进行协调，这样才能更好地为跨境经济合作区经济合作的有序开展保驾护航。但这并不意味着协调机制内容与形式都是一成不变的，反而需要随着合作的不断深入，对其进行合理的调整。

2. 跨境及合作区基本特征

（1）由两国政府谈判并签署协议。

跨境经济合作区的设立是希望可以达到强强联合、相互互补的效果，合作需要双方共同朝着一个方向进行努力，这就需要合作国家之间相互尊重，相互配合，保障跨境经济合作区经济活动的有序开展。为了保证跨境经济合作区一切经济活动的开展都有章可循，需要两国政府就经济合作进行谈判，共同制定特殊海关监管制度和优惠政策，在达成共识之后拟定并签署协议，并严格按照协议执行。但是边境经济合作区并不等同于跨境经济合作区，边境经济合作区相关政策的出台，并不需要其他国家的干涉。

（2）合作空间限于接壤的边境特定的跨境区域。

跨境经济合作区由于两个或多个相邻国家是在交接区域内共同设立的，在跨境经济合作区没有设立之前，各个国家的贸易发展往往是比较单一的，且加工功能有限，但是在其设立之后，相邻成员国之间在贸易、物流、仓储以及旅游等多个方面都会相应的发展。且由于不同国家的政治、经济、文化不同，区域经济组织在发展时所制定的经济政策想要达成成员国之间的认同比较困难，自然会影响区域经济的合作效果。但是跨境经济合作区参与的成员国都是相邻的，只需成员国边境城市在经济发展政策上做出改变，经济政策的制定往往更容易得到成员国的认可，自然更利于经济合作的有效开展。

（3）奉行开放性和非歧视性原则。

跨境经济合作区中成员国之间的经济合作遵循的是开放性和非歧视性原则，成员国之间相互尊重，更有利于成员国之间的和谐相处、共同发展。从跨境经济合作区所参与的成员国经济发展情况来看，经济发展水平比较低下，面对自身发展资金有限的难题，必须积极进行外部资金的引进，而通过经济合作的方式，引入投资，可以解决国家经济发展资金有限的难题，实现成员国之间经济的协调发展。

（4）出台特殊政策提供支持和便利。

相邻国家想要通过跨境经济合作区的设立达到促进经济发展的目的，就需要在共同协商下对财政、税收、海关监管等方面制定特殊的发展政策，以此更好地实现产业集聚、资金引入以及带动周边地区城市共同发展的目标。优惠政策作为吸引人流、资金流、技术流、物流等集聚的重要因素，在制定优惠政策时，一定要保证其全面行、综合性，这样才能真正为跨境经济合作区的发展提供有利的支持。

二　跨境地区及效应研究动态

（一）跨境地区经济研究的架构

在世界一体化程度越来越高的当今社会，跨境地区和跨境效应研究正吸引着政治、经济、社会等学科领域的涉足，并成为全球经济发展的重要议题。20世纪90年代，欧洲东西部开展了大范围高强度的跨境区域融合，目前，全欧洲有超过70个边境区域，其繁荣发展不仅得到欧盟的政策支持，还受到多级部门的行政监管，且跨境区域的发展形式、合作方式都呈现出多样化趋势（Perkman，2003）。跨境地区的相关研究认为，影响跨境地区经济发展的主要因素包括交流非持续性、市场距离及大小、购买力不平衡、企业生产力和产品质量问题等（Chayanov，1989；Chambers and Conway，1992；肖洋和史月兰，2014）。而分析跨境经济发展障碍的理论主要有两个方面：一是以产业组织理论为支撑分析微观经济参与者的决策活动；二是以区域经济发展的角度考察双边发展的具体背景和空间（Ratti and Reichman，1993）。来自美墨跨境地区（Hanson，1996）、泰国跨境经济区（Tsuneishi，2008）、乌克兰跨境合作（Niebuhr and Stiuer，2008）等跨境效应的实证研究显示：跨境经济发展要想取得成功，不仅需要政府在跨境发展问题上达成共识，也需要直接参与者，即企业和生产组织者的支持。同时，历史上对人们在领土、经济和文化方面形成的传统共识也有一定影响。2005年，欧盟分别从法制、税收、管理、经济、态度五个方面组建了跨境地区障碍分析框架。

首先，中国的跨境地区经济研究主要以社会学宏观构架为主，如缘西边境跨境国际经济合作带发展的构建依据和发展规划，并主要从调整跨境地区产业结构、加强对外交流、促进双边共同富裕、发展边贸合作等方面提出宏观意见和建议（Perkmann，2003）。其次，由于跨境地区居民多属于少数民族，因此，对跨境民族问题的研究也颇受关注。这些研究主要包括：一是对跨境民族的分布、语言、经济、生活、文化、风俗习惯等的研究（Cattan et al.，1992；Petrakos et al.，2008）；二是侧重分析跨境民族地区的沿边开放、经贸合作、共同开发等（Helbing and Lichtenhahn，1993），刘稚在其《启示与抉择：周边国家民族问题与云南对外开放研究》一书中，进一步着重探讨了云南与周边国家的跨境民族区域之间的经贸合作、共同发展等问题；三是比较中国与周边国家的跨境政策。如毕世鸿通过对中越跨境政策的比较认为，中越两国的跨境政策在政策的针对性、适应性、系统性等方面具有差异，并强调尽管中国跨境地区发展水平高于越南，但越南的跨境优惠政策影响着中国跨境地区的社会经济发展与和谐社会构建（Hanson，1996）。

（二）跨境科技合作机制

中国属于东亚区域，与东南亚多个国家相邻，为了更好地实现经济合作发展，中国已经与东盟国家中马来西亚、印度尼西亚、泰国等6个国家建立了双边科技合作联委会机制，且合作的项目众多，涉及的领域也非常广泛，如在农业、海洋、能源等多个领域都加强合作。早在1991年中国与东盟就已经开始对话，但在2012年，中国政府与东盟共同协商制定"中国—东盟科技伙伴计划"之后，才意味着开始了真正意义上的经济合作。2017年，为了更好地促进中国与东盟国家的科技交流和合作，实现科技企业之间的合作发展，成立了中国—东盟科技产业合作委员会。而在2018年为了继续深化中国与东盟国家之间的科技创新与合作，促进中国与东盟国家在未来经济合作的持续发展，共同应对在科技技术发展方面的挑战，制定了中国—东盟战略伙伴关系2030愿景。而从中国与东盟国家近几年所签订的双边科技合作协定来看，一方面意味着中国与东盟国家的经济合作在不断地深入，另一方面代表着跨境科技合作机制的基本建立。

先进的科学技术是促进国家经济发展，提高国家国际市场竞争力的重要保障，为了进一步加快中国与东盟国家之间的跨境经济合作效果的实现，在2013年中国与东盟召开了第一届技术转移与创新合作大会，通过举办先进技术展、科技园区考察等各种活动，希望可以实现技术的转移以及技术的创新，实现跨境经济合作成员国之间经济共同发展。而随着中国与东南亚国家经济合作的不断深入，开始更加注重多领域的合作，为了更好地集思广益，更是以召开论坛会的形式继续深化中国与东盟国家之间在计算机科技、海洋科技以及环境等领域的交流。而随着多双边合作机制的建立，云南省举办了中国—南亚技术转移与创新合作大会、南亚东南亚技术转移对接洽谈会等多种技术交流活动，对促进云南省经济发展以及完善跨境科技合作机制产生了重要作用。

（三）跨境地区农业产业化经营

亚洲农业经济及其生产正在发生重大的结构变化，主要农业产业也在变革，而通过产业结构优化增强全球农业资源配置能力是成为大国、强国竞争的核心。中国于2014年成为全球第二大经济体，但是农业国际竞争力下降已经是农业发展的核心矛盾之一。新时期农业发展主要矛盾的解决不能枉顾国外市场和资源，从而错失了推进农业供给侧结构性改革的时机。因此，加快中国农业生产结构向产业化转型，成为农业供给侧结构性改革的主要任务。中国居住着全球1/3的山区人口，尤其山区大省的云南省所辖25个边境县拥有11个国家口岸、16个跨境民族、4大国际河流，涉及1000多万跨境人口，辐射面积近2000万公顷。作为中国通往南亚东南亚的重要陆路通道，云南省跨境山区自古以来的经贸往来、文化交流、农业生产等都是跨境形式的，受到两种资源、两个市场的双重影响，不仅是重要的跨境开放地区，也是云南省乃至我国重要的跨境山区。但其区域市场体系不健全，经济发展不平衡，严重制约着云南省农业转型的推进。中国云南省与缅甸、老挝、越南三国接壤的边境山区受到国内外双重市场的影响，更应以国际视野审视要素禀赋的跨境流动，弱化地理的边境概念。

　　通常山区被认为是边缘土地，不适合进行现代商业化农业生产，因为商业化生产关注的是为大市场生产单一品种的作物，但是，为了满足更广泛的市场经济的要求，越来越多的山区农民改变了耕作方式（Pandey，2000）。同时，农户种植行为的市场化成为主导性手段，而贫困地区农户更呈现出明显的粮食消费市场化特征（Chen et al.，2013）。目前，农业初级产品仍然主导着中国山区农业经济发展，它们需求收入弹性很小，难以满足现代市场的销售需求并远远落后于市场经济的发展。因此，随着农业生产结构的市场化转型，山区农业生产也面临着市场契合度的考验（李祥，2014；向敬伟和李江风，2018）。云南山区农业生产结构转型以市场为导向，但处于初级阶段并出现差异性决策行为，农户分化特征凸显（冯璐，2017；张焱等，2017）。在农业国际合作通过贸易和投资利用全球农业资源，围绕重点企业精准施策，有助于减轻我国当前的资源压力（黄季焜，2018）。新冠疫情改变国际经济格局的情况下，我国提出"双循环"新格局，立足国内重要农产品供给，统筹用好国际国内两个市场、两种资源，推动实现我国农业产业链在全球的合理延伸布局（隋鹏飞，2021）。跨境经济合作是推动区域经济一体化和本国经济发展的重要途径，其中农业产业合作是中国—东盟跨境经济合作关联度高且贸易互补的产业（王赞信等，2017）。2020年，中国对东盟国家的农业投资存量达123.06亿美元，占中国对外农业投资存量总额的40.72%，在东盟国家投资成立了423家农业企业，占中国境外农业企业总数的41.88%

(谭翔等，2021）。完善农业产业链合作经营体制，不仅有助于跨境农业投资，还可有效增强农户加盟跨境农业企业的意愿，而跨境地区深受双边市场的影响，农业主导产业也在经历转型，影响着当地的农业产业化经营（张鑫，2017；郭景福和蓝广荣，2021；谭翔，2021）。

（四）跨境农业合作发展

为了发展缅甸与老挝的替代种植面积，中国从20世纪90年代开始加强与缅甸和老挝在农业方面的合作，并选择在边境州市地区建设农业科技示范园，而之所以选择在边境州市地区开展农业交流合作，是因为其具备地缘、语言等方面的优势，更便于农业经济合作的有序开展。随着中国与缅甸和老挝农业合作的不断深入，在建设农业科技示范园的同时，也开始积极进行农业科技技术的推广工作以及农业科技人才的培养工作，为了更好保证农作物的生长，确保当地农民的基本收入，实现农作物代替种植。现如今，缅甸和老挝地区种植橡胶、甘蔗等40多种适合该地区种植的农作物达310万亩（1亩≈666.67平方米，下同）左右，这也意味着中国与缅甸与老挝地区的农业合作已经初见成效。云南省与缅甸、老挝相邻，在跨境农业合作下，云南省开始加大对缅甸与老挝地区的农业投资，是云南省对外农业投资企业的重点投资地区，2013年占比已高达97%。截至2019年底，云南省对外农业投资的企业为153家居全国第1位，累计投资额达14.15亿美元占全国第6位，投资区域仍然集中在缅甸和老挝。

随着跨境农业的不断发展，云南省作为中国与南亚、东南亚交流与合作的重要窗口，自然与南亚、东南亚已经在农业方面建立了良好的合作关系，但云南省依然在努力探索与南亚、东南亚国家在多个领域方面的合作，以此实现互利互赢。基于云南省的特殊地理位置，相信在"一带一路"倡议的带领下，云南省会充分发挥对南亚、东南亚相邻地区的科技、经济、农业的发展通道作用。而为了进一步以云南省为通道，加强中国与南亚、东南亚的农业合作，在2015年习近平总书记考察云南省时，就针对云南省要"努力成为我国面向南亚东南亚辐射中心"发表了讲话。而云南省政府为了积极落实习近平总书记的讲话内容，出台了《中共云南省委云南省人民政府关于加快建设我国面向南亚东南亚辐射中心的实施意见》（云发〔2015〕21号）。在该意见中，云南省政府主要针对如何成为"南亚、东南亚辐射中心"的发展框架制定了相关政策措施。但为了得到具体、明确地落实，加快实现成为"南亚、东南亚辐射中心"的发展目标，云南省政府又再次出台了《云南省人民政府关于印发建设面向南亚东南亚科技创新中心专项规划的通知》（云政发〔2016〕77号），其非常详细地明确了辐射中心的任务目标，并突出强调了要将科技创新作为成为辐射中心的重要力量。而为了持续推动中国与南亚、东南亚的经济合作发展，在2021年11月19日出台的《加快面向南亚东南亚科技创新中心建设行动方案》中，更是明确指出了在科技创新、人才建设等方面的发展策略，希望通过科技创新与科技交流合作，实现跨境经济合作的理想效果。2022年11月，为了支持云南省加快建设面向南亚东南亚辐射中心，经国务院同意，国家发展改革委员会印发《关于支持云南省加快建设面向南亚东南亚辐射中心的政策措施》，并从农业合作、基础设施互联互通和产能合作、经贸合作、金融合作、人文交流五大方面提出了更具体、更具有可操作性的政策措施。农业合作作为科技合作中的重要内容，农业科研技术的大力发展对农业的合作发展以及经济的协调发展具有重要意义，因此，应该抓住跨境经济合作的机会，重视农业科技的研究。

三 跨境粮仓概念及国际农业合作机制

国际农业合作是推进中国与东南亚农业科技合作的重要机制，外部环境的改变以及各国之间日益紧密的练习需要从全球角度和新技术革命角度重新考虑经济增长和发展问题（姚洋，2004；林毅夫，2010；林毅夫，2018）。中国成功的发展模式和经验虽然对于其他发展中国家有着很强的实践意义，利用中国经验和农业技术能够提高全球农业生产力（李俊利，2011；Simpfendorfer，2013；郝志鹏等，2016），但不同国家之间的科技合作需要考虑到当地技术需求、文化价值和社会习俗的影响（Lobell et al.，2009）。此次新冠疫情强调了建立政府主导的应急管理系统的重要性（白长虹，2020）。建立高效的合作机制是搭建技术、市场和政策多维度的重要平台（程国强和朱满德，2014；朱晶等，2018）。跨国公司和国际机构是发达国家对外科技合作的主体，但我国以私人部门为主的境外农业投资主体尚在培育阶段（程国强和朱满德，2014），缺乏国际竞争优势，市场占有率不高，这也是"一带一路"沿线国家农业发展所面临的共同问题。因此，在发展中国家科技合作推进过程中，政府还必须担当推动国际科技合作的主角（单玉丽和苏美祥，2011；王永春和王秀东，2018；吕开宇等，2020）。

本书在"中南半岛粮食贸易大通道"（陈志成和孔志坚，2016）建设基础上提出"跨境粮仓"，不仅是从产业链的角度继续夯实通道建设，更是以东南亚粮食生产为基础，在机制建设上通过国际农业合作保障区域性的粮食安全。所以，"跨境粮仓"理念是在粮食现代物流五大通道基础上，利用国际市场资源以粮食商业化构建"跨境粮仓"，进一步拓展我国跨境区域的粮食安全。其概念不仅涉及自贸区、经合区、示范园等物质载体，更包括生产加工、贸易销售、仓储物流等跨境农业产业链各环节，以及"南亚东南亚农业科技创新联盟"等国际合作平台的运行，通过综合实体建设和管理机制创新具体化"跨境粮仓"理念的立意。

因此，本书基于南亚东南亚区域粮食安全的考量，关注新冠疫情引发粮食供应链和国际农业合作机制创新，系统研究粮食商业化视角下的国际农业合作机制，从而服务跨境粮仓建设，有助于：①厘清跨境农业发展的内涵和特征，揭示从生产化到商业化的动态变化；②梳理东南亚各国稻米生产贸易的国别案例，以国际视角探讨稻米商业化发展的动态变化，服务粮食安全的全球治理；③构建跨境粮仓创新国际农业合作机制，对政府的政策决策及农业企业的经营决策均有重要参考价值，并为避免规模性返贫维护边境繁荣稳定，建设"面向南亚东南亚辐射中心"等提供政策支持。

第二章

跨境农业合作进展

第一节　跨境农业合作的事实依据

　　建立高效的合作机制是搭建技术、市场和政策多维度的重要平台，跨国公司和国际机构是发达国家对外科技合作的主体，但我国以私人部门为主的境外农业投资主体尚在培育阶段（程国强和朱满德，2014；朱晶等，2018；），缺乏国际竞争优势，市场占有率不高，这也是"一带一路"沿线国家农业发展所面临的共同问题。因此，在发展中国家科技合作推进过程中，政府还必须担当推动国际科技合作的主角（单玉丽和苏美祥，2011；王永春和王秀东，2018；吕开宇等，2020）。目前，中国从事农业科技国别研究的高校和科研院所数量较少，且主要侧重于宏观层面的政治与社会经济，面向目标国实际生产针对性的研究很少，有关国外农业资源、农业科技、农业经济、农业政策等数据库尚未建立。全国所查询到的138个农业国际合作机构开展的业务，基本围绕农业科技创新合作研究34.1%、国际农业合作战略政策研究23.2%、国际教育和培训18.1%、国际技术转移和应用中心13.0%、国际交流与合作服务型11.6%开展。其中，面向南亚和东南亚的国家的研究机构占总机构数量的34.1%。这种状况造成在中国农业科技"走出去"进程中因信息把握不准而出现政策导向偏差，造成中方的被动局面。同时，也难以高效服务中国农业"走出去"的整体布局，不利于厘清适销对路的农业科技转移模式，限制了国家外交政策效应的发挥（徐长春等，2016）。但是，发达国家的国际农业合作平台不仅辐射面广、经验丰富，而且牢牢扎根当地开拓海外市场。

一 欧美国际农业合作机构

（一）美国海外农业服务局

基于美国自身经济实力比较强，再加上海外农业服务局的存在，导致美国在对外农业贸易发展中一直占据主导地位。海外农业服务局会为美国农业生产和发展搜集一些有利的重要信息，一方面可以对美国农业的发展创造更大的利益，另一方面可以帮助美国更好开拓农产品国际市场。农产品在国际市场的流通中需要应对贸易壁垒，只有符合贸易壁垒协定要求的农产品才能进行出口，进而才能带动国家经济的发展。海外农业服务局可以帮助美国更好地规避贸易壁垒，帮助美国开拓农产品的国际市场。美国国际开发署（USAID）成立于1961年，其作为一个独立的联邦政府机构，主要对外进行非军事援助。USAID 的总部设立在美国华盛顿，但是其分支已经遍及世界上多个国家，且合作的项目也非常多，涉及的领域除军事领域外，在贸易、科技、农业、卫生等多个领域均有涉及。在众多的对外援助领域中，美国对科研教育机构的援助是非常常见的，可见 USAID 对于科研教育是非常重视的，为了让科研教育机构研发出新的科研技术，也经常开展一些研讨会、座谈会，激发科研人员的研究意识。而在 USAID 的科技援助中，其非常重视与拉丁美洲国家的科技合作，当然其与其他国家也签订了将近2000个科技外交协议。

（二）法国国际农艺发展研究中心

法国国际农艺发展研究中心（CIRAD）作为一个政府研究机构，成立于1984年，一直以来致力于解决国际上的农业发展问题，并不歧视与发展中国家的合作，非常注重对水稻、甘蔗、咖啡、香蕉等农作物的研究。希望通过法国先进的农业技术解决发展中国家在农业发展方面的问题，同时加大对热带、亚热带地区农作物生产、农作物栽培等方面的研究。法国以 CIRAD 为窗口积极开展农业对外合作，经过多年的发展，其与东南亚的越南、老挝、柬埔寨、泰国等多个国家和地区都有农业合作，并在这几个国家和地区中建立了农业研究基础以及农业种植示范点等，为的就是便于加强与发展中国家的农业交流与合作。也正因如此，CIRAD 的发展为法国占据国际农业市场地位奠定了坚实的基础。

（三）澳大利亚国际农业研究中心

澳大利亚国际农业研究中心（ACIAR）同样致力于解决发展中国家在农业研究领域的问题，其集聚澳大利亚从事农业研究的所有力量与发展中国家进行农业科技研究的合作，从而获得农业科技研究的进步，实现澳大利亚国家与其他发展中国家共同获利。ACIAR 在 1982 年成立，现如今，其已经在 8 个发展中国家中设立了办事处，主要的工作内容就是与所在国家科研人员共同进行农业合作项目的研究，攻克农业领域的发展难题。

二 日韩国际农业合作机构

（一）日本国际协力机构

日本的耕地面积是非常有限的，作为一个岛国，在地理位置上属于季风气候，因此非常适合种植水稻，日本的稻米基本满足了国内人民的日常生活所需，这足以说明日本在农业科研技术上还是具有一定实力的，才能保证水稻的产量，实现自给自足（徐振伟，2020）。从日本农产品加工和出口的情况来看，其投资布局非常广泛，涉及欧洲、亚洲和大洋洲三大洲，对于日本农产品"走出去"会更加有利。日本国际协力机构（JICA）成立于 2003 年，归日本外务省政府机构直接管辖，其非常重视人才的培养，并可以不以谋取利益为目的，为发展中国家提供农业科研方面的援助，并针对在农业科研方面出现问题的发展中国家无偿派遣专家共同解决农业科研问题。

（二）韩国农村振兴厅

韩国与其他发达国家相比在农业科研方面的研究起步相对比较晚，但是在较短的时间内在农业领域获得了快速的发展。这与韩国农村振兴厅（RDA）的成立具有直接关系，其通过将农业与农村发展相结合，并积极投入与其他国家的农业科技合作当中，成功加快了韩国农业科技"走出去"的速度。韩国农村振兴厅（RDA）作为一个农业专门机构，隶属农林水产部，同时下设四个研究单位和三个管理单位，其主要的任务就是对农业科研技术进行研究、加大对农业科研技术的推广以及对农业种植户进行相关的培训等（金荣德等，2010）。

三　以色列的国际化农业

以色列是一个严重缺水的国家，其国土面积虽然有 2.5 万平方公里，但是其中有 2/3 都是沙漠，并不适合农作物的生长。尽管如此，以色列依然可以在农业发展上创造奇迹，与以色列是由多个国家的移民共同建设而成具有很大的关系。多民族人在一起共同生活，不同的观念、不同的文化势必会碰撞出一些新的火花，这既是农业技术"走出去"的重要体现，同时也是以色列在不适宜环境下获得农业发展成功的重要保障。以色列非常重视水资源的利用，但农作物的生长是离不开水资源的，因此其在农业生产技术研发上采用了先进的用水技术，生活污水、工业废水经过处理之后，就可以用于农作物的灌溉，这样的农业灌溉技术自然是值得在国际上进行推广使用的。此外，以色列在农业发展中给予了集体社区独立的自治权，这是其他国家所不具有的。其中非常典型的如以色列的基布兹，其作为一种集体社区，社区中的人是没有私有财产的，但是与人们生存、生活相关的衣食住行，包括子女的教育、医疗等各方面全部是免费的，社区中的成员有独立选择加入或者退出社区的权利，并在退出后也会根据社区成员的自身贡献给予一定的补偿（张力和刘中杰，2015；程恩富和孙业霞，2015）。

第二节　跨境农业合作机遇

云南省在地理位置上与南亚、东南亚多个国家相邻，占据了发展跨境农业合作的区域位置优势，再加上"一带一路"倡议开始注重沿线国家合作的不断深入，以及《区域全面经济伙伴关系协定》（RECP）的签署，还有 2021 年"中老铁路"的全线通车均为云南省加强与周边国家的经济、文化交流，促进交通的便利等起到积极作用，更为云南省与周边国家的跨境农业合作提供了良好的发展机遇。

一 中国对外开放新格局带来的战略机遇

一直以来，中国非常重视对外开放战略的实施，在对外开放下，中国经济发展确实获得了显著的成效。中国对外开放的城市除主要集中在沿海地区外，云南在对外开放中同样占据着非常重要的地位。由于其特殊的地理位置，中国所制定的多个发展战略中云南都占据着重要发展战略地位，比如，"一带一路""孟中印缅经济走廊""大湄公河次区域合作"等。尤其在提出全面推进"一带一路"的纵向发展中，云南与"一带一路"沿线国家之间的合作就显得尤为重要。国家一系列发展战略以及政策的提出中，有多个都着重强调了云南主要发展方向以及发展目标。就像在《澜沧江—湄公河合作五年行动计划（2018—2022）》《关于支持云南加快建设我国面向南亚东南亚辐射中心的意见》等文件中，明确提出了云南要重视跨境农业合作发展，积极针对农业科研技术进行交流与合作，同时要建立农业生态示范园，促进农业信息共享，使农作物可以科学种植，提高农作物的种植产量和质量，更好地应对绿色贸易壁垒，实现对农产品的深加工，提高农产品的附加值等。国家发展战略的提出，使各种资源开始集聚于此，推动着云南经济的发展。2015年1月，习近平总书记在云南进行视察时，提出云南要立足于"三个定位"，快速、稳定地面向未来进行发展。这"三个定位"的内容分别是："努力成为民族团结进步示范区、生态文明建设排头兵、面向南亚东南亚辐射中心。"该定位的提出为云南日后的发展指明了方向。在明确方向的引导下，云南与周边国家之间的跨境合作也在不断地深入，且合作领域也在不断地拓宽，云南与周边国家之间的跨境合作涉及农业、科技等多个领域。尤其在"三个定位"的引领下，云南更是非常积极、主动地加强与南亚、东南亚之间的跨境合作，尤其注重农业科技研发的交流与合作以及农产品贸易等方面的交流与合作，希望以此可以在面向南亚东南亚辐射中心上获得进一步发展。

国际市场的大环境并不是一成不变的，且加上近几年新冠疫情对全球国家经济的大力冲击，各个国家想要在这样的大环境下继续生存和发展，势必需要在发展战略上做出及时调整，打开国家在国际市场中发展的新格局。基于此，我国为了更好地在这一特殊阶段中获得新的发展，提出了加快构建"以国内大循环为主体、国内国际双循环相互促进的新发展格局"。该战略部署中所提出的"双循环"其实指的是国内、国外市场的相互促进发展，在国内市场中，要尽可能地做到自给自足，尤其要注重供给质量的不断提升，同时要充分挖掘消费潜力。而国外市场中的大循环同样至关重要，在"双循环"下才能更好适应现如今的国际大环境。随着这一新战略部署的提出，云南借助其独特的地理位置优势，在与南亚、东南亚的跨境农业合作中将占据重要地位。随着云南与南亚、东南亚地区水路航空运输网建设的不断完善，对云南与南亚、东南亚的跨境经济发展将会更加便利。我国地大物博，农业发展在国际市场中占据领先地位，农产品贸易的开展，将会更有利于我国农产品通过云南这一重要枢纽进入南亚、东南亚地区，同时，南亚、东南亚中的一些进口农产品也会更好地满足我国14亿人口所需，实现我国与南亚、东南亚国家的共同发展。而我国无论在农业科技实力上，还是农业产业资本上都是非常雄厚的，在其强有力的支撑下，云南通过加强与边境国家之间的跨境农业交流与合作，将会更利于实现农业产业转移，同时在云南构建农产品生产、加工、销售、物流为一体的农业产业链，促进云南真正成为面向南亚、东南亚的辐射中心。

二 RECP 实施带来的农产品贸易机遇

《区域全面经济伙伴关系协定》（RECP）是由东盟在2012年发起的，参与成员国除东盟十国之外，还包括中国、日本、韩国、澳大利亚、新西兰，这15个国家在共同商议下制定了《自由贸易协定》（FTA）。但 RECP 正式签署是在2020年11月15日，与其他自由贸易区相比，其不仅人口规模最大、贸易规模最大，还是非常具有发展潜力的。从 RECP 中这15个成员方中主要生产的农作物来看，农作物的种类是非常丰富的，主要以大米、棕榈、咖啡和水产品为主，且农作物产量有保障。而其在联合国粮农组织（FAO）所公布的数据信息中也有显示，早在2019年相关数据统计中，RECP 成员国的农作物总产量已经占据世界各个国家农作物总产量的20.1%，由此数据也可以看出，RECP成员国普遍在农业生产上具有良好的发展，而实际上各成员国也非常重视农业发展，且在各成员国国家经济发展中农业占据着非常重要的地位。

RECP作为全球最具发展潜力的自由贸易区，尤其在农产品贸易发展上速度飞快。云南地处与多国相邻的边界地区，在我国发展战略的定位上更是南亚、东南亚的辐射中心，而RECP中的东盟十国正是由东南亚地区国家组成的，自然在RECP的区域经济发展中，云南与RECP成员国之间的农产品贸易往来会非常频繁。相关数据统计，在2020年云南与RECP中其他成员国在农产品进口贸易上合作非常密切，云南农产品出口国主要是RECP中各成员国，出口额高达37.48亿美元，占云南农产品总出口额75%左右。而为了进一步深化我国与RECP各成员国之间的贸易合作，云南农产品的进口也主要来自RECP各成员国，进口总额为10.45亿美元，占到了云南农产品进口总额的50%。由以上数据可以看出，云南与RECP各成员国的农产品贸易合作格局已经形成，但如果对其形成的格局进行具体的分析，可以看出其存在以下两个特征：一是云南与RECP其他14个成员方虽然都在农产品进出口上有合作，但是与其合作较为密切的国家主要集中在越南、泰国、缅甸、印度尼西亚、老挝东盟十国中的五个国家，而对于RECP中其他成员国而言，农产品进出口贸易额是比较小的。二是云南地处温带地区，其主要生产的农产品以蔬果、花卉为主，自然在农产品进口中主要会以热带水果和粮食为主，这样互补的农产品贸易结构，更利于其他产业贸易合作的激发，其中对于目前云南与RECP成员国中农产品贸易不集中的国家而言，在未来还有很大的合作空间需要进行挖掘，其还是具有很大发展潜力的（李忻蔚等，2022）。

随着RECP的正式签署，中国与RECP其他14个成员方之间的贸易合作正式打开，并为了扩大贸易市场化，开始实行零关税或者在不断降低税率的情况下逐渐实现零关税的两种贸易合作方式，在这样的区域性的自由贸易合作中，很显然在降税幅度上远比中国—东盟、中国—韩国这些双边自由贸易区降税幅度要更大。同时，在RECP区域协定中，相比双边自由贸易协定，中国与其他各成员国在农产品贸易方面自由化水平将会更高。从我国商务部国际司所公示的数据来看，无论是中国对RECP其他成员方农产品自由化水平，还是RECP14个成员方对中国的农产品自由化水平都非常高。中国对东盟国家、澳大利亚、新西兰、日本、韩国的农产品自由化水平分别为92.8%、91.5%、92.0%、86.6%、88.2%。而东盟国家中的老挝、缅甸、泰国、菲律宾对中国农产品自由化水平分别为61.3%、65.0%、81.0%、88.8%，除以上东盟国家外的六个东盟国家对中国农产品自由化水平都在90%以上。而澳大利亚、新西兰、日本、韩国对中国农产品自由化水平分别为98.5%、96.1%、57.8%、62.6%。此外，农产品作为人们入口的食物，且对运输储藏的要求比较高，那么为了降低农产品的损坏率，RECP协定中更是约定在农产品抵达目的地之后6小时以内一定要保证放行。15个成员方所共同的签署的RECP协定，无论是降低税率，还是简化贸易程序，都对区域农产品市场的扩大具有重要意义，RECP成员方之间的农产品贸易合作将会更加密切，而云南省生产的蔬果、花卉等农产品也会在RECP协定下贸易规模得到不断的扩大。

三 "中老铁路"开通带来的产业链合作机遇

"中老铁路"是中老昆万铁路的简称。其是在中国云南省昆明市与老挝万象市之间进行来回运行，在2021年12月3日全线运营，该线铁路在中国云南所途经的城市除昆明市外，还有玉溪市、普洱市、西双版纳自治州，之后在磨万段开始进入老挝，并途经老挝琅南塔省、乌多姆赛省等多个省份。"中老铁路"的通车，对云南加强对东南亚地区的农业贸易合作具有重要意义，交通的便利将会为云南对周边国家之间的合作带来一些新的发展机遇，云南的对外贸易市场将会得到不断扩大。

老挝与中国同样都非常适合发展农业，也因此在中国与老挝的跨境合作中农业合作是合作的重点，而中老铁路的通车更是为两国农业合作提供了便利和发展机遇，特别是对于云南地区而言，将会使云南与老挝之间的农业合作更加密切。而从云南与老挝实际农业合作情况来看，其之所以具有很大的发展空间，与云南与老挝在农业发展方面具有很强的互补性具有直接的关系。老挝与中国同样作为农业大国，其在土地资源上是非常丰富的，且自然环境非常适宜农作物的生长，再加上老挝具有廉价的劳动力资源，对农业的规模化、生态化的发展非常有利。而云南作为与老挝相邻的重要地区，我国在农业现代化、科技化发展中已经具备先进的发展水平，云南依托于此，能为老挝提供先进的农业管理技术以及管理经验，这样更利于老挝农业生产实现规模化发展，可以对土地资源进行更好的开发和利用，同时提高各类农作物的产量，促进老挝国家经济的增长。而中国云南在与老挝的农业合作中，也可以缓解云南农业生产投入成本不断增加以及人均耕地资源较少的难题，对于云南和老挝而言是双赢的。

（一）中国是老挝最大的农业投资国

在中国与老挝的跨境农业合作中，中国对老挝农业生产、发展的投资额在不断增长，且中国非常重视与老挝的农业合作，截至2020年底，中国对老挝农业投资额为21.51亿美元，在短短5年的时间内，中国对老挝农业的投资额已经是2015年的3.6倍。且中国对老挝的农业投资领域也非常广泛，涉及水稻、橡胶等多个领域。

（二）中国与老挝是农产品贸易的合作关系

中国人口基数大，对于农产品的需求自然是非常大的，中国与老挝的农业合作，更利于老挝的农产品出口到中国，有助于扩大老挝农产品的出口量。而根据新华网的报道内容来看，在2020年7月老挝农业部就曾表示，老挝农产品出口量中80%都是出口到中国的。而基于两国的合作关系，相关报道显示，2021年中国向老挝进口一些国内比较紧缺的木薯、橡胶等农产品，进口额为1.97亿美元，同样也会向老挝出口蔬菜、水产品等农产品，出口额为5255万美元。

（三）中国与老挝的农业技术合作不断增强

中国与老挝早在双多边机制下就已经开展了农业合作。农业技术合作作为其合作的重要内容之一，中国多地不仅与老挝建立了农业科技示范园区，更是就农业种植技术培训以及农作物新品种的研发等积极进行了深入合作。

在"中老铁路"没有开通之前，从云南到老挝是非常不便利的，需要周转2天的时间才能到达目的地,但是在其开通之后,2天的路程现如今只需3小时就可以到达。而农产品作为对运输条件要求比较高的产品,运输时间的缩短,会在大大降低运输成本的基础上,更好地降低农产品的运输损坏率,对提高中老农产品贸易额以及拓展沿线其他产业的合作发展具有重要意义。此外,"中老铁路"的通车也加强了云南与国内省份之间的合作,在"中老铁路"的昆明站点,其可以换乘其他铁路到广州、成都、上海等一线城市,通过深挖这些一线城市在农产品方面的消费需求,有利于吸引农业人才、技术、资金等融入,推动云南农产品精深加工的实现。可见,"中老铁路"的通车,对云南省内外农产品贸易的发展、贸易市场的拓宽以及农业产业链的形成具有积极推动作用。

第三节　跨境农业合作挑战

任何事物的发展都具有双面性,跨境农业合作也不例外,跨境农业合作在具备良好发展机遇的同时,也将会面对一些挑战。由于突发性事件、恶劣天气等的影响,农作物的安全以及生长问题比较凸显,农产品贸易在国际中的竞争也非常激烈。在这样的大环境下,势必会造成云南与周边国家的农业合作存在很大的不确定性。

一　突发性事件带来的挑战

2019—2022年,新冠疫情对全球经济发展造成严重的打击,云南对外农业合作的开展也受到一定的不利影响,跨境农业合作受到如下挑战。

首先,在新冠疫情常态化管理下,境内外人员的流动受阻,农业生产劳动力无法得到有效的保证(李丽和马振超,2018)。云南与东南亚缅甸、老挝、越南多个国家相邻,以往边民流动务工非常频繁,为云南对外农业合作的开展提供了大量的劳动力。但是受新冠疫情的影响,边民之间的流动并不像以往那么便利,且各国为了防止境外新冠疫情的流入,也都积极采取了一些新冠疫情防控策略,加大了对边民入境的管理，非必要不入境政策的提出，使边民入境的数量明显减少。国家境外新冠疫情防控管理政策必须人人遵守，但云南对外农业技术合作人员的相互交流受到相应的新冠疫情防控规定影响，对农业考察工作以及开展农业技术指导等都是非常不便的，自然会影响跨境农业合作种植。而农业的种植具有较强的季节性特点，如果没有及时播种、浇水或者施肥就会直接影响农作物的生长以及生产产量（蒋和平等，2020）。除此之外，新冠病毒不只是在人与人之间进行传播，在人与畜之间也会进行传播，那么受新冠病毒的影响，跨境畜牧养殖业的合作同样也面临挑战。

其次，新冠病毒会依附任何物品上进行传播，自然在境外农产品的交易流通中，会存在很大的不确性，在影响农产品销售的同时，也会严重打击农业经济的增长。农产品的季节性是非常强的，且并不能进行长时间的储存，尤其对于一些生鲜农产品而言，想要保证其质量自然对运输的时效要求非常高，但是在新冠疫情下，运输区域一旦发生大规模的新冠疫情，势必对其进行管控，那么在交通方面会非常不便，一旦农产品运输时间过长，势必会影响农产品的质量以及销售。

最后，受新冠疫情的影响，全球粮食安全问题凸显，为了保障国民日常所需，多国开始在农产品出口政策上做出了调整，境外农业合作开始受到阻碍。我国人口基数大，对于农产品的需求量自然比较大，东南亚作为我国主要的农产品进口国地区之一，其受新冠疫情影响，东南亚地区越南首先在2020年3月24日，出台了限制大米出口的政策。紧接着，孟加拉国以及印度也发布了禁止大米出口的政策，境外农业合作受到了严重的打击。2023年1月8日，云南省边境口岸全面恢复通关，边境贸易恢复发展正当其时、大有可为。但是，国际经贸格局可能面临重新洗牌，未来更多的经济体在进行国际投资，创造利润的同时将会考虑突发性事件，增加应急管理措施，使风险最小化，追求生产体系的安全保障。从中长期来看，各国会致力于建立稳健的国内生产体系、倒逼重构新的产业链、参与推动区域分工。

二　区域及多边竞争日益激烈带来的挑战

中国与其他国家相比在农业技术上发展水平良好，但随着对外开放的不断深化以及境外农业合作的发展，在为农业贸易带来发展机遇的同时，也使区域农业贸易市场竞争变得越发激烈。云南作为中国与境外国家农业贸易竞争的重要窗口，需要面对相同品类的农产品在价格以及质量方面的竞争与挑战。

农业生产发展会受到多方面因素的影响，比如天气、土地资源以及劳动力等。如果将农业按照生产要素的密集程度进行划分，其可以划分为土地密集型产业和劳动密集型产业等。而小麦、玉米的种植以及畜牧业的养殖就属于土地密集型产业。比如，养殖一头肉牛需要1—2亩的土地为其进行饲料的提供，我国虽然土地资源丰富，但是人口众多，人均耕地为1.39亩，而云南的人均耕地却只有1亩，很显然云南的耕地面积并不丰富，并不适合发展土地密集型产业。云南主要生产的农作物是蔬菜、瓜果和茶叶，其属于劳动密集型产业。但是无论是蔬果的采摘还是茶叶的采摘都需要大量的劳动力，随着我国劳动力成本的不断增加，自然会影响云南蔬果、茶叶的生产成本，在农产品的出口中显然是不占据出口价格方面优势的（黎星池等，2022）。而云南在劳动力成本不断增加的情况下，自然在劳动密集型产业发展中也不占据一定的优势。然而从东南亚国家的劳动力成本来看，相对则是非常低的，低价的劳动力，会使其在密集型产业发展中所投入的成本更低，在市场竞争中更加具有价格上的竞争优势，这势必会对云南境外农产品贸易的发展带来一定的挑战。

由此可见，云南在发展土地密集型产业和劳动密集型产业方面并不具有优势，尤其面对东南亚地区在具备低价劳动力和丰富土地资源的现状，云南在与东南亚地区的境外合作中，必须积极进行农业产业的转移，通过境外农业的合作扬长避短，这样既可以解决云南劳动力成本较高的问题，又可以缓解云南人均耕地面积较少的压力，对加速境外农业产业的合理布局具有重要作用（李忻蔚等，2022）。基于此，在云南境外农业合作中，在抓住农业发展机遇的同时，也应该积极加强与周边国家的合作，从而对抗挑战。

三 周边国家政治经济不稳定带来的挑战

国家稳定的政治经济发展对国家农业生产和发展至关重要。农业的生产需要国家政策的支持以及持续资金的投入，这样才能保证农业科研以及生产活动的有序开展，才能提高国家农业经济发展水平。我国虽然是发展中国家，但随着经济的不断发展，目前国家经济发展非常稳定，国内局面也并没有动荡不安，稳定、和谐、持续的政治经济发展为我国农业发展提供了坚实的保障，可以为农业的生产和发展注入源源不断的动力。但也正因如此，我国安稳的政治、经济发展环境与南亚、东南亚动荡不安的发展局面形成了鲜明的对比。而南亚、东南亚政治经济发展的不稳定，很容易影响我国与其境外农业合作项目的持续开展，为我国境外农业合作发展带来了一定的风险。

此外，云南在与周边国家的境外农业合作中，周边国家的经济发展不稳定以及健全金融体系的缺乏都会给云南境外农业合作的开展带来一定的风险。南亚、东南亚的时局是比较动荡的，且货币流通性较强，货币价值不稳定，如果云南农业企业有对其进行投资，在日后想要进行货币的兑换势必会存在贬值的风险，影响云南农业企业的经营利益的获得（祁苑玲等，2019）。同时，南亚、东南亚地区在经济发展水平上并不像我国那么稳定，而境外农业的发展需要健全的法律体系、四通八达的交通以及完善的基础设置、物流体系等，显然南亚、东南亚地区在发展中并不能达到以上要求，也正因如此，无法更好地支撑境外农业的合作发展，势必会增加我国与其在境外农业合作方面的风险。除此之外，从南亚、东南亚现如今的境外合作来看，并没有建立境外合作风险预警以及风险控制体系，一旦发生境外合作风险，其并不能采取有效的控制风险措施以解决风险，或者最大限度地将风险损失控制到最低。面对此发展现状，云南农业企业在与周边国家进行农业投资或者农业合作时，需要面临不确定性风险因素将会比较大，自然对于促进云南境外农业合作发展而言具有很大的挑战。

国际竞争是非常激烈的，东南亚地区国家虽然大部分是发展中国家，但也是非常具有发展潜力的。东南亚地区在发展中占据了资源丰富的优势，以美国为首的其他发达国家早已经对其进行了关注。近年来，越来越多的发达国家开始制定新的发展战略，并逐渐将产业向南亚、东南亚市场进行转移。而美国更是为了削弱中国与南亚、东南亚地区的政治经济合作,在2010年提出了重返亚太的发展战略,而面对这一战略的冲击,中国想要继续深化与南亚、东南亚合作,就必须及时推行新的外交发展战略(卢光盛等,2018)。而基于这样复杂的国际大环境,中国必须重视与南亚、东南亚的科技外交,在相互信任、共同发展的基础上,积极进行科技合作。这样既有利于我国与南亚、东南亚地区构建良好的合作关系,又可以推进境外合作的有序进行,对促进我国与南亚、东南亚地区的共同发展具有重要作用。

第四节 跨境农业贸易进展

一 贸易投资下的科技合作

东南亚地区及其国家一直以来都是中国周边外交的重要战略支点,同时也是"一带一路"倡议的重要基础和建设方向。中国与东南亚地区国家关系密切,商贸往来、人文交流历史悠久,早在2000多年以前就通过"南方丝绸之路"联系在一起。自推进"一带一路"倡议以来,我国与东南亚地区国家间的贸易往来、投资规模增长迅速。东南亚国家统计年报显示,2017年中国已经成为东南亚国家的第一大贸易伙伴。2018年中国和东盟双边贸易额同比增长14.1%,达到5878亿美元,创下历史新高之后,2019年上半年东盟同中国的双边贸易额达到2918.5亿美元,东盟首次超越美国,成为中国第二大贸易伙伴。在直接投资领域,截至2017年末,中国在亚洲地区的投资存量为11393.2亿美元,占中国对外直接投资存量的63%。其中,中国对东盟国家的直接投资达113.7亿美元,中国已经成为东南亚国家第三大直接投资国,排在欧盟和日本之后。对东盟十国投资的存量行业主要包括:租赁和商务服务业(19.6%)、制造业(17.5%)、批发和零售业(13.3%)、采矿业(11.6%)、电力/热力/燃气及水的生产供应业(10.8%)。其中,租赁和商务服务业是中国对东盟投资存量最大的行业。

当前,国际环境形势较为复杂,东南亚地区的主要国家除新加坡外都是发展中国家，是一个具有良好发展潜力的新兴市场，其独有的资源优势已引起了国际上的关注，传统发达国家重新对东南亚地区重视起来，越来越多的国际财富向东亚、东南亚、南亚等地转移和集中，国际权力资源配置已开始向东南亚、南亚地区的发展中国家转移和集中。各传统大国如美国、日本等正在加紧展开新一轮的政策调整与战略互动，积极调整国家战略，深化与东南亚、南亚新兴国家的合作，加快对东南亚国家的战略布局和综合介入。从2010年开始，美国加快实施重返亚太战略，强化与日本、澳大利亚、菲律宾等传统盟友的军事安全关系，并以此为依托削弱了中国与东南亚地区的政治互信（卢光盛等，2018）。在当前错综复杂的国际环境下，中国需要基于政治互信、经贸往来，在软实力外交方面寻找一个较好的切入点，实现与周边东南亚国家关系战略升级，深入开展合作，营造相互信任、共同发展的外部环境，形成一个地跨东亚、东南亚、南亚世界的新兴经济增长极。科技外交作为国家外交工作的重要组成部分之一，是我国与南亚东南亚全方位合作框架中的重要组成部分，在推进中国周边外交战略，巩固我国同周边国家的睦邻友好合作关系，促进共同发展并营造稳定、繁荣、和谐的地区周边环境过程中，发挥着日益重要的作用。

二 双循环格局下的跨境农业合作

云南与缅甸、老挝、越南相邻，其优越的地理位置优势，使其成为加强我国与南亚、东南亚国家境外合作的重要窗口。而我国在"一带一路"倡议的践行下获得国家经济快速增长的成效之后，开始继续深化"一带一路"倡议。在该发展战略的引领下，云南与东南亚的贸易往来更加密切，同时在贸易额上也获得了快速增长。2017年，云南与东盟贸易往来数据显示，其金额高达884.7亿元，而云南与东盟的主要贸易合作国是缅甸、越南和老挝。而截至2018年，东盟作为与我国境外合作的主力市场，在这一年云南进出口贸易金额达到了1973亿元，但其中有46.1%都是来自东盟国家的进出口贸易合作。且随着"一带一路"倡议的纵向发展，我国在对外投资中逐渐开始重视对"一带一路"沿线国家的投资，比如，老挝、缅甸、柬埔寨，且投资涉及多个行业，主要对外投资的行业有电力、热力、燃气等（卢光盛等，2018）。

"民以食为天"国家重视农业发展，其实也是在保障民生的基本生活，维护社会和谐稳定发展。将农业作为境外合作的重要领域，市场发展前景一片良好，对国民经济的增长具有重要意义。特别是对于我国和南亚、东南亚地区国家而言，农业经济在国民经济增长中占据重要地位，而在我国所制定的一些对外发展战略中，农业领域也是有限考虑合作的重要领域。比如，大湄公河次区域合作（GMS）、澜沧江—湄公河合作机制（LMC）等。云南所处的地理位置非常优越，其与缅甸、老挝和越南等多个国家相邻，在我国与多个国家相邻的省份排行榜中，也是在我国战略发展定位中要成为南亚、东南亚辐射中心的重要枢纽。与云南相邻的南亚、东南亚多个国家，由于自然条件比较优越，适宜多种类作物的生长，农作物种类也因此非常丰富，除水稻、玉米之外，还有热带水果、咖啡、橡胶以及水产品等。得天独厚的条件，使其农产品的产量不断增长，并在世界农产品生产中占据着非常重要的地位。基于此，云南加强与周边国家农业合作将具有良好的发展前景。但在复杂的国际环境和全球新冠疫情的影响下，我国及时在发展战略上做出了调整，提出了国内国际"双循环"的新发展战略格局，对于云南境外农业合作发展而言，是机遇与挑战并存的。

第五节 跨境农业科技合作进展

云南与老挝、越南、缅甸接壤，毗邻柬埔寨、泰国等国家，优越的地理区位，作为面向南亚、东南亚辐射中心，为云南跨境农业的发展提供了良好的发展平台。2015年初，习近平总书记深入考察云南并作重要讲话，要求云南努力成为我国"面向南亚东南亚辐射中心"。云南省委、省政府深入贯彻落实重要讲话精神，出台实施意见，明确"面向南亚东南亚辐射中心"由区域性国际经济贸易中心、科技创新中心、金融服务中心和人文交流中心四大部分组成。随后，云南省委、省政府提出首个具有明确时间目标和任务目标的辐射中心规划，也是落实全国创新大会将科技放在更突出位置的要求。从科技创新中心到区域性国际经济贸易中心、金融服务中心和人文交流中心，云南省已成为国家战略的交汇之地，而农业国际科技合作是科创中心的基础更是重要的纽带，国际农业研究面临重要历史机遇。在中国农业技术海外扩散中，南亚、东南亚是中国的友好近邻，周边稳则国家稳，周边兴则云南兴。

一 跨境科技合作平台

在"中国—东盟自由贸易区""大湄公河次区域科技合作""澜沧江—湄公河次区域合作""孟中印缅合作论坛"等多双边框架与合作机制框架下，云南省成功搭建了中国—东盟科技论坛、中国—东盟创新论坛、东亚峰会新能源论坛、中国—东盟新能源论坛等合作新平台，多次举办了中国—南亚技术转移与创新合作大会、南亚东南亚技术转移对接洽谈会、金砖国家科技创新创业伙伴关系工作组会议等一批有较大影响力的国际会议、研讨会等。

我国在云南建立了中国—南亚技术转移中心、中国—东盟创新中心和金砖国家技术转移中心、中国—南太平洋岛屿国家技术转移中心等国家级创新平台。中国在巴基斯坦、尼泊尔、孟加拉国、斯里兰卡、阿富汗、印度成立了中国—南亚技术转移中心分支机构和双边技术转移中心，与东盟秘书处、联合国亚太技术转移中心、亚欧科技创新与合作中心建立了机制化合作关系。

二 跨境农业合作平台

云南跨境农业合作有着悠久的传统和良好的基础，搭建了中国—东盟农业合作论坛、大湄公河次区域经济合作、澜沧江—湄公河合作、中国（云南）—老挝北部合作工作组、云南—泰北合作工作组、中国云南—缅甸合作论坛、中国云南与越南河内老街海防广宁五省市经济走廊合作会议等多双边合作机制和平台，建立了常态化农业科技合作交流机制；农业农村部与云南省政府联合分别于2017年和2018年在云南召开了两届澜沧江—湄公河合作村长论坛，为五国村长提供了村寨合作、乡村建设、农业发展的平台。

云南省积极推动现代农业与南亚东南亚国家的深度合作。目前已建成"中—老农业科技示范园""中国（云南）—越南（老街）特色农产品科技示范园""瑞丽—木姐跨境经济合作区""磨憨—磨丁经济合作区""中缅合作'双高'优质蔗糖基地""中（云南）—斯（斯里兰卡）农业高新技术示范园""中（滇）—老（老挝）热带亚热带天然药物资源调查研究联合实验室""中（中国）—斯（斯里兰卡）特色植物资源研发实验室"等一批境外或跨境科技产业基地和示范园区，助力科技创新中心建设示范机构"走出去"。云南农业职业技术学院设立的"中国—缅甸农业技术培训中心"，为缅甸、老挝、柬埔寨、越南等国培训农业科技人员。云南农业大学拥有"国家农业农村大数据中心云南分中心"、"中国—东盟教育培训中心"（国家级援外农业人才十大基地之一）2个国家级重点研究平台支撑研究工作。

自2008年以来，云南省以农业科学院为主导成立了"大湄公河次区域农业科技交流合作组""中国—南亚农业科技交流合作组""云南—越北农业科技交流合作机制"等国际交流合作平台与机制；先后主导和参与成立了"东南亚保护农业协作网""云南—暹粒友好农业科技示范园""老挝北方农业科技示范培训中心""越中保山农业科技示范园""中越河内农业科技示范园""中老农业研发中心""中缅农业研发中心"7个国际合作平台。"云南农业走出去产业技术创新战略联盟"围绕优化农业走出去产业技术创新链，实现企业、科研机构和高校在战略层面的有效结合，共同致力于突破农业"走出去"技术创新和产业发展的技术瓶颈，提升云南农业"走出去"产业整体水平和国际竞争力。联盟由从事农业走出去产业链，包括第一产业、第二产业、第三产业在内的云南省和国内外涉农企业、科研院所、学术机构、社团组织、金融部门等机构及个人自愿组成，目前已有41家成员单位。到现在为止其还是国内唯一一家农业"走出去"技术创新战略联盟。

2017年6月12日，由云南省农业科学院倡议与孟加拉国、柬埔寨、缅甸等11国、国际生物多样性中心等3家国际机构、中国农业科学院等15家国家/省市级农业科研机构，共31家创新联盟成员成立"南亚东南亚农业科技创新联盟",并由云南省政府授牌"南亚东南亚农业科技联合研究中心"。该中心建设关乎云南省经济社会发展,更关乎国家能源和经济安全。

三 跨境农业合作成果

(一) 平台建设

南亚东南亚农业科技联合研究中心成立至今已成功举办了5届国际研讨会,相关研讨成果获省政府批示并呈报国家农业农村部、科技部等部委。该中心下属"大湄公河次区域农业科技交流合作组"成为国家科技部国际交流合作平台,并升级为国家级"澜湄合作农业科技协作组"。联盟成员新成立了植物保护、麦类等4个国际联合实验室,并新签署了8个国际合作框架协议,增幅达86%。

(二) 人员经费

联盟成员中长期出访人员增加28%,来访人员增长77%,科技部审批47个国际杰青工作岗位,岗位数量位居前列,平台认知度得到进一步提升。在缅甸中长期合作团队中,博士占82%,其中女性占73%,贡献了缅甸科技合作的中坚合作力量(Zhang and Feng, 2022)。南亚东南亚农业科技联合研究中心目前获国家自科基金、国家科技部、省技厅等国家/省级各类项目资助经费约3600万元。

(三) 研究成果

联盟成员发表高质量高水平论文30余篇,国家级著作4本,并实现引进品种增长94%,输出品种增长49%。大湄公河次区域6国交换、试验品种264个,示范适宜品种34个,示范面积近6500公顷,培训科技人员和农户3156人次。在适宜品种中,平均增产陆稻达到31.1%,大豆11.1%,甘蔗33.3%,马铃薯10.5%;最高增产陆稻达到146.8%,大豆105.3%,甘蔗49%。

第三章

跨境粮食生产贸易

第一节 中国粮食生产情况

一 我国粮食生产基本范畴与生产方式

"无农不稳,无粮则乱。"自古以来,不分国界和时代,粮食一直是满足人类赖以生存基本需求的食物必需品,也是人类文明延续和发展的基本前提。但不同国度、不同区域,甚至不同时期对于粮食的需求种类、质量要求不尽一致,所以对于粮食及其品种的界定并无统一概念。一方面,对于粮食的概念并无规范学理定义,一般学界多采用列举式称谓;另一方面,不同国度和地区根据饮食习惯、技术经济发展水平等不同,对于粮食内涵的认定及主要品种的认定,存在着较大的差异。

从国际视野来看,联合国粮食及农业组织(FAO)针对全球主要粮食需求,对大食物(food)概念涵盖了八大类具体 106 个粮食品种,例如:①谷物类;②豆类;③根茎类根块;④油籽、油果和油仁作物;⑤糖料作物产品;⑥水果类;⑦家畜家禽类畜产品;⑧蔬菜和瓜果类。而进一步对粮食的概念界定范畴主要是指谷物概念,这些包括稻谷、小麦和其他粗粮类产品(粗粮包括玉米、高粱、大麦等)。对于中国历史长河而言,随着本土粮食品种的优化改良和外来种植物种的融合改良,我国粮食概念及粮食具体品种,也随着社会演变和生产力发展水平等而不断变化。从西周及以前的"黍、稷"到春秋战国时期的"五谷概念",粮食主要品种基本定型,再到隋唐五代时期,南方稻谷种植迅速发展,至此稻谷成为我国最为重要的主要粮食品种。目前,我国粮食概念主要包括稻谷、小麦、玉米和其他杂粮、大豆、油料和食用油等。

稻谷是我国三大主粮品种之首,也是我国居民消费的第一大口粮品种,全国60%以上居民以稻米为口粮,其不仅关乎我国粮食安全,更涉及我国国家安全与能源安全等问题。自2011年以来,我国稻谷产量稳定保持在2亿吨以上,碗里盛满中国粮,牢牢保住口粮绝对安全。截至2021年,我国粮食总播种面积为117630千公顷,稻谷总播种面积为29920千公顷,约占25.5%;粮食总产量为68285万吨,其中稻谷产量为21284万吨,约占粮食总产量的31.2%。

二 我国稻谷生产空间分布的条件及事实分析

目前,我国正处于供给侧结构性改革的高峰时期,如何优化和调整农业产业结构、合理规划农业生产布局,以实现专业化、规模化和现代化的农业生产、提高粮食生产能力,成为亟待解决的现实问题。我国农业种植结构调整的基本准则是,压缩普通品种,发展适应加工需要的优质、专用品种,提高产品的质量和竞争力。其中,稻谷生产已经形成较为稳定的优质产业带,并仍处于不断优化调整的过程中。

从宏观而言,优化稻谷生产结构,提高种子及产品质量,需要极大限度地培育和优化水稻生产品种,提高优质稻种子质量以及推广优质稻品种的种植,成为粮食主产区与粮食优质产业带的主要功能与贡献所在。目前,我国稻谷生产重点建设规划大体如下:东北地区、长江流域、广西壮族自治区等优质稻谷生产带。其中,东北地区的主要优质稻谷生产省份包括黑龙江省和辽宁省,其主要生产品种为优质粳稻;长江流域的主要优质稻谷生产省份包括四川省、湖北省、湖南省、江西省、安徽省、江苏省,其主要生产品种为优质籼稻和优质杂交稻;广西则是华南地区最具优势的水稻产区。

水稻生产是典型的自然再生产过程,因此,该生产过程与空间布局极大地受限于自然条件和人类有针对性的调节和干预。一方面,水稻生产依赖自然环境与条件，生产环境中的水、光、热与土壤等生产条件的优劣决定了稻谷生产质量的高度；另一方面，人类对于稻谷生产过程的调节是有目的的，对于不同的自然条件与环境，对于不同的气候带、地形、地貌、水土资源等，人类有意识地将粮食种植优化与自然环境协调一致，逐步优化调整粮食尤其是稻谷生产空间分布。

籼稻种植比较偏向于我国低纬度地区，低海拔低热地区种植栽培稻。由表3-1可知，早籼稻主要生产省份有福建、广东、湖南等东南部省份；中晚稻主要生产省份分布在长江和黄河两大流域的中下游省份，包括湖北、湖南、江西、浙江、江苏、安徽和河南等省份；粳稻作为生长期较长且耐寒的品种，主要分布在我国中纬度和海拔较高的地区和省份，并有三大片区主要生产粳稻，北方粳稻区以黑龙江省为主，南方粳稻区以江苏省为核心，云贵高原粳稻区主要以云南省为主。

表3-1　　　　　　2020年中国省份稻谷播种面积与产量

地区	产量（万吨）	稻谷播种面积（万公顷）	地区	产量（万吨）	稻谷播种面积（万公顷）
北京市	0.14	0.20	河南省	513.71	617.07
天津市	50.24	53.45	湖北省	1864.34	2280.73
河北省	48.93	78.72	湖南省	2638.94	3993.85
山西省	1.71	2.45	广东省	1099.58	1834.43
内蒙古自治区	123.14	160.86	广西壮族自治区	1013.74	1760.11
辽宁省	446.53	520.41	海南省	126.25	227.53
吉林省	665.43	837.14	重庆市	489.19	657.27
黑龙江省	2896.15	3872.03	四川省	1475.33	1866.32
上海市	84.66	104.06	贵州省	415.98	665.12
江苏省	1965.70	2202.84	云南省	524.91	818.93
浙江省	465.12	636.02	西藏自治区	0.53	0.95
安徽省	1560.51	2512.08	陕西省	80.52	105.09
福建省	391.75	601.72	甘肃省	1.69	3.39
江西省	2051.20	3441.83	宁夏回族自治区	49.39	60.82
山东省	98.77	112.48	新疆维吾尔自治区	41.87	47.63

资料来源：历年《中国统计年鉴》，经笔者整理而得。

三 我国稻谷生产发展历程及发展事实

粮食的稳定、持续、协调式发展是我国经济社会发展的基础所在，作为中国最重要的粮食作物，稻谷生产更成为中国粮食供给和国民经济可持续发展的基础核心。改革开放以来，我国粮食综合生产能力持续提升，粮食安全保障能力进一步迅速提升。我国粮食总量连续登上了 3.5 亿吨、4.0 亿吨、4.5 亿吨和 5.0 亿吨等几个台阶，而稻谷则从改革开放初期的不到 1.4 亿吨，持续稳定增长至 1.6 亿吨、1.8 亿吨、2.0 亿吨和 2.1 亿吨，并具备了全国粮食年产 5.0 亿吨的粮食综合生产能力。

改革开放以来，我国稻谷生产连同粮食生产一样处于波动式增长上升的过程，从整体宏观而言，我国稻谷生产大致上经历了高速增长、停滞徘徊、转型增长和契机增长四个阶段和时期，每个阶段的大概发展事实与特征如下（见图 3-1）。

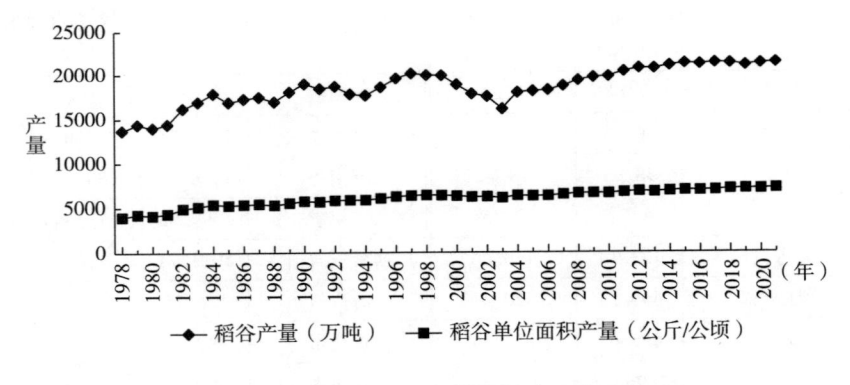

图 3-1　1978—2021 年我国粮食生产走势

（一）第一阶段，1978—1984 年高速增长期

改革开放初期，我国实行了以家庭联产承包责任制为主体的农村经济体制改革，同时进行了一定力度的粮食价格形成制度的改革，有效地提高了粮食价格和农民收入，从而极大地促进了粮农的生产积极性，此阶段粮食生产活动空前高涨。其中，除 1980 年略有回跌外，稻谷产量一直处于稳步上升趋势，从 1978 年的 13693 万吨上涨至

1984年的17825.5万吨,增长30.18%,年均增长4.59%。这是改革开放以来第一个粮食尤其是稻谷生产的猛涨期。

(二)第二阶段,1985—1989年停滞徘徊期

受自然灾害的影响,1985年我国粮食播种面积急剧下降、粮食生产遭到重创,故导致粮食总产量及单位面积产量受到损害。因此,此时期全国粮食总产量和稻谷生产量基本上位于上一阶段末期即1984年的水平。其中,粮食总产量在此时期仅是微弱缓慢增长,总计增长7.5%,年均增长1.9%;稻谷此时期总增长率为6.86%,年均增长率为1.73%。一直到1989年才有所增加,粮食生产总量及稻谷生产总量才恢复和略超过1984年的水平。至此,我国政府及全社会对于国内粮食生产的基本现状和状态有了更为真实和清醒的认识,由此,我国提出了"绝不放松粮食生产"的农业指导方针。

(三)第三阶段,1990—1999年转型增长期

自1989年粮食产量超过1984的历史最高水平以来,从1990年开始我国粮食总量及稻谷总产量开始波动式增长,时有略微下跌,但总体趋势处于震荡式上升趋势。这段时期,我国粮食总产量增长13.93%,年均增长率为1.52%;其中,稻谷在此阶段总增长率为4.84%,年均增长率为0.58%。在该观察期内,1995年、1996年、1998年和1999年粮食总产量都超过了5亿吨,同样,稻谷总产量在这几年基本上接近2亿吨。粮食生产者积极性空前高涨,且国家粮食库存达到了历史最高水平。

(四)第四阶段,2000年至今的契机增长期

此阶段前期,无论是粮食总产量,抑或是稻谷总产量都呈现出下跌的趋势。这种现象产生的主要原因在于:在前几个阶段的波动式突飞猛进的增长背景下,粮农生产积极性空前高涨,加上粮食支持政策的不完善,导致粮食在一定程度上出现了供过于求的现实情况。"谷贱伤农"之下,一时挫伤了粮农的生产热情。与此同时,在前几阶段的粮食生产支持体系及相关政策的影响下,我国粮食库存多次突破了历史高峰值,造成了巨额的浪费以及国家财政相关负担。因此,1998年下半年,我国政府做出了农业结构调整的决定。

至此，我国粮食生产及其结构开始逐步随着社会生产力水平及其他经济、自然与社会其他因素进行优化调整。其中2004年，我国粮食生产扭转了连续5年下降的趋势，全年稻谷总播种面积达到了28378.8千公顷，总产量达到了17908.76万吨。在国家日益对"三农"问题重视与支持保护政策日益系统递增的背景下，我国粮食产量连年增长，从2008年开始接近2亿吨，到2011年突破2亿吨，并至今维持在逐年保持和递增的水平。此观察期内，我国粮食生产总量增长率为47.75%，年均增长率为1.92%。其中，稻谷增长率为13.27%，年均增长率为0.65%（见表3-2）。

表3-2　　　　　　1978—2021年我国稻谷生产情况

年份	稻谷产量（万吨）	稻谷播种面积（千公顷）	稻谷单位面积产量（公斤/公顷）	年份	稻谷产量（万吨）	稻谷播种面积（千公顷）	稻谷单位面积产量（公斤/公顷）
1978	13693.00	34420.87	3978.11	2000	18790.77	29961.72	6271.59
1979	14375.00	33872.67	4243.83	2001	17758.03	28812.38	6163.33
1980	13990.50	33878.47	4129.61	2002	17453.85	28201.60	6188.96
1981	14395.50	33294.73	4323.66	2003	16065.56	26507.83	6060.68
1982	16159.50	33071.07	4886.30	2004	17908.76	28378.80	6310.61
1983	16886.50	33136.33	5096.07	2005	18058.84	28847.18	6260.18
1984	17825.50	33178.40	5372.62	2006	18171.83	28937.89	6279.60
1985	16856.90	32070.07	5256.27	2007	18638.11	28972.75	6432.98
1986	17222.40	32266.13	5337.61	2008	19261.22	29350.26	6562.54
1987	17441.60	32192.80	5417.86	2009	19619.67	29793.01	6585.33
1988	16910.74	31987.47	5286.66	2010	19722.57	30096.87	6553.03
1989	18013.00	32700.40	5508.50	2011	20288.25	30338.41	6687.32
1990	18933.14	33064.47	5726.12	2012	20653.23	30475.97	6776.89
1991	18381.30	32590.00	5640.17	2013	20628.56	30709.74	6717.27
1992	18622.20	32090.20	5803.08	2014	20960.91	30765.12	6813.21
1993	17751.40	30355.20	5847.89	2015	21214.19	30784.09	6891.28
1994	17593.30	30171.40	5831.12	2016	21109.42	30745.89	6865.77
1995	18522.60	30744.10	6024.77	2017	21267.59	30747.19	6916.92

续表

年份	稻谷产量（万吨）	稻谷播种面积（千公顷）	稻谷单位面积产量（公斤/公顷）	年份	稻谷产量（万吨）	稻谷播种面积（千公顷）	稻谷单位面积产量（公斤/公顷）
1996	19510.27	31406.77	6212.35	2018	21212.90	30189.45	7026.59
1997	20073.48	31764.87	6319.4	2019	20961.40	29693.52	7059.20
1998	19871.30	31213.80	6366.19	2020	21185.96	30075.53	7044.25
1999	19848.73	31283.49	6344.79	2021	21284.00	29920.00	7113.63

资料来源：历年《中国统计年鉴》，经笔者整理而得。

确保粮食安全和重要农产品供给始终是我国农业政策的核心，国际粮食市场的供给与需求变化与我国粮食安全密切相关，深入了解国际粮食主产区的生产情况对于我国的粮食安全意义重大。多年来，国家发布的中央一号文件多次强调确保粮食安全及重要农产品供给，如2019年强调的"立足国内保障粮食等重要农产品供给，统筹用好国际国内两个市场、两种资源"、2022年提出的"全力抓好粮食生产和重要农产品供给"、2023年的"抓紧抓好粮食和重要农产品稳产保供"等。《中国统计年鉴》显示：2009—2018年，我国稻米年出口量从79万吨上升到209万吨，进口量从36万吨上涨至308万吨。国际粮农组织和亚洲开发银行报道：2007—2008年，国际水稻价格上涨引发的全球范围内粮食价格大幅度上涨，被认为是20世纪70年代以来最大的一次全球粮食危机（Wiggins and Levy，2008；James et al.，2008），这不仅导致一些国家的严重动荡，也引发人们对当前和今后世界粮食危机的广泛关注（钟甫宁，2009；黄季焜等 2012）。

第二节 云南粮食生产现状

一 云南低纬高原特色农业

云贵高原作为世界上面积最大的低纬高原之一，位于我国的西南部，包括云南省东部、贵州省以及四川省南部等多省边境。云南虽然位于低纬高原，但是海拔较高，气候类型也非常多样，湖泊河流纵横交错，坐拥优质的自然资源，非常适合发展农业，未来云南农业发展将具有非常广阔的发展前景。也正是因为云南所处的地理位置，云南大部分地区阳光充沛、雨水充足、冬暖夏凉、四季如春，这样良好的自然条件，自然可以满足多种类农作物的生长需求，云南农作物种类非常丰富，不仅适合特色农作物的生长，其他多种农作物也在云南得到了良好的种植和生产。

我国一直以来都非常重视农业的发展，云南省作为我国的农业大省，云南省农村人口占云南省总人口数的80.4%，可见，云南省农业劳动力是非常充足的。而从云南省的耕地面积来看，其具有9100多万亩，且符合优质土壤条件的耕地面积占云南耕地总面积的48%，这是云南省农作物高产量的重要基础。而不同农作物的生长自然对于土壤类型的要求也是不一样的，云南之所以适合多种类型农作物的种植与生长，与云南省具备多样的土壤类型具有一定的关系，其具有18个土类288个土种，可以满足多种类农作物生长对土壤的条件要求。也正因如此，云南农作物种类非常丰富，除可以种植水稻、玉米、小麦等常见农作物之外，还可以对橡胶、咖啡、茶叶、甘蔗等特色经济农作物进行种植。此外，蓝莓、三七、天麻等农作物在市场中的价值相对于普通农作物要高出很多，云南对其进行种植，在很大程度上提高了云南省的种植效益，云南特色农作物的亩均产值更是达到了3621元，这是普通农作物所不可企及的亩产值，总体上提升了云南省农作物亩产值的平均水平。

随着云南省农业技术的不断发展，粮食产量也在不断地增长。根据云南省粮食局所记载的数据，2002年云南省粮食产量为142.5亿公斤，而到2012年后期云南省粮食产量则提高到了182.5亿公斤，在这10年里，云南省粮食产量增长了40亿公斤。基于真实的云南省粮食产量数据，云南省在全国粮食产量排名中居第14位。而人们的生长除粮食是日常生活用品之外，肉类、禽蛋以及奶类也是必不可少的，而云南优越的自然条件，在畜牧业、养殖业方面的发展也非常突出，我国人均肉类为60公斤，但是基于云南省的肉类大量生产，云南省人均肉类为117公斤，不仅已经超过全国人均肉类水平，更将近全国人均肉类的两倍。农业作为云南省经济增长的重要来源，在大力发展农业的情况下，2012年，农民的人均收入水平比城镇居民的人均收入还要高。且随着时间的推移，云南省农民人均收入也在不断地增长，2002—2012年，农民人均收入增长了3808元。云南省农业的快速发展，使云南在农产品出口额上也不断地增长，同时出口的地区也越来越多，全省农产品出口额从2012年的20.4亿美元增加到2021年的43.2亿美元，增长111.8%，多年来出口总额排名西部第一、全国前列。

二　云南粮食种植面积产量

云南省山地比较多，导致云南出现了地多田少的现状，稻谷、玉米、小麦的生长不仅需要田地，而且对田地的土壤质量要求比较高，这几种粮食作为人们的主要口粮，从图3-2云南省主要粮食产量来看，这集中主要口粮的粮食产品增长并不明显。而之所以会出现这种情况，与云南山地较多以及粮食有效灌溉面积水平较低等具有直接的关系。2021年相关数据显示，云南省农田有效灌溉面积水平为37.5%，而这显然与全国农田有效灌溉面积水平54%相差甚远，农田的有效灌溉可以保证粮食生长所必需的水分，直接影响粮食的产量（左志安，2021）。也正因如此，云南省的粮食产量受到了一定的影响，从近几年云南省粮食产量来看一直都维持在1800万吨以上，但实际是低于全国平均水平的。

云南省虽然土地面积比较大，但是94%为山区和半山区，可见耕地面积是非常有限的。虽然先进的农业技术应用到了云南省农业生产和种植当中，粮食产量相比之前有了一定的增长，但是云南省人口数量也在不断增长，现如今人口数量已经达到了4721万人，显然人均粮食产量依然不能更好地满足当地人口的需求，2020年云南省粮食自给率是低于全国平均水平的，只有77%。而为了更好地满足当地人们对粮食的需求，云南省开始注重与周边国家进行农业合作，通过向周边国家进口粮食的形式弥补自身在粮食方面的短缺。

云南省委、省政府在省"十三五"规划中提出严守6500万亩粮食播种面积红线，然而随着云南各地城市化进程的不断推进，2016年后云南省的粮食种植面积出现下滑状况。大量农业人口将积极涌入城市，粮食耕种人数及粮食产量仍将面临进一步的缩减。据统计，截至2014年西南地区四省粮食供需缺口增长近70%，粮食缺口主要由东北、河南等粮食主产区通过铁路运输调入，以"北粮南运"的方式调入省外粮食来实现省内供需平衡。这样的南北运输运距长，且运输成本较高（陈志成和孔志坚，2016）。但无奈的是云南省内粮食产量不足，粮食刚性需求不减反增，进而形成了流通支持下的紧平衡这一云南粮食供给特征（左志安，2021）。

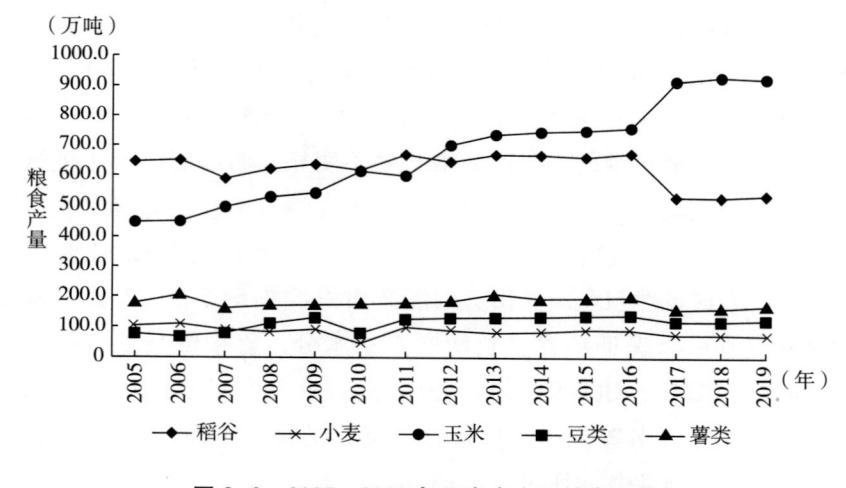

图 3-2　2005—2020年云南省主要粮食产量

如图3-3所示，2005—2020年，粮食种植面积整体上呈下降趋势，从425.4万公顷下降到416.7万公顷，减少了2.05%，年均下降0.14%。2005—2020年云南省粮食单产和粮食总产量呈现波动式上升，仅个别年份出现下降。其中，粮食单产在2010年有所下降之后稳定提升，粮食单产从3561.2公斤/公顷上升到4549.8公斤/公顷，提升27.76%，年均增长1.85%。粮食总产量在2007年、2010年和2017年略有下降随后又迅速上升，总产量从2005年的1514.9万吨增加到1895.9万吨，增长了25.15%，年均增长1.68%。

经过2005—2007年和2016—2017年两个阶段较大幅度减少，整体上看，粮食种植面积呈现下降的趋势，其中稻谷、小麦和薯类的种植面积减少尤为明显。稻谷种植面积从104.9万公顷减少到81.9万公顷，整体上减少了21.93%。小麦从53.2万公顷降到32.0万公顷，年均下降2.66%。2005—2020年，薯类的种植面积从68.8万公顷减少到54.4万公顷，年均减少1.40%。豆类的种植面积先从47.9万公顷增加到了2010年最高水平的57.9万公顷后逐渐减少到48.5万公顷。玉米的种植面积大幅上涨，2005年的玉米种植面积为118.3万公顷，2020年上涨到了180.3万公顷，整体上涨了52.41%，年均上涨3.49%。可见粮食种植面积下降的主要原因是种植稻谷、小麦和薯类的面积下降，其中小麦的种植面积下降速度最快。

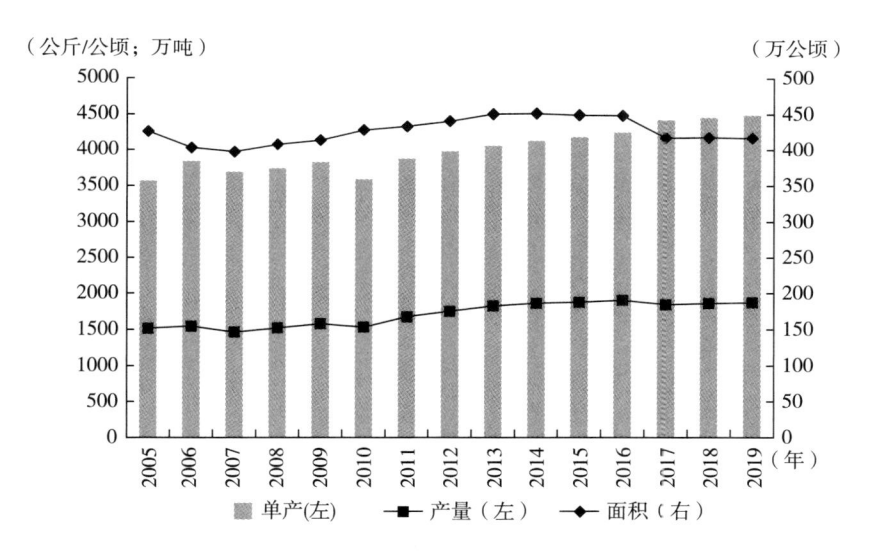

图3-3 2005—2019年云南省粮食生产变化趋势

三 云南粮食产业的生产效率

（一）云南粮食产业区位商测算

为了清晰地认识云南省粮食种植业的专业化水平，本书引入"区位商"这一概念，对云南省近16年的粮食种植业区位商进行测算并纵向比较。同时为云南省与其他省份进行横向比较，收集2020年度粮食数据对全国30个省份的粮食种植业区位商进行测算，以期认清云南省粮食种植业在全国层面的位置（见图3-4）。

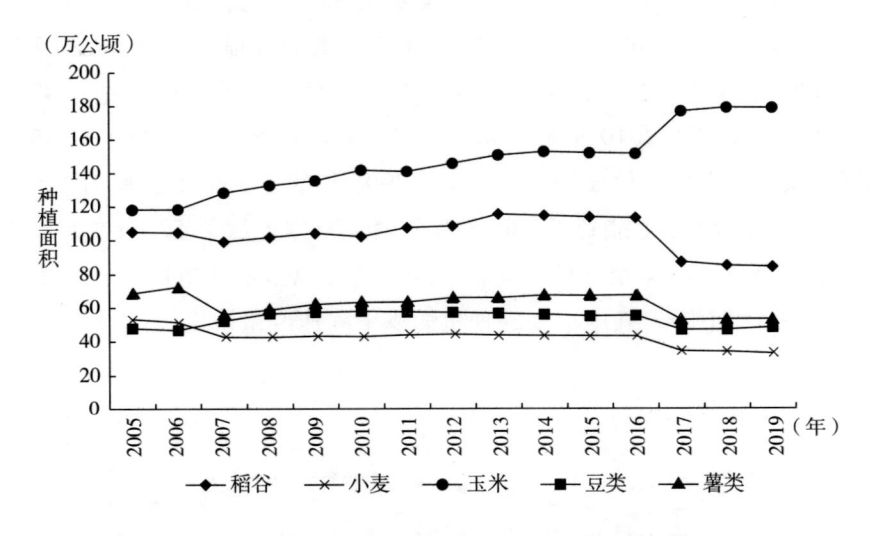

图3-4 2005—2019年云南省主要粮食种植面积

区位商的计算公式如下：

$$LQ_i = \frac{Q_i/Q}{V_i/V} \quad (3.1)$$

式中：LQ_i为i省区位商指数；Q_i为i省粮食产量；Q为全国粮食产量；V_i为i省农林牧渔总产值；V为全国农林牧渔总产值。以上数据均来自《中国统计年鉴》。

从云南省层面来看，云南省粮食种植业区位商指数整体呈下降趋势，专业化程度不断降低。由表3-3可知，2005—2020年云南省区位商指数从1.155减少到0.659，整体上减少了42.94%，年均减少2.68%。其中2008—2010年区位商指数有所增加，可能是因为2009年云南省实施了"百亿斤粮食增产计划"，依靠科技提高单产，稳定提升了云南省粮食生产数量，极大地刺激了粮农生产积极性。云南省粮食种植业在当地本就不是优势产业，不具备比较优势，现如今云南省大力发展高原特色农业产业，使粮食产业发展得缓慢，没有形成产业专业化聚集，使云南省粮食种植业区位商不断降低（见表3-3）。

表3-3　　　　　2005—2020年云南省粮食种植业区位商

年份	区位商	年份	区位商
2005	1.155	2013	0.870
2006	1.106	2014	0.860
2007	0.994	2015	0.842
2008	0.990	2016	0.828
2009	1.010	2017	0.787
2010	1.017	2018	0.782
2011	0.960	2019	0.708
2012	0.908	2020	0.659

从国家层面来看，云南省粮食种植业区位商指数位于全国中等偏下水平，远低于全国平均水平。2020年全国各省份粮食种植业区位商平均值约为0.960，而云南省的区位商为0.659，比平均水平小0.301，约小31.35%。吉林省是区位商最高的省份，高达2.630，云南省粮食种植业区位商指数只是其1/4。西南地区的其他省份如四川省、重庆市，其区位商也要高于云南省。可见云南省粮食产业在全国层面没有优势，粮食的供给也主要靠的是省外调粮（见表3-4）。

表3-4　　　　　2020年各省份粮食种植业区位商

序号	省份	区位商	序号	省份	区位商	序号	省份	区位商
1	吉林	2.630	11	山东	1.100	21	云南	0.659
2	黑龙江	2.411	12	辽宁	1.050	22	陕西	0.647
3	内蒙古	2.015	13	天津	0.986	23	贵州	0.499
4	山西	1.514	14	江苏	0.965	24	广西	0.477
5	安徽	1.456	15	湖南	0.826	25	青海	0.436
6	河南	1.411	16	重庆	0.810	26	浙江	0.356

续表

序号	省份	区位商	序号	省份	区位商	序号	省份	区位商
7	甘肃	1.176	17	四川	0.788	27	广东	0.330
8	江西	1.166	18	湖北	0.769	28	北京	0.238
9	河北	1.159	19	新疆	0.755	29	福建	0.211
10	宁夏	1.114	20	上海	0.672	30	海南	0.164

资料来源:《中国统计年鉴》。

(二) 云南粮食产业生产效率测算

首先,数据包络模型(DEA)是测算效率的有效方法,主要用于评价多投入多产出的决策单元(DUM)相对效率的非参数方法,在评价过程中无须对数据进行无量纲化处理,因此具有一定的优势,被广泛运用。DEA 通过数学规划确定了一个相对有效前沿,通过评价决策单元与前沿面的偏差来测算效率值,若是 DUM 与前沿面重合则是相对有效的,若是与前沿面有偏差则是相对无效的。DEA 中常见的有 CCR 和 BCC 两种模型。CCR 模型的前提条件是固定规模报酬,这不符合实际,对测算结果有一定的影响。BCC 模型则是以规模报酬可变为前提条件进行效率值测算,因此更加符合实际。本书运用 BCC 模型对云南省粮食生产效率进行测算,公式如下:

$$\min\left[\theta - \varepsilon\left(\sum_{j=1}^{m} s^- + \sum_{j=1}^{r} s^+\right)\right]$$

$$s.t. \begin{cases} \sum_{j=1}^{n} x_j \lambda_j + s^- = \theta x_0 \\ \sum_{j=1}^{n} y_j \lambda_j - s^+ = y_0 \\ \lambda_j \geq 0 \\ s^+ \geq 0, s^- \geq 0 \\ \sum_{i=1}^{n} \lambda_j = 1 \end{cases} \quad (3.2)$$

其次,本书选取云南省粮食产量为产出量,选取粮食种植面积和粮食生产劳动力分别代表土地和劳动投入,选取粮食化肥施用量、粮食机械动力以及粮食有效灌溉面积作为资本投入。前人有很多采用农业整体上的数据来测算粮食的生产效率,但是为了保证与粮食产出数据的一致性,运用权重法把粮食的投入数据从农业整体数据中分离出来。权重公式如下:

权重A=(农业产值/农林牧渔总产值)×(粮食种植面积/农业播种总面积)

权重B=粮食种植面积/农业播种总面积

运用权重A把粮食生产劳动力从农林牧渔从业人员中分离出来,运用权重B把粮食化肥施用量、粮食机械动力和粮食有效灌溉面积从农业化肥施用量、农业机械总动力和农业有效灌溉面积中分离出来。以上数据均来自《中国统计年鉴》和《云南统计年鉴》。

最后,本书运用deap2.1系统,采用BCC模型进行计算,并得出以下结果。

1. 综合效率

如表3-5所示,云南省在2005年、2006年、2013年、2014年、2015年、2018年、2019年和2020年的综合效率达到1,说明这8年是达到DEA有效率的;2007—2009年,云南省的粮食生产综合效率整体呈现上升趋势,这归功于两方面:首先是粮食生产技术的不断改良,随着农业科技的不断发展,更多的科技产品被运用到了粮食生产上面,这使生产效率得到一定的提高;其次是不断调整生产规模以求达到最优水平,使资源得到合理利用。2010年的综合效率较前一年大幅减少,降到0.864,这是因为纯技术效率和规模效率均降低,云南省在2010年因气候异常,干旱、冰雹、风雪冰冻、洪涝、地震等灾害频发,受灾和成灾面积大,尤其是2009年初秋至2010年入夏期间,灾害范围广、损失重、程度深、时间长,造成了大规模的减产或绝产,为云南省历史上少有的现象。16年内云南省粮食综合效率的平均值为0.978,表明其整体还未达到最优,还需要在粮食科技、粮食产品加工及流通上加大投入,同时不断优化资源配置,使其达到规模效益。

2. 纯技术效率

纯技术效率反映的是生产决策单元在一定的要素投入下的生产效率，即在规模报酬不变的情况下的生产效率。云南省2005—2020年的纯技术效率均值为0.994，其中2010年、2011年和2012年的纯技术效率没达到1，表示粮食生产需要改进，加强对新技术的引用，增加创新设计发明。其余13年的值均为1，表明这13年间的粮食生产与生产前沿面是重合的，生产是有效率的。

3. 规模效率

如表3-5所示，云南省的粮食生产规模效率均值为0.983，表示其生产规模变化的比例与产出的变化比例不协调。

表3-5 云南省粮食生产效率（2005—2020年）

年份	综合效率	纯技术效率	规模效率	规模报酬
2005	1.000	1.000	1.000	不变
2006	1.000	1.000	1.000	不变
2007	0.965	1.000	0.965	+
2008	0.972	1.000	0.972	+
2009	0.974	1.000	0.974	+
2010	0.864	0.943	0.917	+
2011	0.935	0.977	0.957	+
2012	0.958	0.981	0.977	+
2013	1.000	1.000	1.000	不变
2014	1.000	1.000	1.000	不变
2015	1.000	1.000	1.000	不变
2016	0.974	1.000	0.974	-
2017	0.997	1.000	0.997	+
2018	1.000	1.000	1.000	不变
2019	1.000	1.000	1.000	不变
2020	1.000	1.000	1.000	不变
均值	0.978	0.994	0.983	

注："+"表示规模报酬递增；"-"表示规模报酬递减。

2005年、2006年、2013年、2014年、2015年、2018年、2019年和2020年的规模效率均为1，说明其生产规模与产出是呈比例变化的。2016年的规模效率没有达到1，其规模报酬也是递减的，这表明粮食生产的投入增长多，其产出没有随着投入的增加而增长，应该调整生产投入规模，使其适用现实情况。其余年份的规模效率也未达到1，且规模报酬都呈现递增的情况，云南省应该积极增加粮食生产规模，这会使粮食产量增加。

第三节 云南跨境粮食贸易

一 云南粮食贸易基本情况

据统计，云南省常住人口于2021年约为4700万人，并预计于2025年有望突破5000万人。伴随着人口稳步增长的是该地区粮食消费需求的不断增加，而受云南地区山地为主的地形地貌限制，云南省省内人均耕地少，粮食产量增长不明显，人均粮食占有量较低。我国其他地区粮食产量丰富，并且云南从国内粮食产区调入云南省的数量也有所增加，但云南年均1800万吨左右的粮食产量及国内调粮量远不足以弥补该省的粮食缺口。因此，云南省积极开展与中南半岛国家的粮食贸易，在不冲击国内农产品的前提下适当增加进口粮食配额，以确保云南省的粮食安全（孔志坚，2012；张超等，2021）。

云南省地处我国西南边陲，面积达39.4万平方公里，山区、半山区面积约占94%，平坝、河谷地区面积约占6%，全省人口约为4721万人。由于耕地面积有限，人口增长快，虽然粮食产量在不断增加，但需求也大幅度增长，粮食缺口逐年扩大。2020年云南省粮食自给率约为77%，粮食自给率和口粮自给率均低于全国平均水平。为了补充粮食供给，云南海外投资公司、云南东南亚玉米研究所、云南金瑞种业有限公司等企业也积极发挥自身优势，到缅甸、老挝、柬埔寨等国开展粮食生产贸易合作，替代种植企业不断拓展种植范围，云南与周边国家边境小额贸易量逐年增加，从周边国家进口粮食，成为云南粮食供给的一个重要补充，并且日益发挥越来越重要的作用。据调查，"十三五"时期，云南省各类粮食企业收购粮食666.21万吨，销售粮食2633.54万吨，出口粮食35万吨，进口粮食600万吨，进口粮占企业总销售粮食的22.8%左右。因此充分利用国际粮食市场，利用国外粮食资源，是保障云南省粮食有效供给的重要一环。

二 云南粮食贸易发展优势

（一）区位优势

云南省因其特殊的地理位置成为我国实施对外开放战略的重要场地，云南省与周边多个国家相邻，具备境外合作的地理位置，多边境口岸的开设，更是成为国家粮食进出口的重要口岸。云南省发展与改革委员会2020年统计显示，云南省经国家、省批准开放的口岸共有26个，包括国家一类口岸20个（公路口岸12个、铁路口岸1个、航空口岸4个、水运口岸3个），二类口岸6个（均为公路口岸）。对缅口岸11个（其中包括一类口岸5个），对越口岸6个，对老口岸2个。再加上，云南是一个多民族聚集的居住地，多样的文化、不同的习俗相互融合，也使云南与其他民族之间建立了良好的发展关系。而面对云南省自身人均粮食不足的现状，在"一带一路"倡议的深化、推进下，云南开始与素有"世界米仓"的中南半岛开展积极合作，中南半岛五国盛产大米，云南与其加强合作，在新冠疫情当下，既可以更好地应对境外合作的所遇到的一些困境和挑战，又符合习近平总书记在当下局势所提出的"大循环、双循环"的新发展格局。这样不仅可以满足云南省对进口粮食的所需，也可以扩宽云南省与中南半岛的农业合作市场。

（二）交通优势

便利的交通是加强云南省与周边国家农业合作的重要基础，云南省在习近平总书记给予其提供的发展定位指引下，一直非常重视与周边国家交通的建设，并在实际行动中开始注重对高速公路、铁路以及水路等多种交通道路的建设，为的就是更便于境外农业合作的开展和进一步深化，从而实现成为南亚、东南亚辐射中心的定位。在公路道路建设上，云南"七出省、五出境"通道基本建成，且基本通车

（见图3-5）。同时，为了让云南—老挝、云南—越南的运输道路更加便利，又分别开通了19条和10条客运路线。而在铁路方面，中老铁路在2021年的全线通车，更是缩短了云南到老挝的运输距离。在水路方面，"两出省、三出境"水路通道建设也在逐步推进当中，随着澜沧江—湄公河国际航运的开通，使云南到越南、缅甸、老挝等多个周边国家的交通道路变得更加顺畅，对云南加强境外农业合作具有重要意义。

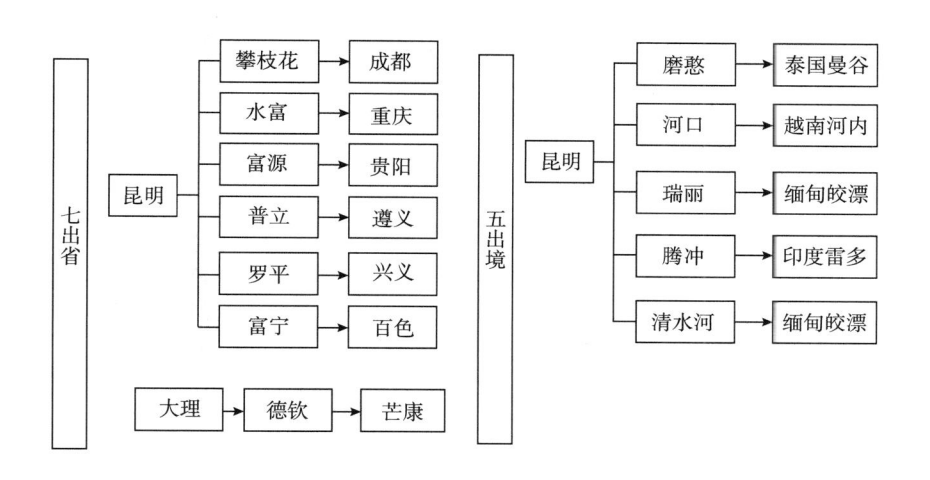

图3-5 云南省主要出省/出境通道

（三）政策优势

云南省鼓励企业积极地"走出去"，通过投资农业基础设施建设或者输出农业生产技术等多种形式，深化云南与周边国家的农业合作，从而提高云南省粮食生产产量，满足云南省人民日常生活所需。此外，云南省积极扩宽了边民互市贸易的规模，在严厉打击粮食走私的同时，积极引导企业通过东盟自贸区协定关税的通道进行粮食的进出口，不仅可以享受到优惠的进口利率，还可以促进云南与边境其他国家之间的多领域合作与发展，在对农产品进行精深加工的过程中，提高云南省农产品的附加值。

三 云南粮食生产贸易主要问题

(一) 云南粮食种植结构调整方向符合市场变化趋势

云南省粮食种植面积经历两次较大幅度减少后，整体呈现减少趋势。其中，稻谷、小麦和薯类的种植面积都有所下降，玉米的种植面积稳步提升，豆类的种植面积基本保持不变。云南省各类粮食作物单产有所提高。粮食产量整体呈现波动上升趋势，玉米和豆类呈现增加趋势，小麦和稻谷则逐年下降，薯类的产量基本保持稳定。

(二) 粮食生产纯技术效率较好但规模效率需要进一步提升

2005—2020 年，云南省的粮食生产综合效率均值为 0.978，虽然效率很高但是还有一定的上升空间。纯技术效率和规模效率的均值分别是 0.994 和 0.983，说明在粮食生产的技术领域还有待提高，种植规模需要进一步优化，保证产出与投入的比例达到最优。

(三) 粮食生产综合技术效率的提升需关注化肥施用效率

农产品净出口额等指标的回归结果表明，农产品净出口额和综合技术效率之间呈倒"U"形关系；农村人均可支配收入、粮食生产劳动人口和机械动力与综合技术效率成正比；人均 GDP 和化肥施用量与粮食生产综合技术效率成反比，需进一步关注化肥施用效率。

《中国 2020 年国民经济和社会发展统计公报》显示，在新冠疫情期间，中国与南亚、东南亚地区的农产品贸易不仅没有减少，反而仍然以 14% 的速度增加，这是因为云南省粮食种植的结构调整方向、生产效率的提升、粮食贸易的良性发展，保障了新冠疫情期间的粮食供给。

国别贸易篇

第四章

香米贸易：泰国粮食商业化演进及跨境贸易

第一节 泰国粮食跨境贸易

对世界而言，泰国是众多粮食出口国的重要一员，对亚洲而言，则是有且仅有的一个粮食净出口国，故而泰国有"东南亚粮仓"的美誉。泰国的中部和东北部是该国的主要粮食生产区域，全球稻米出口国中，出口量最大的就是泰国。2007—2016 年，泰国大幅增加了大米的种植面积，从原先的 10819 公顷一直扩大到了 10905 公顷；产量也有了明显的增加，从 29990 千吨增加到 31944 千吨。然而需要注意的是 2013 年时，种植面积和产量均呈现降低的趋势，种植了 12342 公顷的大米，收获的大米为 36762 千吨。这是由于在 2013 年时，自然灾害降临泰国，使很多土地无法满足大米种植条件，进而导致减少大米产量的情况。就价格层面而言，2007—2016 年，单价从 11271 泰铢/吨不断下滑，一直跌到 8615 泰铢/吨。具体情况如表 4-1 所示。

表 4-1　　2007—2016 年泰国大米的数据信息统计

年份	种植面积（公顷）	产量（千吨）	价格（泰铢/吨）	国内消费（千吨）	出口量（千吨）
2007	10819	29990	11271	20797	9193
2008	11230	32477	9689	22261	10216
2009	11172	32023	9973	23403	8620
2010	11635	32398	10810	23458	8940
2011	12908	36004	11841	25292	10712
2012	13345	38102	11358	31368	6734
2013	12342	36762	10085	30150	6612
2014	11080	31617	9278	20648	10969
2015	10112	27421	9403	17625	9796
2016	10905	31944	8615	22036	9908

资料来源：笔者根据泰国农业部办公室计算而得（沈澜，2019）。

历经数十年的奋斗，泰国政府扩大了进出口粮食额。根据数据信息统计，自 1998 年 2584.83 亿美元的进出口粮食额逐渐增加，一直扩大到 2016 年的 7274.82 亿美元的进出口粮食额，经过计算获悉，进出口粮食额涨幅达到了 1.8 倍，平均每年增加速度为 5.91%。就出口层面而言，1998 年，泰国有 2291.73 亿美元的粮食出口额，发展至 2016 年，泰国已经具备了 5597.11 亿美元的粮食出口额，涨幅达到了 1.44 倍，平均每年增加速度为 5.08%；就进口层面而言，1998 年，泰国产生了 293.11 亿美元的粮食口额，但是截至 2016 年，获得了 1677.71 亿美元的粮食进口额，涨幅达到了 4.72 倍，平均每年增加速度为 10.18%。分析泰国粮食净出口情况可知，顺差是泰国粮食外贸活动的主要趋势，且金额差距不断增加，从 1998 年的 1998.62 亿美元，一直增加到了 2016 年的 3919.40 亿美元，经过计算获知涨幅为 0.96 倍，平均每年增加速度为 3.81%。在世界粮食贸易额中，泰国粮食进出口额占比有所增加，1998 年，占比为 2.30%，到了 2016 年，演变为 2.31%（沈澜，2019）。

表 4-2　　　　　1998—2016 年泰国粮食进出口额统计　　单位：亿美元，%

年份	出口额	进口额	净出口额	占世界粮食贸易额比重
1998	2291.73	293.11	1998.62	2.30
1999	2151.36	275.23	1876.13	2.24
2000	1840.54	300.23	1540.31	2.03
2001	1837.73	322.96	1514.77	1.99
2002	1899.79	345.88	1553.91	1.91
2003	2193.00	403.95	1789.04	1.96
2004	3199.77	502.46	2697.32	2.40
2005	2750.16	575.05	2175.10	2.13
2006	3080.81	576.97	2503.83	2.13
2007	4070.84	698.32	3372.52	2.01
2008	6908.75	990.48	5918.26	2.46
2009	5875.26	889.24	4986.01	2.68
2010	6199.89	1068.26	5131.63	2.68
2011	7507.47	1274.69	6232.78	2.48
2012	5611.51	1745.64	3865.87	2.05
2013	5549.80	1508.54	4041.27	1.88
2014	6699.74	1319.75	5379.99	2.13
2015	5628.08	1928.05	3700.03	2.41
2016	5597.11	1677.71	3919.40	2.31

资料来源：根据联合国商品贸易统计数据库（UNCOMTRADE）相关数据计算而得。

中国和泰国之间，具备良好的农产品贸易基础条件，有较强的互补性。在泰国众多农产品出口市场中，中国规模最大，同时在进口方面，中国也占据着重要地位；对于中国来说，泰国在进口国家中位列第三，出口方面位居第五。从地理位置来说，泰国和中国云南相距最近，故而双方有历史久远的经济贸易合作。在世界上，大米出口规模最大的国家和地区就是泰国，中国每年都会从泰国进口 30 万—70 万吨的大米。世界上，中国进口泰国大米的规模最大。泰国和云南省距离较近，从昆曼公路出发到达泰国，距离为 1800 公里，相较于曼谷港到广州的距离来说，要短一些，然而关于粮食贸易，泰国和云南基本上没有进行过相关交易,根源在于泰国大米进入中国的渠道主要是以大宗贸易的方式,借助海运的渠道,从泰国运输到中国东南沿海区域,卸货口岸主要是佛山、广州等,从这些地区进行分流,再发送给发达地区,比如香港、深圳等,但是泰国大米直销广州本地的情况比较普遍,运输到云南的泰国大米数量比较少。泰国大米运输到云南省更多的是发货于泰国的清盛港,途径湄公河,以水运的方式运输到云南省西双版纳的景洪(孔志坚,2012)。

第二节 泰国国家稻米政策

一 土地灌溉政策

自19世纪以来,土地的私有权利已经得到承认,1901年引入了土地所有权制度,由泰国国土司管理(Burns,2004)。土地所有权最初集中在中原地区,但逐渐扩展到包括东北在内的其他地区,国土司设有省和区办事处。地契是根据地籍调查签发的。然而,对第五次国家社会和经济发展计划(1981—1985年)的研究发现,2370万公顷被占用的农业土地中,只有约12%有地契,另外49%有少量文件记录,18%被无任何文件记录的申请人占据,21%是被非法占用的林地。第五次国家社会和经济发展计划制定了一项战略,向农业土地所有者提供有保障的土地使用权,并提出这将提高获得机构信贷的机会,从而为农民的长期投资奠定了基础。在世界银行的支持下,一个土地所有权项目得以启动,到2001年,在490万公顷的土地上又发放了850万份土地所有权(Burns,2004)。

与此同时,还有一项始于1975年的农业土地改革计划,将土地重新分配给无地农民,并为擅自占用公共土地的人提供所有权(因为大部分农业扩张都是通过在公共土地上砍伐森林来实现的)。农业与合作社部的农业土地改革办公室负责土地分配和土地所有权,并提供生活用水供应、村庄道路、农场池塘、小型水库和灌溉设施(ALRO,2006)。农业土地改革办公室还建立了农业土地改革合作社,提供农业

第四章 香米贸易：泰国粮食商业化演进及跨境贸易

信贷和生产投入，支持农场和非农职业，并促进基于社区的自然资源保护（Ekasingh et al.，2008）。1975—2005年，分配给东北部762170户家庭210万公顷土地，占全国总面积的52%。根据2013年人口普查的记录，这占东北部农场面积的24%，占农场数量的28%。

通过研究改善土地生产力使更多土地变得可用。农业与合作社部下属的土地发展署开展的一项研究改善了主要位于黎逸府逼古拉·荣海地区的盐渍土壤。这使8.8万公顷的恢复土地成为茉莉香米生产的主要地区，使14280户农户受益（Ekasingh et al.，2008）。

这个长期土地政策的成效为东北部种植水稻的许多小农提供了稳定所有权。20世纪80年代人口增长和农业前沿关闭意味着这些小农户的规模下降，从1980年的平均4.5公顷下降到1990年的4.3公顷，从2000年的3.6公顷下降到2013年的3.2公顷，但由于家庭规模缩小和年轻家庭成员外出务工，人均面积一直保持稳定（Grandstaff et al.，2008）。加上基础设施的改善，自20世纪90年代以来，数百万小农抓住了商业水稻种植的机会。虽然在一些地区，农民正在将他们的稻田合并成更大的单元，使土地变得平整，使用机械提高土地效率（Rambo，2017），但土地所有权并没有明显的差异。因此，2013年51%的土地持有在1.6—6.2公顷，占总农田面积的51%，即使非农业收入来源占据主导地位，土地所有权和稻田耕作仍然是家庭生计战略的核心（Rigg et al.，2012）。

灌溉政策在水稻种植商业化的过程中影响较小，获得灌溉一直是一个不太重要的因素。东北部长期关注农业水资源开发的政策，以便加强水稻种植和减少贫困（Molle et al.，2009；Floch et al.，2013）。其中，大部分政策涉及对小型和大型抽水灌溉计划的投资，该计划由农业与合作社部的皇家灌溉司管理，使水稻可以在旱季种植。然而，对所需要的运河系统的投资经常滞后，而且，即使分销基础设施已经令人满意地完成，由于旱季水稻（KDML105是一种雨季品种）利润低且变化无常，以及农业劳动力日益短缺，旱季种植的灌溉利用率远远低于预期。泰国东北地区的总灌溉面积只有120万公顷，在旱季利用率有限（Floch et al.，2009）。因此，尽管越来越多地利用小池塘补充灌溉，但大多数水稻生产仍然是在雨养条件下进行的。

二 生产种植政策

东北地区水稻种植商业化的关键是公共机构对良种的选择、育种和推广。"改良"一词比"高产"更贴切，因为农民采用的品种更好地适应了当地条件，并（或）生产出了更高质量的水稻，而不仅仅是增产。国际水稻研究所（IRRI）从 1966 年开始在泰国开展工作，比在湄公河下游的其他国家早，但第一个高产半矮化品种 IR8 由于食用质量低而没有被采用。然而，农业与合作社部水稻司将 IR8 的半矮秆基因引入一系列在中部平原灌溉区广泛采用的地方选育品种（标记 RD）中。RD1 的产量比 RD 高 50%，但由于食味质量差和投入要求高而未被采用。在中部地区灌溉区，以 RD7、RD15、RD23 等光周期不敏感的高产品种为主，带动了产量的快速增长。然而，这些额外产出的大米大部分没有在国内消费，而是作为低质白米出口，或用于制作煮得半熟的大米，也用于出口。

在 20 世纪 80 年代，随着越南作为低质量大米主要出口国的崛起，这类大米的国际价格有下降的压力，而高质量大米的价格呈上升趋势（Setboonsang，1996）。这促使 MOAC 的水稻研究人员恢复了早期的努力，以选择和培育水稻品质。上述研究的主要突破是当地香稻品种 Kao Dok Mali 105（KDML105）的选育和诱变，形成高产糯稻品种 RD6。两者都是对光周期敏感的中期品种，很好地适应了东北地区的土壤和气候条件，对额外的投入反应良好。RD6 被迅速采用，1995 年，占东北湿季水稻总面积的 40%，糯米面积的 83%（Ekasingh et al.，2008）。同年，KDML105 占了非糯稻面积的 72%，在 2002—2005 年增加到 80%（Grandstaff et al.，2008）。利用 RD6 确保生存的能力使农民能够分配更多的土地从事 KDML105 的生产，以满足国内和出口市场的需求，从而得到更高的回报。

农业推广司为农民提供改良种子，该部门在研究人员和推广人员之间建立了联系。农业部作物推广项目旨在通过传播优质种子提高产量（Ekasingh et al.，2008）。采用的一种方法是"种子交换法"，该方法于 1982—1998 年用于大米，即用一公斤农民的种子交换一公斤改良品种的优质种子。在较贫困地区，采用了"免费水稻种子"方法。农业推广司还在65个水稻生产省份启动了社区种子生产中心，以生产供当地传播的优质种子。

作为水稻种植和其他作物生产集约化的一部分，尽管增长速度有所放缓，合成肥料的使用增加了10倍以上，从1980年的每公顷20公斤左右增加到2008年的每公顷250公斤。农业生产中使用的超过95%的合成肥料是进口的（OAE，2011）。尿素主要用于水稻和蔬菜作物，是最重要的进口肥料，占进口额的35%，而其他广泛被使用的肥料是磷酸铵（16—20），占9%，NPK复合肥（15—15—15）占6%。化肥的进口、混合和分配由私人掌握，没有补贴，由政府监控和调节零售价格，可以避免价格上涨对农民造成不利影响（Chitibut et al.，2014）。这种强制监管导致了一个平行的非正规市场的出现，分销的产品质量参差不齐。

尽管合成肥料的使用在增加，政府提升了营养管理和作物保护多种可用方法，特别是进入21世纪以来，鼓励农民施用堆肥、绿肥、动物粪便和其他有机肥料替代合成肥料，或与合成肥料一起施用。有机肥料已被用于多种农业生产，包括水稻种植。农业经济办公室发表在2010年的一项调查发现，约48%的农场同时施用有机肥和合成肥，41%的农场只施用合成肥，6%的农场只施用有机肥。有机肥料和生物肥料市场预计将随着有机食品需求的增加而增长，政府通过为使用有机肥料提供补贴和激励措施将推动有机肥料的增长，政府鼓励私营部门生产有机肥料和生物肥料，是为了减少对进口肥料的依赖（Mordor Intelligence，2019）。

三　推广管理政策

农业推广方面，1967年成立的农业推广司主要负责农作物生产推广，而畜牧发展司和渔业司分别负责畜牧生产和水产养殖。通过与研究机构、大学、农业信贷、营销组织和其他相关机构的合作，农业推广司直接负责整合作物推广的概念和战略。它的任务是向农民提供推广服务和技术转让，从质量和数量上帮助提高农业生产力，并满足市场需求和标准。农业推广已在所有地区设立了区域办公室，并在全国所有省份和所有行政区设立了省级和区级办公室。在每个地区，都有推广官员与农民密切合作。地区和街道的农业推广人员有责任向农民介绍研究机构已经测试过的适用于当地的知识和技术，并就农民所面临的技术或生物方面的问题和限制以及农民的态度收集意见建议，并由推广人员向研究人员提建议。

  1999年，农业推广司建立了新的推广系统，以适应1997年的新宪法和第九届全国社会和经济发展规划所强调的人的发展优先。新推广系统的原则是：农民自行决定发展路径，推广人员是农民的帮助者、协调者和学习伙伴。全国各街道设有农业技术转移与服务中心，作为一种与农民以及地方政府、农民协会、非政府组织、私营部门等相关的机构共同参与农业发展的机制。该中心的宗旨是在农业发展、农业生产、市场开发和自然资源管理等领域为农民和社区发展一站式服务中心。该中心的运作是在社区发展的基础上进行的，为农民提供机会，使其能够参与，并促进他们自己规划和解决现有问题的潜力。因此，该中心的建立为社区发展的放权和授权铺平了道路（Ekasingh et al.，2008）。

  随着农民的活动越来越商业化，对信贷的需求也随之增加。向农民提供的正式和非正式信贷有许多来源，但主要的来源是农业与农业合作社银行。自20世纪70年代以来，该银行的业务得到政府政策的大力支持。1982年，该银行向泰国大约一半的农户提供了总计120亿泰铢的信贷。虽然该银行满足了中等规模农民最普遍的信贷需求，但针对最贫穷的农民方面存在一些困难（Falvey，2000）。集团担保贷款是向缺乏担保的贫困农民提供贷款的一种有效的备选方式。农民利用信贷购买改良种子、设备、化肥和杀虫剂。2008年，在580万户农户中，有350万户有农业债务，占59.9%。其中，63.5%借款来自农业与农业合作社银行，9.2%来自合作社，9.9%来自村级基金，7.4%来自非正式来源。平均每户农业债务为104640泰铢（泰国国家统计局，2008）。

  泰国农民在选择作物或生产技术方面不受国家导向的影响。然而，自20世纪90年代以来，政府政策一直试图说服和资助农民转向

"可持续农业",也就是综合农业系统、多样化农业、良好的农业实践或有机农业。这一推动得到了已故国王普密蓬·阿杜德的"新农业理论"强有力思想上的支持——这是他"充足经济"哲学的一部分（Kasem et al.，2012）。这提升了对农场管理的需求，以提供粮食自给自足或农民的粮食安全。

对可持续农业的重视鼓励了作物多样化、农业集约化的转变、减少非有机肥料和杀虫剂的使用，以及推广有机农业和更健康的食品。为支持可持续农业，已经实施了许多项目，包括为愿意参与的农民提供补贴信贷和培训项目。2016年，国家水稻政策和管理委员会启动了一项计划，向符合条件的农民支付补贴，让他们停止在被认为不合适的地区种植水稻，并发展具有农田灌溉、渔业和畜牧业的综合农业系统。根据官方地图，大多数被认为不适合种植水稻的土地位于东北部，尽管对分区的准确性存在疑问（Sunsuk，2016）。

对泰国大量使用化学原料的担忧，为加固良好农业规范和食品安全政策打下了基础。获得良好农业规范认证的农民被要求同时使用有机肥料和无机肥料，以确保得到高质量的农产品。他们还必须使用生物农药来控制虫害的爆发，但如果获得合同采购商的同意，他们也可以使用无机农药（Kasem et al.，2012）。2008年，获得良好农业规范认证的土地面积为36.6万公顷，远远超过获有机认证的2.2万公顷。然而，泰国是世界上最大的有机大米出口国，东北部的一些村庄正在接受这种形式的可持续农业。

四 市场营销政策

泰国大米行业的主要政策干预是国家参与大米的购买和储存。1976年，取消了大米出口税，并制定第一个价格支持方案。从1981年开始，价格支持发展成一项大米缓冲库存计划，旨在稳定消费价格并提高农场水稻价格，以及1983年发展成为由农业银行和农业合作社资助的一项水稻抵押或质押项目。

后者使用公共仓库或农场仓库来解决库存问题，这样农民就不必在收获后价格低时立即出售。随着补贴的增加，更多的农民参与进来（Ekasingh et al.，2008）。然而，通过这种机制和政府支持价格的积极介入，2011—2014年的英拉政府导致累积记录库存高达1800万吨和政府计划的最终崩溃。在其鼎盛时期，该计划向农民提供高于市场价格50%—60%的价格，没有购买上限，从而排挤了商业贸易商、磨坊主和出口商，严重扰乱了出口市场。库存仍在政府间交易中被逐步消除，同时以折让价格拍卖给私人买家，但国内和出口市场已经能够恢复一些正常（Chuasuwan，2018）。

2016年，军政府宣布将不再继续推行大米担保和收入保险计划。取而代之的是短期措施，包括"农民贷款推迟水稻销售"（称为"田间水稻质押"），旨在稳定香稻和糯稻的田间价格。政府还根据稻农援助措施批准了450亿泰铢（13亿美元）的预算，用于直接支付受干旱影响的农民。参与该计划的农民也有资格以降低的利率（3%而不是正常的7%）暂停其农业与农业合作社银行的债务两年。此外，购买商业作物保险的农民将获得从政府发放的自然灾害损失部分赔偿（Welcher，2017）。

第三节　泰国东北部粮食商业化生产

泰国长期以来一直是继中国、印度、印度尼西亚、孟加拉国和越南之后的第六大大米生产国（Ekasingh et al.，2019）。泰国在19世纪50年代向全球贸易开放后成为大米的主要出口国（Ekasingh et al.，1971）。1925年，泰国东北部的大米出口仅占全国大米出口的7%，1935年占18%（Ekasingh et al.，2007）。20世纪40—70年代，当时的国家局势是影响湄公河下游水稻种植的最主要因素。在这个时期，泰国东北部是一个偏远和贫困的地方。但它的战略重要性吸引了美国在道路、通信、灌溉、农业推广和其他形式的农村发展方面的大量投资。特别是，友谊公路第一次为该地区提供了一条通往曼谷的公路。这些投资为20世纪80年代和90年代的农业商业化和生计多样化奠定了基础（Ekasingh et al.，2007）。泰国整体出口额从1975年的不到100万吨增加到2016年的约1000万吨，其中超过一半来自东北地区

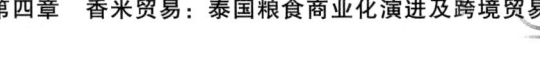

的扩大生产。

一 泰国东北部的水稻生产

（一）采用改良品种

改良糯稻品种 RD6 于 1978 年推出，产量比传统糯稻品种高，产量稳定，从 20 世纪 80 年代末开始被广泛采用。1995 年，RD6 占东北部糯米种植面积的 83%，约占各类水稻总雨季面积的 40%（ACI，2005）。RD6 的高产量意味着农民只需用更少的土地就能满足他们的生存目标，因此可以将更多的土地用于商业品的种植，特别是用于生产茉莉香米 KDML105，或者其他作物，如木薯和甘蔗。这为东北部的日益繁荣打下了基础（Grandstaff et al., 2008；Rambo, 2017）。

2017 年，泰国东北部地区 63% 的农户都会种植大米，大多数为黏性大米或糯米，这是长期以来占主导地位的老挝少数民族的首选主食。这些糯米约有一半用于家庭消费，剩余的大部分在该地区销售，特别是卖给专门种植非黏性茉莉香米的农民，大约 10% 的糯米产品从东北出口到邻国，特别是糯米也是首选主食的老挝。

自 20 世纪 80 年代以来，泰国茉莉香米 KDML105 品种的高盈利能力和糯米品种 RD6 的高产量推动了东北农村粮食的普遍商业化，帮助许多农村家庭摆脱贫困，并刺激了这个长期被视为落后地区更广泛的经济发展（Barnaud et al., 2006；Grandstaff et al., 2008；Rigg et al., 2012；Rambo, 2017）。

（二）粮食生产的快速机械化

20 世纪 80 年代，多用途两轮拖拉机开始取代水牛成为整地的动力来源。20 世纪 90 年代，联合收割机被广泛使用，取代了机械脱粒机。现在中型四轮拖拉机越来越普遍了。起初，机械收获服务是由来自中部地区的承包商提供的，但很快就出现了当地的承包业务。在雨养地区使用播种机，在灌溉区开始使用移栽机，解决了水稻移栽的高峰劳动力需求问题。生产的机械化推动劳动力解放出来，使家庭有更多的剩余劳动力从事非农工作，创造额外收入，以便购买投入物和租用机器服务。

(三) 大兴农田灌溉

从 20 世纪 90 年代开始，许多农民在稻田附近挖小池塘，用便携式柴油泵储存水，用于补充灌溉（Grandstaff et al., 2008; Rambo, 2017）。90 年代末，产生了 6.5 万个农场池塘，政府在 2004 年设立了一个循环基金，旨在将池塘数量增加到 45 万个。这些池塘使农民能够在干旱时期灌溉雨季作物，从而有助于稳定雨季作物的产量。这反过来又使农民能够减少种植糯米的面积，将更多的土地分配给茉莉香米 KDML105 或商业大田作物。此外，池塘灌溉促进农民在旱季时在一小部分稻田中种植短期、高价值的园艺或大田作物，这通常会产生比旱季水稻作物更高的劳动力和资本回报。

(四) 水稻产量大幅增长

东北部的水稻年产量从 1980 年的 580 万吨增长到 2011 年的 1510 万吨峰值，增加了一倍多。在随后的几年中又回落到 1200 万—1300 万吨。20 世纪 80 年代以来产量的增长是由于雨季的种植面积从 1980 年的 450 万公顷增加到 2018 年的 590 万公顷，这是随着农民将更多的村庄林地开垦为稻田而增长的。同期，由于公共投资主要用于抽水灌溉计划，旱季灌溉面积从 1.1 万公顷增加到 28.2 万公顷。水稻改良品种的广泛使用和化肥的使用量增加，促进雨季的产量从 1.3 吨/公顷增加到 1.9 吨/公顷，旱季的产量从 2.2 吨/公顷增加到 3.6 吨/公顷。

二 泰国东北部的大米营销

(一) 消费渠道

自 20 世纪 80 年代以来，随着东北部水稻产量的增加，水稻市场得到扩大和发展。2003 年生产的 950 万吨水稻有两条消费渠道：一条是生存渠道，另一条是市场渠道。在扣除种子、动物饲料和损失后的 850 万吨水稻中，大约 1/5 被农民保留供家庭消费（主要是糯米），4/5 用于商业销售（主要是泰国茉莉香米 KDML105 和其他非糯米）。农民在村里的小磨坊磨碎稻谷供自己食用。按估计的回收率 65% 计算，生产家庭消耗了约 110 万吨精米。因此，可供销售的稻谷约为 680 万吨。

(二) 销售途径

农民有几种销售途径。一是传统的方法，卖给初级收购者，包括没有仓库的小规模乡村收购者和有自己仓库的地区和省级大型收购者。收购者位于靠近生产区的地方，用皮卡车或六轮卡车运输水稻。然而，这些只占售出水稻的15%。二是中心市场出售，大约占售出水稻的5%，中心市场由公共机构（如农业银行和农业合作社）和私营企业家共同经营。根据中心的大小，提供的设施可能包括劳动力、湿度计、干燥场、仓库和贷款。市场所有者有时也是装配工、磨坊主，而大型中心市场的所有者通常避免交易，以避免价格干预，他们收取费用、租金和贷款利息。三是剩余的80%直接卖给了磨坊主，这是商业化带来的最显著的变化。其中50%由农民以自己的名义出售，30%通过农民团体或合作社出售（Wiboonpongse et al.，2001）。按65%的回收率计算，将680万吨的水稻运输到磨坊，生产了440万吨的精米。

泰国一半以上的大米加工厂位于东北部，2003年总计有2.4万个（Agrifood Consulting International，2005）。然而，其中约98%是小型或乡村定制磨坊（每天少于5吨），只有2%是中型至大型私人磨坊或合作社磨坊。该地区只有约1%的磨坊的产能超过50吨/日，有两家磨坊每天可生产1000吨。有储存能力的大型工厂可以在稻谷供应过剩的收获期大量储存稻谷，等到价格上涨时再加工出售（Rabobank，2003）。近几年，东北部大型现代化磨坊的投资有所增加。

经过碾磨，大米销往国内市场和国际市场。国内市场上，精米除了卖给贸易商、批发商，还直接卖给零售商。碾磨副产品，如米糠，也有各种各样的市场。在2003年生产的440万吨精米中，约有100万吨（23%）进入了地区市场，无论是零售（90%）还是进一步加工成以大米为基础的产品（10%）。大部分国内市场是由40%的东北农民创造的，他们专门为出口市场生产KDML105大米，因此需要购买糯米供自己消费（ACI，2005）。剩下的340万吨精米通过贸易商和批发商运到了外地市场，包括曼谷、周边地区和出口市场。除少数大公司外，大多数磨坊主通过代理商将大米卖给批发商和出口商。代理商被委托寻找符合批发商和出口商要求的特定质量的大量大米，收取销售价值的2%—3%的佣金。

（三）销售体系

在泰国，大米等食品的销售体系正在发生巨大变化。除了传统的食品市场，现代的分销体系也正在兴起，包括超市、超级商店和连锁便利店。在传统的零售市场，大米是散装出售的，顾客可以购买任意数量的大米，而在超级市场，大米是包装在有标签的固定大小的包装中出售的，比如5公斤的袋子。21世纪初，75%的食品零售贸易仍然通过传统市场进行（ACI，2005），而现代分销渠道大多局限于主要城市中心。尽管如此，东北部的超市和其他现代零售店的数量仍在增加。

大多数出口商位于曼谷和周边地区。许多出口商都有自己的米厂，而那些没有米厂的出口商则直接与大型米厂打交道，或依靠能够保证特定类型和质量的大米供应的代理商。大部分出口都是由私营企业操作的，这些私营企业按《大米交易法》的规定必须进行注册。只有大约5%的出口是由国家机构操作的。每个出口商都与特定的进口商有联系，进口商要求特定的大米种类和质量。例如，泰国茉莉香米出口商与中国香港、新加坡和中东的进口商有长期协议。泰国主要向非洲和亚洲出口，其中非洲市场增长最快。2005年，非洲占大米出口总额（340万吨）的47%，其次是亚洲（28%，200万吨），中东（12%，90万吨）。欧洲仅占5%（30万吨），美国占6%（40万吨）。出口的泰国茉莉香米主要在东北部种植，2018年为290万吨，占总量的26.1%。糯米出口量仅为180159吨，占出口总量的2%。

三 泰国乌汶府水稻种植的演变案例

按照普密蓬国王"自给自足经济"理念实施的水稻种植体系得到广泛推广。自2007年以来，泰国内政部社区发展司发起了一个项目，推广"自给自足村"的模式。该项目旨在加强村庄的自我管理能力，并发展自给自足原则的经济（Prathanchawano，2013）。一些商业农民已恢复到自给自足的状态，减少对外部资源的依赖，更多地利用当地资源，并种植多种作物。为了解决农业投入品的购买力问题，政府优先提供合适的信贷。提供农业信贷一直是泰国政府的一项重要政策，也是推动农业商业化的关键因素。

乌汶府位于泰国东北部的东南角，在曼河流域的下游。该省东部

第四章 香米贸易：泰国粮食商业化演进及跨境贸易

与老挝接壤，南部与柬埔寨接壤，西部与四色菊府接壤，北部与安纳乍能府和益梭通府接壤。在实施自给自足的经济方面，该府约有332个农民团体，但2012年仍在活跃的只有180个团体。水稻种植遵循着不同的发展轨迹，对家庭生计的贡献也不同，这取决于每个家庭和社区的目标和经济状况。与传统的商业农业并行，基于有机生产的替代农业是一条可行的途径，但是都需要非大米和非农业收入来源来提高大米生产的收入。

(一) 化肥的使用

化肥的使用取决于耕作方式，主要使用合成肥料和一些有机肥料。在有机水稻农场，不使用合成肥料或其他农用化学品，采用了有机肥、堆肥、动物粪便、绿肥和动植物提取物等营养管理和作物保护方法。大多数农民都同时施用合成肥料和有机肥料，少数农民只施用有机肥料，有些农民主要施用有机肥料，少量施用合成肥料。

有的村子大量使用合成肥料和杀虫剂，村里的农化商店向农民提供了贷款来购买。通过村基金开展推广有机肥料以改善土壤状况的项目后，农民一直在施用有机肥料和合成肥料。农民作为一个团体生产有机肥料，并获得在他们的农场上使用的份额。每个农民的份额只够在一种作物上用3奈（约0.5公顷）的面积，所以农民在剩下的水稻地上只施用合成肥料。施用有机肥料的农场与合成肥料相比成本更低。大多数农民从当地街道合作社获得信贷购买投入品，而有的农民从村子和城镇的合作社的农化商店获得信贷。各街道合作社从区级合作社或省级合作社订购化肥和农药等农用化学品，如杀虫剂、除草剂和杀菌剂，而这些合作社又与机构或公司有直接联系。

有的农民从2003年开始种植有机水稻，当时他们经历了商业化水稻生产的失败。但现在已经提高了水稻产量，2003年为1.25吨/公顷，2012年为2.5吨/公顷。在第一次种植有机作物时，他们施用了约1250公斤/公顷的有机肥，产量仅为1.25—1.60吨/公顷。然而，近年来，农民仅施用了187公斤/公顷的有机肥，获得了2.5吨/公顷。在土壤肥力管理中加入有机肥料可以提高产量，降低成本，有机生产的平均产量提高了50%，成本为12%。

（二）劳动力和机械的使用

随着农业劳动力的日益短缺和老龄化，泰国各地都实现了低洼地区水稻种植的机械化，首先是在中部地区，由于扩大灌溉而增加了种植强度，这是一个关键驱动因素，但现在包括东北部的灌溉和雨养系统。大多数农民依靠一种雨季作物——雨养低地水稻。一些农民在小池塘或管井和泵上面投资，以抽取地下水，能够在种植水稻之后种植小面积的蔬菜、豆类和辣椒等作物。所有村庄的水稻生产都已高度机械化，但并非所有作业都如此。

由于许多家庭成员迁移到曼谷或其他城市中心，主要稻米季节的劳动力短缺在村庄很普遍。通常情况下，农民工会在高峰时期回到村里，在自己的农场做工或受雇打工。然而，由于交通成本的增加和较高的城市工资，许多农民更愿意投资购买或租用机器，而不是让家庭成员承担回乡参与水稻生产的财务和机会成本。与此同时，在过去20年中，适用于小型农场的中小型机械已得到广泛使用，使曾经劳动力密集的整地、种植和收割，包括脱粒等作业得以机械化。此外，农业与农业合作社银行提供的长期信贷使许多农民能够购买农业机械。该银行还通过金融公司和机械经销商为农民提供再融资。

（三）机械整地及使用

使用拖拉机整地已成为常态，大多数农民有两轮拖拉机，从20世纪90年代初开始购买。然而，随着四轮拖拉机技术的改进，农民从2009年开始使用四轮拖拉机。这些中型拖拉机质量轻，能在稻田中自如地工作，并能穿越稻田周围的土埂而不造成损害。少量的大型福特拖拉机通常只用于重型工作，特别是在新开垦的土地上。农民通常会犁两次稻田，在第一次犁地时，他们通常雇一辆四轮拖拉机来犁开土壤；在第二次犁地时，以前他们使用自己的两轮拖拉机耕出一块平整的种植地面，现在大多数农民都租用中型四轮拖拉机进行土地整备，只有少数人仍然使用两轮拖拉机。四轮拖拉机的工作能力是两轮拖拉机的2—9倍，这取决于工作的类型。

四轮拖拉机的成本是两轮拖拉机的10倍多。然而，对于没有非农性工作因而时间压力较小的农民来说，拥有一台两轮拖拉机仍然是

第四章 香米贸易：泰国粮食商业化演进及跨境贸易

最有吸引力的选择，其运行成本低于租用一台两轮或四轮拖拉机。因此，两轮拖拉机仍被用于整理非常小的稻田（并可以修改为移动动力喷雾器，以及改造成其他功能）。农民购买中型四轮拖拉机的能力通常取决于能否从机械经销商或银行获得信贷。拥有四轮拖拉机的农民通常需要承包整地工作，为其他农民耕地，以赚取偿还贷款的钱，投资回收期只需两年。

农业体系的不同，导致各个村庄水稻生产的机械使用情况各不相同。有机农业体系较少使用机器，主要用于整地。种植水稻主要用于家庭消费的农民倾向于保持较低的现金支出，依靠家庭劳动力。这些以生存为导向的农民仍在使用两轮拖拉机，因为它们价格低廉，并能带来多重效益。商业农场更多地使用承包机械服务，包括使用中型四轮拖拉机整地，联合收割机收割和脱粒，因为财务成本明显低于雇用人工劳动。

有的农民不使用任何设备来种植作物。一些农民直接在稻田上撒种，而一些农民仍然建立苗圃和移栽秧苗。水稻插秧机现在在泰国中部和部分北部地区广泛使用。在一些村庄中，很少有移栽秧苗的农民尝试过使用插秧机，因为这种机器在他们的砾石土壤上不太好用，也没有农民使用它。

（四）收割和脱粒

机械收获已推广到村庄。生产有机大米的农民，虽然租用了机械脱粒机，由于需要高质量的产品来获得最大的回报，所以他们采用手工收割。那些稻田很小，而且位于潮湿的低地的农民，由于无法使用联合收割机，也采用手工收割。有的村子的农场大多是用联合收割机收割。使用联合收割机的收获成本远低于人工收获。联合收割机收获和脱粒的成本仅为107美元/公顷。雇工收割的农民大约需要179美元/公顷，无论是日薪还是计件工资，他们还必须支付约11美元/公顷的脱粒费用（假设产量为1.5吨/公顷）。因此，在不是必须使用人工收割的地区，对联合收割的需求增加了。尽管如此，在乌汶府本地仍然没有联合收割机服务。联合收割机服务主要由泰国中部的省份提供，如素攀武里府、暖武里府和曼谷。也有来自东北部其他省份的承包商，如四色菊府和黎逸府。农民通过联系一个代理商来获得收获服务。代理商首选检查稻田以确定是否适合他们的机器。大面积、干燥、无倒伏的稻田是首选条件。另外，还要预估将收割机投入田间的适当时间。雨季对收割服务的需求很大，因此，农民只能在旱季获得收获服务。

（五）水稻生产的相对收益

鉴于化肥和农药的不同使用情况，水稻种植系统可以分为"有机"、"混合"和"传统"三种。有机和混合系统使用移栽来种植作物，而传统系统使用播种机，因此节省了劳动力。更普遍的是，传统系统比有机系统更依赖承包机械服务（包括四轮拖拉机和联合收割机）和购买投入，而混合系统介于两者之间。这三种系统体现了不同水平的产量、成本和毛利率。

有机水稻体系有较高的平均产量（3.2吨/公顷），高于混合和传统体系33%的价格溢价，因此，总收益高出50%，每公顷6.4万泰铢（1900美元）。三种系统的总支付成本非常相似，约为每公顷1.6万泰铢（约合490美元）。然而，各个成本项目的重要性存在差异。有机系统的整地成本较低（因为它主要是由家庭劳动完成的），雇用劳动力成本较高（用于移植、手工除草、施用有机肥和手工收割），无机肥料成本为零，而粪肥和有机肥成本较高。

传统系统在种子（因为播撒）和无机肥料上的成本更高。在有机系统和混合系统中，用于水稻生产的家庭劳动力的估算值约为每公顷3000泰铢（约合90美元），但传统系统低得多，因为较大地依赖承包商整地，喷洒除草剂和收割。有机系统的生产总单位成本略低，每生产一吨稻谷为5900泰铢（约合180美元）。由于有机系统较高的总收入和相似的支出成本，有机大米的毛利率为每公顷4.8万泰铢（约合1500美元），大约是混合和传统系统的两倍。扣除家庭劳动力的估算成本后，排名也类似，有机水稻每公顷平均毛利率为4.5万泰铢（约合1360美元）。然而，有机系统较高的劳动投入意味着劳动力（家庭和雇用）的回报是每天2135泰铢（约合65美元），而传统系统是每天6511泰铢（约合197美元）。劳动力需求是传统农民不愿采用有机耕作方式的主要原因。

第五章

绿色革命：老挝粮食商业化演进及贸易

第一节 老挝农业系统及水稻生产

一 农业发展概况

老挝人民民主共和国（简称老挝），国土面积为23.68万平方千米，80%为山区，总人口达723万人，年增长率为1.5%，60%的人口生活在农村地区，是亚洲人口密度最低的国家，大约每平方千米31人，最北端的丰沙里省每平方千米约10人，首都万象每平方千米超过200人（MPI和联合国开发计划署，2009）。老挝将近55%的人口为老挝族，11%为克穆族，8%为苗族。老挝最主要的粮食作物是稻谷，占全国农作物种植面积的85%。经济作物种类包括木薯、甘薯、芋头、大豆、甘蔗、棉花、咖啡、茶叶、烟草和橡胶等。农业开发的土地超过33万公顷，灌溉面积约为31.5万公顷。截至2020年，农业总产值占国内生产总值（GDP）的16%。据估计，老挝要实现2030年全部人口脱贫的目标，每年需要增加4100万美元的投资，其中对农业部门的投资约占总投资的83%（3400万美元）。

老挝政府于1978—1980年制定了第一个发展计划，农业是重点发展领域，旨在通过增加农业面积和支持使用农业机械和灌溉设施，以集体生产或合作社的形式促进农业发展，以提高水稻产量实现自给自足。截至1986年，全国合作社的数量迅速增加到3976家。然而，据报道（Evans，1995；Stuart-Fox，1996），截至20世纪90年代初，大多数合作社只是名义上存在，实际上运行的合作社数量非常少。究其原因，自上而下的管理方式导致低效率，缺乏投入及技能熟练的员工，农民不愿遵守强加的严格的工作条件（Stuart-Fox，1996）。

1986年，老挝从中央计划经济体制转变为市场经济体制。新的市场体制的原则是根据市场需求和供应自由定价，并鼓励国内外的私人投资者参与农业领域的投资。大约投入10亿英镑改善了基础设施，特别是交通和通信设施，以支持向市场经济转型和与区域和国际市场的对接（UNDP，2002）。自采用新市场体制模式以来，社会和经济取得了相当大的发展。20世纪90年代，国内生产总值平均增长6%，2000年后约为7%，2010年后约为8%。人均GDP也从2000年的324美元增至2017年的2457美元，贫困发生率从1997年的39%降至2012年的23%。

二 水稻农业系统

老挝南北长1700公里，东西长140—500公里，北部地区有7个省，中部地区有7个省（包括万象首都），南部地区有4个省。该国北部与中国接壤416公里，西北部与缅甸接壤236公里，西部与泰国接壤1370公里，南部与柬埔寨接壤492公里，东部与越南接壤1957公里。老挝是热带草原季风气候区，约90%的年降雨量在5—10月，11月至次年4月为旱季，年平均降雨量1600毫米，从北部大部分地区的1000毫米到南部地区的布拉万高原的3500毫米，地区差异较大。据估计，老挝每年约有270亿立方米的降雨流入湄公河，占该河流年总流量的35%左右（ICEM，2003）。虽然老挝的气候主要是热带气候，但它在北部山区和东部与越南接壤的山脉逐渐进入亚热带气候区。全国平均气温为25℃，昼夜温差为10℃。

老挝的农业系统主要分为低地、山地和高原。低地采用雨养和灌溉农业系统，水稻在雨季种植，有一部分会被洪水淹没。水稻在旱作坡耕地种植，依靠流动耕作。值得注意的是，除了主粮（稻谷）的种植，老挝的家庭也种植蔬菜、养殖牲畜，城市附近则种植旱季蔬菜。由于缺乏牧场，牲畜养殖相对较少，主要是为了获取肉类和增加现金收入。山地套种旱稻与多种经济作物，低海拔地区可种植品种多样的果树，猪、牛是主要家畜类型，农户收入来源高度依赖非木材森林产品，所得收入用于购买大米等食物。高原则是高原农业系统，烧灌木植物，除草，播种并收获。在内陆地区，水稻种植与山地雨养农业系统相似，种植高海拔作物（如玉米）以及温带果树（如李子树、桃子树和当地的苹果树）。咖啡、茶和豆类在很大程度上取代了流动种植，补充了家庭所需的果蔬。牛、猪和家禽在增加家庭储蓄和创收方面发挥了关键作用。

农户会依靠牲畜耕地，尤其是水牛，也有的农户买了拖拉机，使用鼓式播种机直接播种的农户数量有所增加（Mullen et al., 2019）。稻谷脱粒现在也用脱粒机，但也继续使用手工或小型机器脱粒，尤其是在偏远地区。低地平原地区开始出现小型联合收割机，因此，机械化对低地的耕作系统带来了一些重大变化，但在山地的旱稻生产系统中机械化程度非常有限，旱稻脱粒仍然完全是由人工完成的。

三 水稻的生产和销售

（一）水稻的生产

1893—1945年，水稻都是在雨养条件下种植的，并经常受到干旱和洪水的影响，年产量不超过35万吨，因此，老挝是一个大米进口国。在20世纪70年代初，国际水稻研究所的水稻品种被引入老挝并进行了试验，在万象附近的水稻研究站启动了种子繁殖（Schiller et al., 2006）。1975年之后的10年间，越南顾问介绍和评估了许多改良品种，但大多数粳稻质量差，老挝没有广泛采用。1990年，约95%的低地雨季作物仍以传统的低产量品种为基础（Inthapanya et al., 2006），只有中部和南部地区的低地种植了少量从泰国引进的高产糯稻品种。

1991年，老挝与国际水稻研究所开展了长期研究计划，主要集中在品种改良方面（Inthapanya et al., 2006），重点是开发雨养和灌溉低地的高产糯稻品种，育种方面则强调了对特定病虫害的抗性，以及选择适合老挝中部和南部干旱环境的品种。1993—2005年共筛选出17个糯稻良种，适合在干季和湿季生产。由于这些新品种具有较高的产量和对肥料的响应，农民的接受和采用程度很高。之后的育种重点是针对特定环境开发更有韧性的品种，例如对易受雨季或干旱影响的微环境的适应性（Mullen et al.，2019）。从20世纪90年代中期开始，老挝大米的产量稳步增长，至1999年老挝大米产量理论上实现了自给自足。

2017年，老挝水稻产量达到410万吨左右，原因是耕地面积从1995年的46万公顷增加到2017年的96.4万公顷，翻了一番多。总体是广泛使用改良水稻品种和管理措施，特别是化肥的施用（Schiller，2008）。21世纪初，老挝改良水稻品种覆盖了70%—80%的低地水稻种植区（Inthapanya et al.，2006），而水稻产量增长的大部分来自雨养低地。20世纪90年代，老挝对灌溉设施的投资增加了中部和南部平原的旱季灌溉能力，因此旱季耕地总量扩大13%—14%。

由于灌溉基础设施维护不良，2017年旱季耕地面积下降至97655公顷，仅占总耕地面积的10%。尽管如此，旱季产量较高，部分原因是使用了改良品种。2010年旱季产量继续徘徊在50万吨左右，占2017年水稻总产量的12%。由于限制性的政府政策和经济作物种植多样化，旱稻的面积和产量已经缓慢下降（Ducourtieux et al.，2005）。

（二）水稻的销售

2000年左右，老挝只有5%的大米用于销售（Bestari et al.，2006）。随着改善基础设施、提高城市化水平、提高农业生产的区域专业化程度，例如，水稻生产在中部地区的低地、香蕉和橡胶生产出口在北部地区，水稻产量不断增加。老挝水稻销售系统多元化，包括农民、磨坊主、贸易商、出口商、零售商、中间商和消费者，也包括私营企业和国有企业，但市场上70%以上的国家食品企业主导并控制着大米贸易（Setboonsarng et al.，2008）。精米产量高的省份包括尚帕塞、萨凡纳赫特和万象流向城市中心，特别是万象。乌多姆赛、琅勃拉邦和华潘北部地区则是水稻产量低的省份。此外，老挝与泰国和越南接壤的省份有时会进口大米以满足当地需求，特别是在这些省份的大米短缺时期（Sengxua et al., 2009）。大米通常在生鲜市场的零售商店或沿街出售，但在小型市场也有少量出售。

自2000年以来，老挝大米开始出口。2016年估计出口约24.8万吨，主要出口到越南、泰国和中国。出口到泰国的主要是糯米，而出口到中国和越南的大米主要是非糯米（Bestari et al., 2006；Sengxua et al., 2009）。老挝种植的大米中约有90%是糯米，限制了向国际市场出口的机会，因国际糯米占总交易量还不到2%（GDS，2005）。此外，碾磨条件较差以及营销基础设施限制了老挝大米出口竞争力（Sengxua et al., 2009；Welcher and Prasertsri, 2019）。因此，老挝政府专注开发具有比较优势的大米市场，如有机大米、黑米或老挝地理标识大米。

目前，老挝政府优先考虑粮食供应，通过提高水稻生产力以实现水稻自给自足并出口盈余，以及促进作物多样化以减少风险和增加收入，改善农村生计（MAF，2014）。根据《第七次国家社会经济发展规划（2011—2015年）》，目标是将水稻产量提高到400万吨，平均产量3.9吨/公顷。该计划进一步确定了到2015年将灌溉面积扩大到50万公顷的目标，以增加旱季产量。

综上所述，老挝的农业系统正在经历从以生存为基础的生产向以市场为导向的生产的过渡。以水稻为基础的农业系统是多样化和动态的，农户不断适应老挝和更广地区快速发展所带来的限制和机遇。水稻生产主要由旱地系统控制，但多数用于维持生计，仅少数销往市场，出口则更少。然而，水稻的种植面积，特别是旱作和灌溉水稻的产量一直在增加，有助于在国家层面实现水稻的自给自足。此外，随着该地区经济的发展和非农就业机会的增加，农村生计日益多样化。

第二节　老挝绿色革命和粮食商业化生产

在亚洲"绿色革命"期间，老挝引入新农业实践的努力收效甚微，原因有很多，如当时的国际局势、推动农业生产集体化、对农业研究或对农业生产的有限投资。面对全国持续的粮食短缺，政府将农业现代化作为一项中央政策，但缺乏匹配的资源来实施农业现代化。1990—2007年，国际水稻研究所（IRRI）和老挝政府建立了水稻研究合作，并开发了适合老挝农业条件的水稻改良品种。Bestari等（2016）认为，引进现代品种和其他投入品是支持老挝水稻总产量增加的关键因素之一。国际水稻研究所认为，该项目是老挝粮食生产的绿色革命，支持将水稻产量提高到国家自给自足的水平。本节追溯了在老挝各地，特别是在中部和南部地区水稻改良品种开发、使用和传播的过程。

一 水稻研究的早期努力

（一）尝试引入改良品种

老挝开展水稻研究始于1955年，在万象附近的海瑟丰地区建立了萨拉卡姆水稻研究站。尽管大米在老挝农业中处于中心地位，但在此之前的正式研究工作集中在果树和咖啡上，因为法国对这两种作物更感兴趣（Inthapanya et al.，2006）。20世纪60年代，萨拉卡姆试验站的研究重点是评价来自国际水稻研究所、泰国和菲律宾的改良品种，通过由美国资助的农业发展项目分发了来自其他国家的改良品种，以及选定老挝传统品种的早期示范（Inthapanya et al.，2006）。但老挝更偏好传统糯米的味道和品质，同时，萨拉卡姆试验站的种子生产能力远远低于新品种所需的生产能力，致使这些早期改良品种的试验被中断。

1979—1982年，联合国粮农组织支持在老挝早期工作的基础上的水稻集约化研究。研究人员与农民合作，生产经过认证的种子，并在第二年分发给其他农民。由于农民和推广者之间的密切关系，推广过程中帮助农民了解改良种子的想法，以及他们自己的生产、分销和定价。

1983—1988年，老挝建立了三个种子育种中心，试图组建一个正式的种子分发系统。通过联合国开发计划署和联合国粮农组织提供的支持，加强各区域研究站之间的联系。当时老挝尚未建立国家水稻研究计划，研究范围和地理范围都比较有限。由于研究和销售能力有限，改良品种推广受到限制。改良品种仅在湄公河沿岸的一些地区种植，这些地区灌溉条件好，可以生产旱季水稻用于销售（Inthapanya et al.，2006）。万象周围的农民从泰国带来了各种品种（包括改良品种），并将新种子与传统品种结合在一起，根据水资源和田间条件的适宜性来决定种植哪种品种。

（二）改良品种推广受限的原因

Inthapanya 等（2006）提出了改良品种采用度有限的三个原因。第一，缺乏有效的种子分发机制，限制了农户对改良品种的认识和使用。第二，尽管改良品种在产量上优于地方品种，但老挝家庭更倾向于保留传统品种并供家庭消费。第三，老挝的农业系统以生存导向为主，不使用或只使用少量购买的农业生产投入，因而在低投入条件下，传统品种比改良品种更适应种植条件，而早期改良品种对施肥和灌溉要求更高（Inthapanya et al.，2006）。

20世纪80年代末至90年代初，水稻生产和农业保持低投入并遵循传统种植方法。1995年，83%的劳动力从事农业和渔业，主要是维持生计。家庭生产依靠家庭或共享（交换）劳动、牲畜力量和有限地或不使用化学投入（Lao-IRRI，1993）。大米在老挝的社会和精神生活中扮演着核心角色，大米作为主食也与文化和家庭的观念交织在一起。然而，老挝水稻产量很低，远远低于国内粮食需求，水稻经常受到干旱和洪水的影响，家庭和国家层面的粮食安全岌岌可危，尤其是在北部地区。1988年和1989年，严重的干旱使水稻产量减少了1/3，老挝为避免大范围的粮食短缺和饥荒而开展了紧急粮食援助（Schiller et al.，2006）。

二 老挝—国际水稻研究所项目

（一）建立或完善水稻生产基础设施

在粮食短缺的背景下，老挝政府与国际水稻研究所于1987年签署了《谅解备忘录》（MOU）。《谅解备忘录》明确承诺发展研究能力提高大米产量，实现老挝大米自给自足。该备忘录于1990年8月正式启动，瑞士发展合作公司（SDC）承诺在多个阶段向该备忘录提供1600万美元进行资助（Shrestha et al.，2006）。

老挝—国际水稻研究所项目是支持老挝水稻研究的第一个长期计划（1990—2007年），反映了建立老挝水稻研究系统能力和提高水稻产量的国家政策目标。随着项目的推进和国家自给自足的实现与维持，政府的优先事项转移到更广泛地强调农业部门多样化和现代化，包括对可持续性和改善生计的考虑。随着水稻生产技能和知识的增长，老挝—国际水稻研究所项目的研究重点也进行了调整，围绕几个广泛的领域展开，如改善和建设基础设施，为老挝研究人员提供培训，制订国家水稻研究计划（包括品种改良、作物种植、土壤和害虫管理），以及建立国家种子收藏记录和保护传统水稻品种（Shrestha et al.，2006）。

政府的政策目标是针对老挝不同的水稻种植环境量身定制的，这些政策目标反过来指导老挝—国际水稻研究所项目的研究重点。20世纪90年代，在雨水灌溉的低地地区，政府的首要任务是提高单产和扩大总产量，增加灌溉渠道也是减少气候变化对水稻产量影响和增加旱季水稻生产的一个优先事项；相反，在高地地区，重点是停止轮垦农业，"稳定"生产系统，并使作物多样化，以减少对水稻的依赖。

老挝—国际水稻研究所项目的第一阶段重点是在老挝建立开展水稻研究的能力，其中一个方面是在全国范围内扩大和升级研究设施。万象附近的国家农业研究中心（NARC）是主要的研究中心，协调整个地区水稻研究、监督种质库，并为低地雨养地区杂交和评估品种提供服务。建立或升级区域种子育种站，支持特定农业生态区的品种改良和试验。为支持研究网络的运作，建立了基础设施，包括道路、种子储存、干燥设施以及行政和培训大楼（Shrestha et al.，2006）。

（二）提升老挝研究人员能力

除提供物质基础设施外，老挝—国际水稻研究所项目还提升了老挝研究人员的能力，提供水稻育种和生产、疾病控制、种植和耕作系统以及英语和项目管理方面的培训（Lao-IRRI，2005；Gorsuch，2002）。培训包括学位和非学位课程、研讨会、会议、访学和其他技能建设活动，提供给来自广泛组织的员工，包括发展规划、研究和推广机构（Shrestha et al.，2006）。向国家和区域中心的工作人员提供了培训，特别是向负责实地活动省份的工作人员提供了培训。除正规的培训机会外，国际水稻研究所还以老挝文出版刊物和进行实况报道，以便更容易获得资料。

老挝—国际水稻研究所项目寻求培养对项目活动的主动意识。年度会议会聚了来自各省的代表，讨论下一年度工作计划，并以这种方式协调中央和地区之间的研究站和省级与地区办事处之间的链接。这些链接帮助提升研究项目的内部功能和外部链接，如昆士兰大学、澳大利亚联邦科学与工业研究组织、国际粮农组织、澳大利亚国际农业研究中心等其他国际研究机构建立了老挝国家农业和林业研究所（NAFRI），并提供额外的资金和投资合作研究（Shrestha et al.，2006）。老挝—国际水稻研究所项目老挝研究人员后来在国家水稻研究中心、农业部和国家水稻研究所担任高级职位，并继续通过项目获得经验、观点。

（三）品种改良与管理措施

在雨水灌溉低地地区，老挝—国际水稻研究所项目开发了一系列短期和中期改良品种供家庭选择。重点开发用于自给生产的糯米品种，其次考虑开发用于销售的非糯米品种。与亚洲绿色革命第一阶段的一部分品种不同，老挝—国际水稻研究所项目开发的品种虽然使用率较低，但具有高产量的潜力并对农业生产条件的适应性较强，品种的发展也从育种作物的持久性和生产力转向耐旱或抗虫害等特定条件。老挝的第一个改良品种于1993年发布，截至2005年，已经发布了17个。改良品种包括对种植时间、株距和密度以及肥料使用的建议。此外，还探讨了病虫害管理和作物种植方面的其他做法。从1997年开始，老挝国家农业研究中心有能力开始研究内部杂交品种。

农业种植示范区向农民提供品种的评估和评价，并作为一种机制推广良种，收获后农民从示范田留种子供自己使用。一些农民也在自己的农场测试品种和管理措施，由自己选择要试验的品种，并投入其他农资，尤其是肥料。

老挝—国际水稻研究所项目加强了研究中心网络，在全国各地建立了站点。品种开发过程步骤集中在国家农业研究中心，开发适合不同地区的育种材料并测试和适应当地生产条件，这对项目中品种开发活动的成功至关重要，每个地区都能获得适合当地条件的育种材料。该项目利用村级会议、示范区和农民之间的交流推广种子和其他做法，但这一过程的最大限制因素是在合适的时间和地点向农民提供足够的种子。

值得注意的是，改良种子的质量和产量会随着连年种植而下降。如果要保持产量，农民需要每两年到三年更换种子，而不是从每次收获中保存种子以备明年种植。随着农民开始使用改良品种，出现了两种需要，一是适应传统做法定期补充种子，二是建立有效的种子繁殖和分配制度。但老挝尚未健全正式的种子分发系统，该项目认识到需要采取更有组织的国家种子生产方法以确保供应（Lao-IRRI，2005）。

三 老挝—国际水稻研究所项目成功的思考

（一）老挝—国际水稻研究所项目为老挝建立水稻研究中心提供了空间

老挝—国际水稻研究所项目实施之前，老挝缺乏具体的或协调性的研究实体，以及国家水稻研究项目，老挝—国际水稻研究所项目为发展全国水稻研究中心网络提供了空间。项目成功的基础是国家的发展意愿和民众的生计需求。在这种情况下，历史和环境结合促使老挝政府与国际水稻研究所的研究目标一致。然而，国际农业研究磋商组织（CGIAR）认为：第一批产品没有考虑到农民情况或需求，因此需要转向更具参与性的研究模式，让农民参与品种选择（Douthwaite et al.，2001）。老挝—国际水稻研究所项目重点在于发展老挝境内机构和个人的能力，建立获得水稻研究项目的所有权。Horton（2002）强调了辅导的重要性，而不是一次性的培训活动，这是老挝—国际水稻研究所项目的一个特点。虽然国家项目仍在继续，改良品种的示范区也在进行中，但有的学者依旧担忧研究能力是否能持续（Thepphavong and Sipaseuth，2007；Clarke et al.，2015）。

（二）老挝—国际水稻研究所项目依靠农民开展品种推广

在地区层面缺乏专业农业技能、在政府对育种缺乏运营支持、推广体系尚不完善的情况下，老挝—国际水稻研究所项目依靠现场推广、农民交流来推广品种。农民观察其他农民在田地中实践劳动的新做法是创新传播的方式之一（Appa Rao et al.，2006a）。然而，老挝—国际水稻研究所项目提供和推广种子的能力，在很大程度上也取决于其他国际研究项目。这些项目将种子带到更多的地区，并向农民提供种子使用的相关信息，许多村庄获得了新品种，对扩大新品种使用发挥了重要作用，政府则倾向于资助种子育种项目（Schröder，2003）。但是由于愿意为优质种子支付溢价的家庭数量较少，鼓励粮食商业化生产的努力受到了限制。

（三）将老挝本土知识和研究推广服务相结合

老挝种子商业市场的关键制约因素之一是家庭和村庄具有长期交换、选择和培育种子的本土化做法，因此，农民通常有一系列非常适合当地生产条件和偏好的本土品种。老挝—国际水稻研究所项目引进改良品种，并采用这些本土知识从农户转移到研究和推广服务。新品种是由科学家开发的，但农民的参与是老挝—国际水稻研究所项目的重要主题，也是水稻品种开发的良好做法。然而，与以往农民的做法不同的是，过去每个农民都通过自己的交换和试验过程参与种子选择和品种开发，而大多数农民被排除在开发改良品种的过程之外，参与式品种选择只直接涉及少数农民。

随着时间的推移，老挝大米产量逐渐从生产导向转变至市场导向。品种改良不是随着品种的选择而停止，而是一个不断适应的过程。将改良种子及相对简单的技术投放到农业生产系统中，引发一系列的社会和制度调整，例如，家庭种植重新调整生产以适应当地的资源，而资源管理的新旧做法则互相配合，对品种的知识和理解则进一步反馈至育种者而非农民。

第三节　沙湾拿吉省的大米营销和跨境贸易

一　沙湾拿吉省的大米生产典型村庄

（一）沙湾拿吉省概况

沙湾拿吉省是老挝最大的省，占地 21774 平方公里。该省的锡邦河发源于越南,由于有地势相对陡峭的落差,锡邦河上游集水区易暴发山洪,在下游集水区易发生较长时间的洪水暴发。沙湾拿吉省主要的水稻种植区位于湄公河附近的冲积平原上,次要种植地区位于中部的梯田。2011—2012年,沙湾拿吉省占全国23%的旱季水稻产量和25%的灌溉区水稻产量。在该省的15个地区中,有5个区是湄公河走廊的重要水稻种植区,约占该省水稻种植面积的60%,占灌溉区面积的86%。

(二)沙湾拿吉省典型村庄(Cramb,2020)

占丰镇是沙湾拿吉省第二大稻米生产区,占总产量的16%,旱季水稻产量超过其他任何地区,2011—2012年,全镇灌溉水稻产量占该省的41%。镇内的村庄位于重要的水稻产区,具有为市场生产水稻的潜力。

案例一:商业化稻农。班拉能村共有142个家庭,总人口971人。除少数家庭以外,几乎所有家庭都拥有土地,没有土地的家庭则租用土地耕种。班拉能村的总面积为825公顷,其中耕地约500公顷。水稻种植是主要的收入来源。在旱季,约440公顷种植雨季水稻,约150公顷用于灌溉水稻和蔬菜种植。灌溉用水来自苏和香蓬水库。该村的土地主要用途是旱作和灌溉水稻种植、经济作物、渔业和牲畜生产(牛和水牛)。雨季种植水稻和养鱼,旱季在水库附近和运河沿岸的肥沃河漫滩上种植灌溉水稻。在收获雨季水稻后,在家庭庭院和可灌溉的稻田中种植蔬菜。由于村庄靠近主要道路和占丰镇,村民贸易商业化。他们每天带着剩余的大米和其他农产品到苏和香蓬的景谷市场去卖。此外,当地的老挝和越南商人也来村里销售肥料。村民们成立了一个农民小组,在政府机构的帮助下为其他村庄生产水稻种子,超过一半的农民参加了这个项目。

案例二:水稻育种生产。班菲卡村有66个家庭,总人口566人。该村的面积为520公顷,在雨季种植218公顷的旱季灌溉水稻,在旱季种植92公顷的灌溉水稻,以及30公顷的菜园和果园。一半以上的村民有手扶拖拉机,村内共有2台碾米机、6台脱粒机和3台水泵。村庄有多种多样的水稻生态系统,土壤肥沃,水稻种植是主要收入来源。旱季灌溉和雨季补给灌溉用水从邻近的占丰河抽运,但部分年份

第五章 绿色革命：老挝粮食商业化演进及贸易

水稻受洪水影响。班菲卡村成立农民小组生产水稻种子，为参与的农民提供了良好的收入。渔业和其他农业活动也有助于增加家庭收入。也有当地或越南商人到村里购买大米和其他产品，越南商人经常在早期的施肥季向农民提供贷款。

案例三：组建生产小组。班白通村有187个家庭，总人口1306人。该村面积为3997公顷，其中旱作低地水稻436公顷，水稻种植是主要收入来源。班白通村土地资源兼低地和沿河地区，旱季水稻可以利用天然池塘或小溪灌溉在河漫滩部分地区种植。村里还成立了一个种子生产小组，与班菲卡村一样，越南商人在施肥季初来到班白通村，以贷款形式提供肥料，收获后偿还成本和20%的利息。

案例四：旱雨互补种植。班敦登村有154个家庭，总人口1328人。该村的土地面积为4100公顷，其中在雨季有710公顷的雨水灌溉水稻，在旱季则有147公顷的灌溉水稻。该村由两个区域组成，一个是中部低地区域，另一个是洪水平原区域。在中部低地区域，农民在雨季种植水稻和饲养牲畜。雨季洪水上涨使一些地区不能在雨季种植水稻，但旱季可以种灌溉水稻。灌溉和补充灌溉水源为塔龙水库，一些农民使用天然池塘和小溪的水来种旱季稻。班敦登村通往占丰镇市场的道路设施较好，农民出售剩余大米是主要收入来源。然而，雨季缺水导致中部低地土壤肥力较低，部分农民水稻产量较低。

案例五：雨养种植。班号卡村共有127个家庭，总人口802人。该村的土地面积为591公顷，其中旱地268公顷。这里的景观与其他村庄相似，土地类型也相似，但没有灌溉水稻。水稻生产主要是为了满足家庭粮食安全，一些农民在水稻收获后在稻田里种植西瓜和蔬菜。班卡姆西达村共有178个家庭，总人口1284人，有300公顷的雨养水稻（部分可灌溉）。这个村庄位于地势较低的地方，土壤贫瘠。因此，有些家庭一年2—10个月的大米供应不足，只有少数稻田在旱季有水可以种植灌溉水稻。由于土壤贫瘠，灌溉有限，农民需要资金购买投入以提高水稻产量。

二 典型村庄水稻生产和消费

（一）典型村庄雨季水稻生产

以上案例村庄共有228名农户接受了雨季水稻生产情况调查。2011年均种植了雨季水稻。4月开始准备苗圃，5月准备稻田，7月移栽，11月收获。大多数农民（86%）使用改良品种，32%的农民使用新品种，15%的农民使用2005年发布的高产、相对耐旱的国际水稻研究所的杂交品种。使用改良品种的主要原因是它们比传统品种产量高。

手扶拖拉机普遍用于整地。超过68%的家庭使用自有手扶拖拉机，18%的家庭租用手扶拖拉机，10%的家庭从亲戚处借用手扶拖拉机，只有4%的家庭仍然使用水牛犁地。大多数农民（85%）在雨季水稻生产中使用化肥，使用数量因家庭而异，也取决于其土地的肥沃程度和流动资本。但在东登岛和坎思达岛，由于土壤肥沃程度较低和干旱的影响，农民无法获得补充灌溉，平均产量仅为1.7—1.8吨/公顷。雨季水稻主要为家庭供应大米，而不是主要收入来源。在雨季水田和农业劳动力都无法劳作，水稻生产面临着制约因素，特别是虫害（27%）和干旱（22%），另外在社会经济方面，如缺乏资本（13%）、劳动力短缺（13%）都是限制因素。

（二）典型村庄旱季水稻生产

以上案例村庄共有116名农户接受了旱季水稻生产情况调查。村庄内超过一半家庭（51%）在2011—2012年旱季种植了灌溉水稻。12月开始苗圃准备工作，雨季水稻收获后进行灌溉水稻种植。1月整地定植，4—5月收获，因此旱季比雨季种植时间更紧。考虑到旱稻种植的发病率较低，每户种植面积较小，总种植面积约为雨季的25%。农民在旱季只使用改良品种，旱季种植灌溉水稻的农民（96%）都施用了化肥。

如上所述，越南商人在雨季开始时就来到大多数村庄，以赊账方式提供肥料，在收获时偿还利息，肥料类型与雨季相同。一项来自企业的调查数据显示，在产量为3.0吨/公顷的情况下，大米单价1800基普/公斤，毛收入增加20%，产值540万基普/公顷。化肥支出占收入的24%，但也有灌溉费用和收获后其他更高的成本，反映了旱季较高的劳动力投入。旱季水稻的主要制约因素与雨季水稻的制约因素相似，即病虫害、干旱、供水不足、资金缺乏、劳动力短缺以及村庄没有灌溉计划。

（三）典型村庄家庭大米消费与销售

典型调查村庄受访农户每年大米总产量的一半以上（56%）保留供家庭消费，约1/3（32%）出售，其中1%作为种子出售，6%给了亲戚，5%留作种子和家禽饲料。近2/3的受访家庭（62%）报告称，他们在一个或两个季节出售大米，平均售出的大米数量为2.3吨，出售数量随农场规模和季节而变化。

虽然农场规模从1.5公顷增加到超过4.5公顷，大米产量从0.5吨增加到4吨，但少数家庭（4%）只出售旱季大米，平均约3吨。近一半的家庭在8月和9月出售大米，因为此时有足够的大米储存供家庭消费。在雨季水稻收获之前的几个月，大米价格趋向于上涨，水稻种子的价格为每公斤3000基普到每公斤3500基普。

约1/5的家庭（19%）生产的大米满足不了消费需求，尤其是在生产条件较差的村庄，农户家庭会经历1—8个月或更长时间的大米短缺时期。在这些缺乏大米的家庭中，55%经历1—4个月的大米短缺，但多达31%的家庭一年缺米超过半年。大米短缺的主要原因是土地有限（26%）、土壤贫瘠（26%）和干旱（19%）。其他影响产量的问题有病虫害、洪水、缺水和杂草。沙质土壤的上层稻田更容易发生干旱，而且缺乏灌溉。

三 老挝沙湾拿吉省跨境粮食生产发展

以上典型村庄几个世纪以来一直在沙湾拿吉平原种植水稻，随着人口的增加，耕地面积逐渐扩大。当地水稻种植环境比较有利，包含多种农业生态系统，但沙质土壤的稻田易干旱且不易灌溉，因此只能支持产量较低的雨季水稻。较低的稻田更肥沃，通常可以从河流、运河或池塘中抽水灌溉，因此适宜种植产量稍高的雨季和旱季水稻作物。占丰河平原的下游稻田也有肥沃的土壤，但在雨季经常被洪水淹没，因此只能种植水稻。这些村庄有不同的农业生态系统组合，影响了它们的生产潜力。

老挝的农户家庭都种植了雨季水稻，平均种植面积约为 2 公顷，而只有一半的农民种植了旱季水稻，平均种植面积约为 1 公顷，主要受是否能得到灌溉影响。尽管广泛使用了改良品种、化肥和可用的灌溉，但雨季产量平均仅为 2.2 吨/公顷，旱季产量平均为 3 吨/公顷，远远低于农业部 4.2 吨/公顷的目标产量。

就产量和价格而言，水稻种植的回报很低。虽然超过一半（56%）的大米生产用于补贴，但大多数农民高度商业化，以信贷方式获取肥料和其他投入，雇用劳动力和机械，支付灌溉费用，并定期出售大米。将近 2/3（62%）的家庭出售大米，其中近一半仅来自雨季，另一半来自雨季和旱季。总的来说，大约 1/3 的产品已经售出。每户出售的数量与农田规模直接相关，仅出售雨季大米的农户约为 0.7 吨/公顷，两季均出售的农户约为 1 吨/公顷。50% 的农民在 8—9 月价格最高的时候销售。部分村庄的农民生产大米种子，他们几乎是以食用大米的两倍价格出售。然而，即使在生产过剩的地区，大约 1/5 规模较小、生产力较低的农户无法满足其生存需求，更不用说生产可销售的剩余产品，55% 的家庭会面临粮食持续短缺 1—4 个月。虽然余粮多的农户受益于水稻价格上涨，但这些缺粮的农户家庭情况更糟。

总的来说，即使在低产量和低回报的情况下，萨凡纳赫特平原的水稻生产也可以产生相当大的盈余，供老挝国内和国际市场销售。然而，除非农民能够获得更高的产量和更稳定的价格，否则消除贫困将非常困难。较低的收入将加强年轻农户移居万象或泰国就业的动机，从而加剧农业劳动力的短缺。尽管如此，鉴于其在水稻生产方面的比较优势，萨凡纳赫特平原依旧是增加研究、推广、投入、供应、机械化和基础设施投资，以提高生产率和农业收入的一个很好的重点地区。

第六章

锻造白金：柬埔寨粮食商业化演进及跨境贸易

第一节 柬埔寨粮食生产发展

一 柬埔寨农业发展

柬埔寨位于中南半岛南部，东南与越南接壤，西南濒临泰国湾；西部、北部与泰国毗邻，东北部与老挝相邻，国土面积为18.1万平方公里。三面环山、中部为平原地形，平原与高原占国土面积的3/4以上。湄公河流经柬埔寨86%的国土面积，在其首都金边市分流后进入越南，为柬埔寨提供主要生产、生活的主要水源。位于柬埔寨西部的洞里萨湖为东南亚最大的淡水湖，覆盖了菩萨省、贡布省、磅士卑省和磅清扬省。呈长形位于柬埔寨的心脏地带，湖滨平原平坦、广阔，长500公里、宽110多公里，西北到东南，横穿柬埔寨，在金边市与贯穿柬埔寨的湄公河交汇。

农业是柬埔寨经济发展的主要支撑，水稻是重要的农作物。柬埔寨地处湄公河流域，位于泰国和越南之间，国土面积中22.7%为可耕种土地，年降水量超过1500毫米，贫困发生率高达17.7%。2015年，柬埔寨总人口1558万人，农村人口占80%，平均人口年增长率为2.2%。2019年，柬埔寨GDP达268亿美元，增长率达7.1%，国民人均总收入1480美元,其中农业GDP占29%,吸收了约75%的劳动力。其中,水稻种植面积占柬埔寨耕地总面积的90%以上,而50%作为口粮被直接消费,提供柬埔寨人均70%的食用需求。

二　水稻的发展历程

柬埔寨水热条件充足,洞里萨湖盆地和湄公河平原等平原地带,土壤主要呈酸性,土质较为肥沃,为水稻、旱稻、浮稻的种植提供适宜的环境,也成为柬埔寨著名产米区。柬埔寨种植水稻历史悠久。根据柬埔寨水稻联合会数据,9世纪高棉帝国崛起之前,大米就一直是该国的主要作物。据估计,水稻的种植可以追溯到公元前5000年。柬埔寨前农林部长陈·萨伦于2011年撰写的《10种主要水稻作物》一书中,表明公元前5000—前2000年,水稻一直是洞里萨湖沿岸的作物（Helmers,2018）。吴哥时期,修筑水利和灌溉系统保证了大米的运输环境的通畅。此外,中国的水稻种植和育秧技术传入柬埔寨,为水稻种植在柬埔寨的推广提供了技术支撑。尽管柬埔寨经历王朝更迭,但农民掌握了不同的水稻种植技术,选育出适宜当地生产的品种和柬埔寨特色的品种。

1863年,柬埔寨先后成为法国、日本的殖民地。这段时期,水稻种植以农户种植形式开展,自1900年起,法国政府推行刺激包括大米、牛肉为主的农产品出口政策,为在西贡的农产品加工和出口企业提供原材料。法国当局在柬埔寨马德望省大面积种植水稻,并配套灌溉、交通等设施。直至今日,马德望省也是柬埔寨的产粮大省。1940年,柬埔寨成为世界第三大大米出口国（Helmers,1997）。1953年11月,柬埔寨独立。1953—1970年,在西哈努克亲王政府领导下,部分省份对水稻种植的灌溉基础设施进行了投资,建立了6个水稻研究站,用于品种试验和种子生产。1965年,随着耕地面积的进一步扩大,水稻产量增长到275万吨,出口量达50万吨;产量保持在1.1吨/公顷左右。1962年,柬埔寨成立了国有公司,垄断生产投入和大米出口。20世纪60年代中期,该公司试图以较低的官方价格收购大米,这促使了越南黑市贸易的增长。20世纪70年代中期,越南出兵柬埔寨,成立"柬埔寨人民共和国",经历了长期的战乱,直到1993

年在联合国的主持下,举行了大选,颁布了新宪法,改国名为"柬埔寨王国",进入了和平发展的新时代(Kiernan and Boua, 1981; Javier, E. L., 1997)。尽管政局动荡,但水稻种植和稻谷生产依然是其主要的支柱产业。

自21世纪以来,柬埔寨政府一直重视稻谷生产和大米出口作为农业发展的重点内容。2020年,柬埔寨全国水稻种植面积为340.4万公顷,稻谷总产量近1093万吨,同比增加0.8%;大米出口69.08万吨。目前,柬埔寨水稻生产以"雨养"种植为主,柬埔寨水稻平均单产在东南亚国家中是最低的,如何提高水稻单产水平是柬埔寨水稻生产面临的最大挑战。2008—2010年,柬埔寨水稻年均播种面积为270万公顷,年均单产为2.85吨/公顷。农业技术和相关政策是影响柬埔寨水稻单产的主要因素,具体体现在缺乏优良品种、农业技术研究与推广基础薄弱、基础设施落后、化肥使用率较低以及灌溉覆盖面较小等方面。

三 其他重要粮食作物

柬埔寨的地理气候条件还适合薯类的栽培种植。以木薯为代表的作物,对于种植技术的要求低,人力及相关成本投入低,木薯种植大面积开展,也吸引了泰国、越南等国家的企业投资设厂。中国与柬埔寨也于2018年前后,签订了《关于柬埔寨木薯干输华的植物检验检疫要求议定书》加大了相关出口。2019年,柬埔寨的木薯出口量达330万吨,总出口额2640万美元,主要出口新鲜木薯片到邻国的泰国和越南。同时,也有少数的木薯淀粉输往欧洲。西北部以马德望省、拜林省和卜迭棉芷省为核心的木薯大基地,辐射到马德望省、拜林省、卜迭棉芷省、奥多棉芷省和特本克蒙省等13个省。玉米为柬埔寨第三大粮食作物,集中种植于东部高原和金边市附近。饲用红玉米种植面积大,并出口其他国家。鲜食白玉米种植面积少,满足本地局部市场需求。大豆也是柬埔寨主要出口的粮食产品之一,其中大部分直接出口到泰国。

第二节　柬埔寨南部灌溉稻商业化

本节以茶胶省和磅士卑省为主要对象，深入了解柬埔寨粮食商品化全过程，包括茶胶省的大米生产、营销贸易的全过程，水利灌溉和化肥用料在大米商业化中的作用。

一　茶胶省稻米生产投入

稻米价值链的第一个环节是农业生产，茶胶省农民面临着高昂的生产成本，在水稻和旱稻分别占总收入的52%和61%。水稻的主要成本是雇工、肥料和灌溉，而旱稻的主要成本是肥料和灌溉。大多数水稻生产遵循传统的种植做法，人工移栽和收割，因此雇用劳动力成本很高。然而，旱稻水稻涉及直播（广播）和机械收割，因此所有任务都可以由家庭劳动力处理，雇用劳动力的成本为零。购买化学肥料是另一个重要的生产成本，尤其是在旱稻上。这是因为旱稻品种对肥料的反应更好，而且旱稻产量更有保证，因为有灌溉条件。因此，增加化肥使用量有更高的回报，增加投资损失的风险更小。然而，农民几乎没有关于使用适当施肥率的指导。灌溉费是受访农户抱怨最多的费用项目之一，尤其是旱稻农户。种植水稻的农民也在灌溉上花费了大量资金，因为他们在2011年面临短暂的干旱，需要他们雇用水泵和购买燃料。种植水稻的农民通常不使用杀虫剂，除非有严重的虫害暴发。然而，旱稻农民通常为杀虫剂支付很高的费用。在某些年份，杀虫剂的成本和肥料一样高，但在研究的年份，虫害几乎没有发生。而正常情况下，农药投入约占总成本的15%。水稻农民购买稻种并不常见；他们通过干燥和小心储存来保留自己的种子，以便在下一个季节使用。然而，旱稻农民购买种子，占生产成本的11%。这是因为他们使用越南商人提供的高产种子，广播需要更高的播种率（Wang et al.，2012，2017）。

二　商业化下的机械化发展

世界银行数据显示，自2015年起，柬埔寨大米生产实现顺差。

第六章 锻造白金：柬埔寨粮食商业化演进及跨境贸易

碾米从2008年的144万吨上涨到2013年的238万吨。2010年起，柬埔寨开始挖掘大米出口潜力，开展了"白金计划"，发掘大米的出口潜力，大米出口量稳步增长。同时，柬埔寨同越南、泰国跨境大米和稻谷交易额在2013年为150万吨，使总出口额2013年的生产总额较2008年增长三成。同时，跟随泰国与越南趋势，推动水稻种植迅速经历机械化，这一转变也对劳动力产生了重大影响。由于成本低、功能全、节约成本等特点，拖拉机和小型移动水泵开始推广使用。外包型收割机和脱粒机广泛使用，同时联合收割机也规模化开展。机器介入缩短了人力工时，水稻用工时长从2005年的85天缩短到48天。旱稻的用工时长从90天缩短到28天（Wang et al.，2012）。

南部武夫省有大量的碾米厂。然而，虽然农业作业的机械化水平有所提高，但小型碾米厂的数量从2011年的3800家下降到2012年的3500家。大型碾米厂的数量也从2011年的10家下降到2012年的6家（MAFF，2012）。如前所述，旱稻收获的大部分稻米直接运到越南效率更高的磨坊，这些磨坊配有大型烘干机，能够处理直接从农场运来的稻谷，而无须通常的阳光烘干。

三 稻米销售渠道和链条

柬埔寨稻米销售路径主要有两条，对水稻来说主要用自给后剩余的部分进行交易。旱稻则是用作商业生产用途，收割之后立刻出售。因此也就出现了，在稻米产业链中，水稻主要用于供国内市场，产业链主要包括村、区、县和国内的农户、收购商、商贩和碾米商。旱稻水稻链一直延伸至越南，稻谷通过驳船或是公路运输到金边边境，碾磨之后运输至越南。因此，稻米收购商在价值链中更为活跃。商贩通常用牛车或是手持拖拉机到村里收购，并统一拉到集市上交易，由于运力和资金有限，小型企业购买力在10—30吨。尽管他们将优质产品分销，以高价卖出，但多半还将多个品种混合分装。大米收购商和分销商多来自同一个村落，区域贸易商并将购买的库存运输到区域，给交易者每50公斤0.05美元的佣金；有些人用了自己的营运资金购买稻谷并出售以获取利润。

收购者和商人通常是来自同一个村庄的农民。有些人利用区域贸易商垫付的资金购买稻谷，并将购买的库存运输给区域贸易商，每50公斤收取0.05美元的佣金；有些人用自己的流动资金购买稻谷并出售获利。区域贸易商是较大的企业，有能力购买超过100吨并出售给出口商。他们通常有自己的卡车和雇工。在收获季节，鉴于最近在农村道路发展方面取得的进展，区域贸易商几乎可以接触到所有的收藏者。他们把卡车停在村庄里，从收藏者那里收集稻谷，并立即以现金支付给他们。有时他们把稻谷储存在自己的仓库里是为了投机，但通常他们把稻谷直接运到链条上的下一个点。在水稻收获期间，区域贸易商将收集的稻谷带到当地或省级磨坊主，他们再将稻谷出售给当地消费者和零售商，或将稻谷运送到金边市场或出口商。

他们还把一些稻谷卖给了省里的碾米厂。通常，他们只购买和碾磨水稻稻谷，因为当地消费者要求优质的本地稻谷品种，而不是在旱季种植的大宗出口品种。影响小规模稻农增产和增收能力的另一个趋势是获得信贷的问题。除稻米种植之外，柬埔寨各地有很大比例的农场家庭现在也依赖非农业工作机会谋生。茶胶省的土地面积为3563平方公里，2010年被划分为10个区、100个社区和1117个村庄，有199373个登记家庭。位于该省中部的茶胶镇位于首都以南约80公里处，该省位于金边和湄公河三角洲之间，有利于获得新的农业技术和市场。随着运输基础设施的改善，2号国道穿过该省中部，延伸到越南边境。3号国道在通往贡布省的途中穿过西北部地区。这一基础设施也有利于定期移徙到金边从事非农业就业。

四 茶胶省稻米跨境贸易

茶胶省的稻米生产为农场家庭提供了生存基础，为家庭劳动力提供了充分的回报，对于在旱稻地区获得灌溉的人来说，也是一项重要的商业活动。通过提供更好的关键投入——种子、化肥和杀虫剂的信息和管理，可以提高农民的回报。茶胶省的大米市场结构良好，由收藏者、贸易商和出口商组成。农民很容易以有竞争力的市场价格出售他们的稻谷。市场上的盈余在国内市场上有效地进行交易和碾磨，但碾磨部门没有实际能力或资本来处理直接出口到越南的旱稻稻谷盈余。因此，稻谷出口对武尾省的商品稻米业仍然至关重要。尽管柬埔寨和越南就跨境稻谷贸易达成了协议，但如果越南的稻米政策改变以保护自己的农民利益，武奥的稻米部门将很脆弱。不过，柬埔寨在继续发展其稻米加工和出口能力的同时，跨境大米贸易为部分大米生产提供了可行的收入来源。

2010年，茶胶省有92%的家庭是水稻生产者，水稻占该省可耕地的67%，而旱稻水稻占39%（大部分土地由于洪水无法用于水稻种植）。只有4%的耕地用于非水稻作物，包括玉米、大豆、绿豆、花生、木薯、甘薯、芝麻和蔬菜。虽然武尾是一个主要的水稻生产省，但水稻种植仍然严重依赖传统做法，即耕畜力、体力劳动和传统工具。2012年记录的耕畜总数为373800头（主要是牛），比2008年增加了12%。尽管普遍采用传统做法，但也充分采用了现代种子施肥技术（并改进了干旱地区的水管理），以实现产量和产量的稳步增长（MAFF，2012）。水稻平均产量由2007年的2.9吨/公顷增加到2012年的3.4吨/公顷，旱稻平均产量由4.2吨/公顷增加到4.8吨/公顷。这些产量的增加，加上上述两个季节耕地面积的扩大，意味着2007—2012年，水稻产量增加了35%，旱稻产量增加了52%。2012年，水稻总产量为120万吨，其中59%来自水稻收获，41%来自旱稻收获，占全国产出的13%。2012年茶胶省的估计盈余约为80万吨，价值约1.6亿美元，约占全国盈余的17%（Wang et al.，2012）。

在旱稻收获期间，区域贸易商收集稻谷卖给柬埔寨境内的越南贸易商，但大多直接卖给与越南贸易商有定期关系的柬埔寨出口商。出口商是较大的企业，通常位于河港或边境附近，为越南买家从地区贸易商那里收集稻谷。他们与来自越南的贸易商关系密切，因此知道购买哪些品种、数量多少。在某种程度上，它们是由越南贸易商提供资金的，特别是当对稻谷的需求很高，出口商面临资本限制时。当地的稻米加工者也是稻米价值链中的行为者，他们直接从农民那里买稻谷，碾碎后在当地市场出售。茶胶省生产的大部分剩余产品以稻谷的形式合法或非法地出口到越南。虽然柬埔寨的稻米部门在过去10年中迅速增长，但许多研究表明，在生产和收获后业务方面存在着与生产成本、稻米质量、储存能力、碾磨部门的结构和业绩以及与泰国和越南的跨境贸易管理有关的重大问题。

第三节 柬埔寨稻农种植行为影响下的中柬稻米合作

在国际水稻市场上，东南亚国家是全球稻米重要的净出口区和最大稻米出口基地，泰国和越南一直是主要稻米出口国（高国庆和李维科，2009；刘琦，2019）。但是，国际市场的稻米贸易中有相当一部分原产于柬埔寨，由于稻米边境私自交易缺乏官方统计，使柬埔寨对于国际稻米市场和全球粮食安全的贡献被低估（Pandey and Bhandari, 2010）。据柬埔寨农林渔业部估计，2010年柬埔寨人均稻谷产量超过560公斤，但人均年稻米消费仅143公斤（折合约223公斤稻谷），稻谷年结余约400万吨，但出口总量仅为约5万吨（MAFF，2012）。

作为新兴稻米出口国，柬埔寨具有相当的潜力发展为东南亚国际粮仓、稻谷生产加工出口基地和国际稻米流通中心，其水稻生产情况将继续对实现全球粮食安全和稳定国际稻米市场价格发挥重要作用（梁天锋等，2015）。得益于其地理位置、农业资源和耕种条件等方面的优势，近年来柬埔寨水稻生产呈现出较强的商业化特点（刘开强等，2010）。2010年，中国、柬埔寨两国签署关于柬埔寨大米对中国输出的检验检疫议定书，大米贸易成为两国经贸合作新增长点，2016年以来，中国已成为柬埔寨大米最大出口市场，2019年出口量高达22万吨。同时，中国企业涌入柬埔寨稻米产业链投资，对推动柬埔寨稻米产业欣欣向荣发展起到了重要作用。本书不仅有助于进一步掌握柬埔寨水稻生产情况，也有助于分析国际稻米市场的供给和全球粮食安全状况，更好地为我国充分利用国内和国际两个市场解决粮食安全问题提供了参考。

一 柬埔寨稻农调查研究设计

（一）数据收集和样本设计

柬埔寨共有24个行政区域，中部和南部地区为平原，海拔较低，东部、北部和西部地区环绕着山地和高原，海拔较高。各行政区域均有水稻种植，主要分布在西北部和南部。2010年，6个水稻主产区包括西北部的马德望省（Battambang）和卜迭棉芷省（Banteay Meanchey），中部的磅通省（Kampong Thom）及南部的波罗勉省（Prey Veng）、茶胶省（Takeo）和磅针省（Kampong Cham），水稻产量占柬埔寨全国总产量的63%，水稻面积约占全国播种面积的一半，其中，马德望省是柬埔寨优质香米的主产区。柬埔寨水稻生长季节分为雨季和旱季，其中，雨季是主要生产季节，于每年5—6月播种，同年12月至次年1月收获，其产量占全年总产量的80%，种植面积占全年总面积的85%。因此，本次调查包括柬埔寨水稻主要生产区马德望省、菩萨省、磅通省、波罗勉省、茶胶省和贡布省，其中马德望省和菩萨省位于柬埔寨西北部，靠近泰国边界，磅通省位于中部地区，波罗勉省、茶胶省和贡布省位于南部边境，靠近越南。六省占柬埔寨全国水稻总面积的48%，共收集了16个村的607户农户的2010年雨季和旱季的水稻数据。

（二）计量模型选择和构建

水稻品种是影响水稻单产的重要因素，也是对稻农生产行为研究的重要内容。农户对于水稻品种的选择和种植是不同因素在农户家庭决策中的体现。根据同一作物总播种面积中现代品种的种植比例，可将农户分为采用型和非采用型，本书主要研究农户现代品种采用率和采用程度两个方面。所谓现代品种，是与传统品种相对应的，指的是通过杂交培育发展而来的品种。现代品种采用率和现代品种面积占水稻面积的比例是衡量农户水稻技术采用的两个重要指标，前者反映了农户对水稻改良技术的信息获得程度，而后者则反映了农户对这一改良技术的接受程度。由于一个农户要么是采用者，要么是非采用者，发生指标具有双变量的特点，故采用行为模型的构建借助非连续双变量模型，Probit模型描述如下：

$$Y^* = \chi' \beta + \delta$$

$$Y = \begin{cases} 1（采用者）(Y^* > 0) \\ 0 \qquad\qquad (y^* \leq 0) \end{cases}$$

式中：Y^*为不可观察的潜在变量，指外部干预函数，如农田或农户特征等；Y为可观察到的选择变量。假设Probit模型中采用变量Y是潜在变量Y^*的函数，并且只有当Y^*超过设定的临界值时，Y才能被观测到。采用程度以每户种植现代水稻品种的面积比重来衡量。本书利用Tobit模型分析影响稻农现代水稻品种采用程度的因素。

Tobit模型最初被Tobin（1958，1996）定义为

$$Y_i = \begin{cases} X_i\beta+\varepsilon_i & (X_i+\varepsilon_i>0) \\ 0 & (X_i+\varepsilon_i\leq0) \end{cases} \quad 其中\ \varepsilon_i \sim N(0,\ \sigma^2)$$

式中：Y_i为农户种植现代水稻品种的面积比重；X_i为描述农田和农户特征的矢量；β为未知系数的矢量，表示影响采用程度的各外生变量的边际效应。在Probit模型中，本书以农户是否在种植水稻时采用了现代品种作为被解释变量，用于分析农户现代品种的采用率，该变量为二元变量。在Tobit模型中，将现代品种种植面积的比重作为被解释变量，用于衡量农户现代品种的采用程度。

二 柬埔寨稻农调查研究结果

（一）稻农家庭主要特征

农业收入是柬埔寨家庭收入的主要来源，水稻收入则是稻农收入的重要支撑。调查农户户均年收入为1688美元，其中，农业收入占总收入的58%。调查农户家庭规模约为5人/户，平均每天人均收入不足1美元，低于世界银行2008年确定的每天人均1.25美元的国际标准。而在农业收入中，水稻收入约占农业总收入的75%，调查农户家庭总收入的44%。除磅通省和茶胶省水稻收入在农户家庭收入中比重较低外（分别为17%和36%），其他省份水稻收入在家庭总收入中比重均超过50%。

女性在柬埔寨农业生产中发挥重要作用。在被访稻农家庭中，超过50%的家庭成员属于16—50岁的劳动力，不同省份家庭的劳动力年龄结构与数量差异不明显。同时，调查中的受访者均为直接从事并能对家庭农业生产活动进行决策的人员，60%的受访者为女性，在一定程度上说明了女性是柬埔寨水稻生产的主要劳动力及农田的重要管理者。另外，柬埔寨的女性参与了大多数家庭决策，尤其是农业活动中的销售决策以及收入分配（见表6-1）。

表 6-1　　　　　　　柬埔寨调查稻农家庭人口及经济状况

指标	西北部 马德望省	菩萨省	中部 磅通省	南部 贡布省	波罗勉省	茶胶省	合计 平均值
调查户数（户）	120	60	122	60	121	124	607
其中：户均规模（人）	4.8	4.5	5.0	5.0	4.6	5.3	4.9
劳动力占比（%）*	69	67	76	63	77	68	71
女性受访者（%）	56	85	66	47	57	55	60
女性平均年龄（岁）	44	46	46	38	43	42	44
总收入**（美元）	1279	1231	1148	1951	2008	2398	1688
其中：水稻（%）	55	51	17	61	54	36	44
做工工资（%）	9	11	7	10	13	32	16
做买卖（%）	19	15	41	2	5	8	13
畜牧销售（%）	6	14	8	20	12	25	13

注：* 按16—65岁统计；** 年度估算值。

（二）稻农家庭种植情况

稻农农地规模差异较大，灌溉条件差复种指数低。调查农户户均土地面积为1.8公顷，不同省份农地规模差异较大，其中，磅通和波罗勉两省的农地规模差距较大。多数农户耕种自有土地，仅约9%的土地为租赁。调查地区农户以种植水稻为主，农作物多样化程度较低，水稻占各省份耕地面积的比例均超过90%，仅有不到10%的耕地用于种植水果、蔬菜、豆类和其他农作物。农户按地形将农田分为低海拔、中海拔和高海拔。高海拔地区的水稻生长仅发生在雨季，中海拔的一些区域和低海拔地区的水稻主要在旱季进行灌溉种植，80%的土地是采用雨季耕种方式，南部省份旱作灌溉的耕地比重高于其他省份，灌溉条件较差是影响水稻复种指数低的因素之一。贡布省整体复种指数为162%，高海拔、中海拔和低海拔复种指数分别是104%、156%和183%。除贡布省不同海拔复种指数差异较大外，其他各省份的复种指数差别不大（Wang et al.，2012）。灌溉设施作为公共建设投资是柬埔寨政府工作的重点，而复种指数较低在一定程度上说明，柬埔寨的水稻种植面积也有较大的提升空间（见表6-2）。

表 6-2　　　　　　　　　　调查稻农土地主要经济特征

指标		农田平均规模（公顷）	按农田类型划分（%）			按所有权划分（%）			复种指数*
			低海拔地块	中海拔地块	高海拔地块	自有	租赁	雨季耕种	
西北部	马德望省	1.9	38	48	14	78	22	84	106
	菩萨省	1.9	59	21	20	96	4	97	99
中部	磅通省	1.2	77	9	14	90	10	91	100
南部	贡布省	1.9	28	69	3	95	4	57	162
	波罗勉省	2.3	60	28	12	96	4	70	118
	茶胶省	1.6	50	31	19	97	3	78	105
合计平均值		1.8	52	34	14	91	9	80	113

注：*种植区包括自有、租入、公共和政府的土地。

（三）稻农水稻品种采用情况

柬埔寨的水稻生产可以分为以下三个时期：①1960—1970 年水稻传统种植时期。这一阶段水稻种植面积较为稳定，单产提高是水稻产量增加的主要因素。1970 年后，柬埔寨受红色高棉政权统治的影响，大面积土地荒废弃种，水稻生产受到严重影响。②1984—1994 年水稻种植恢复时期。红色高棉政权衰落之后，水稻生产逐步恢复。这一时期，水稻单产处于较低水平，平均不足 1.5 吨/公顷，播种面积扩大是水稻产量增加的主要原因。③1995—2008 年水稻生产快速增长时期。1995 年是柬埔寨水稻生产的重要转折点，改良品种的采用，尤其是光周期不敏感现代改良品种和对传统品种进行提纯复壮后的传统改良品种的采用，是该时期柬埔寨水稻生产快速增长的重要因素。1995—2008 年，水稻产量年增长率为 5.7%。同时，优质稻种、旱季水稻面积的增加和农业技术推广等因素也推动了柬埔寨水稻生产水平的进一步提高（Wang et al., 2012）。

水稻种植季节在不同地区存在差异。西北部和中部地区农户通常只在雨季种植水稻，其中西北部菩萨省和中部磅通省的农户仅在主雨季种植水稻。而在南部地区，水稻在雨季和旱季均可生长，甚至还会出现在早雨季、主雨季和旱季种植三季水稻的情况，茶胶省有 49%的

第六章 锻造白金：柬埔寨粮食商业化演进及跨境贸易

农户在旱季进行水稻种植。整体而言，水稻主要种植在海拔较低的地区，而其他作物则多生长在海拔较高的地区。低海拔和中海拔水稻种植面积分别占总耕地面积的52%和36%，其中，中部地区的磅通省低海拔水稻种植面积最高（79%）。

水稻种植品种在不同地区存在差异。柬埔寨目前种植的水稻多为常规稻，历史上以农家品种为主。柬埔寨的水稻品种可以分为三种类型：现代品种（MV）、传统品种（TV）和改良传统品种（ITV）。现代品种在水稻种植总面积中占比最大（41%），且在南部省份种植的比例远高于西北部省份和中部省份。改良传统品种是从传统品种中纯系选择产生的，传统品种和改良传统品种在西北部和中部更受欢迎。现代品种的种植主要集中在海拔较低地区，良好的灌溉条件是现代品种多种植在该地区的重要原因。在靠近越南边境的南部省份中，超过80%的低海拔田地种植现代品种。传统品种和改良传统品种则主要集中在中海拔和高海拔地区。尽管现代品种在南部省份较为普遍，但季节性的差异依然存在。在这些省份中种植的现代品种仅在早雨季和旱季占比例很大。在马德望省的旱季，现代品种占近80%的比重。

水稻种植品种在不同农户家庭存在差异。大多数农户种植的水稻品种不止一种，并且各省品种也存在差异。总体上，仅有6%的农户将全部农田用来种植现代品种，约20%的农户全部种植传统品种，27%的农户全部种植改良传统品种。此外，大约11%的农户同时种植传统品种和改良传统品种，超过36%的农户同时种植现代品种和其他品种，当一个农户种植两种或两种以上的水稻品种时，每种品种多数情况下是分开种植的。就不同品种的种植规模而言，现代品种占水稻总面积的41%，南部省份种植现代品种比例远远高于北部和中部省份，这可能是受越南市场需求影响。例如，水稻品种504在越南很受欢迎，柬埔寨南部地区种植的该品种主要销往越南市场，名为85的水稻品种和IR66品种也是如此。相比之下，柬埔寨西北省份种植的传统品种主要销往泰国，中部省份种植较多的改进传统品种则主要用于供应国内中部地区的市场。因此，环境条件、需求和市场等因素可能会对农户水稻品种的选用产生影响（见表6-3）。

表 6-3　　　　调查稻农不同水稻品种的种植面积占比　　　单位:%，种

指标		西北部		中部	南部			占比
		马德望省	菩萨省	磅通省	贡布省	波罗勉省	茶胶省	
总计	现代品种	10	0	0	76	67	55	41
	传统品种	54	39	23	20	25	39	33
	改良传统品种	37	61	77	4	7	5	25
低海拔	现代品种	6	0	0	89	85	83	49
	传统品种	61	34	23	9	11	15	24
	改良传统品种	33	66	77	1	4	2	28
中海拔	现代品种	14	0	0	72	45	28	39
	传统品种	48	46	17	24	43	62	41
	改良传统品种	38	54	83	4	12	10	20
高海拔	现代品种	4	0	0	4	41	26	19
	传统品种	52	45	26	74	48	67	51
	改良传统品种	44	55	74	22	11	6	30

（四）稻农种植行为影响因素分析

为进一步研究技术和市场对柬埔寨水稻生产的影响，本书利用 Probit 模型和 Tobit 模型对农户的种植行为进行了分析。分析结果如表 6-4 所示，根据系数排序分析如下。

表 6-4　　　农户现代品种采用率和采用程度的主要影响因素

影响因素	现代品种采用率显著性	现代品种采用程度显著性
家庭规模	0.0132	1.108
受访者年龄	-0.0061	-0.255
性别（1=女性，0=男性）	-0.1900	-3.655
农田规模	0.2120***	5.280***
低海拔农田面积比重	0.0096***	0.435***
中海拔农田面积比重	0.0045*	0.254*
灌溉面积比重	0.0108***	0.595***

续表

影响因素	现代品种采用率显著性	现代品种采用程度显著性
虚拟变量：与泰国接壤（1=是，0=否）	-2.1900***	-83.76***
虚拟变量：柬埔寨中部（1=是，0=否）	-3.3900***	-150.9***
市场距离	-0.0470*	-1.270
样本规模	607	607

注：括号内为 t 统计量。*、**和***分别表示在10%、5%和1%的统计水平下显著。

首先，现代品种的采用需要增强男性劳动力的参与，但影响较小。家庭规模对农户采用现代品种采用率及采用程度具有正影响，而受访者年龄和性别对农户采用现代品种采用率及采用程度则是负影响。在一定程度上反映出柬埔寨家庭的男性劳动力越多，越有可能采用现代品种，并且采用程度越大。但如上述分析，目前柬埔寨的女性劳动力参与活动较多。

其次，现代品种的采用需要强化灌溉条件和种植规模，影响较高。农田规模、低海拔农田面积比重、高海拔农田面积比重和灌溉面积比重对采用现代品种采用率及采用程度均具有显著的正影响，即土地面积越大的农户，也即拥有土地资源越多的家庭，越有可能采用现代品种且采用程度越大。灌溉条件对于农户采用现代品种的行为有显著的正影响，拥有较多位于低、中海拔农田的农户越有可能种植现代品种且种植比重越大，这与低海拔和中海拔农田的灌溉条件在整体上优于高海拔地区有关。

最后，现代品种的采用需要提升国内外市场准入率，且影响最大。模型分析中市场因素对柬埔寨农户现代品种的采用行为影响最大，因此模型中与国际市场接轨的变量估计系数远大于其他影响因素的系数。是否位于柬埔寨中部和是否与泰国接壤的系数均为负，且前者约为后者的2倍，该结果与现代品种多种植在与越南接壤的地区用来出口销往越南的表现一致，这说明国际水稻市场的需求对柬埔寨农户现代品种种植的影响较大。对于同一区位的农户而言，与主要市场距离越近的农户现代品种的采用率和采用程度越大。市场是影响柬埔寨农户种植行为的重要因素。需要指出的是，Tobit 模型中市场变量的系数远大于家庭人口特征变量和土地资源变量，反映出国际国内水稻市场对农户种植行为的影响更大。

三 中柬稻米合作的未来发展

（一）柬埔寨稻农种植行为主要结论

水稻是柬埔寨农户的重要收入来源，但产能较弱，品种合作潜力巨大。虽然近年来柬埔寨水稻总产量增长迅速，但是柬埔寨水稻现代品种多在旱季的低海拔地区种植，占水稻总面积的 41%，传统品种和改良传统品种多在雨季的中海拔和高海拔地区种植，分别占水稻总面积的 33% 和 25%，只有位于中低海拔且拥有灌溉设备的土地资源对稻农的技术采用有显著的正向影响，因此主体上还是传统品种，单产水平仍然较低。而提高水稻单产不仅是满足粮食安全的需求，对于提高当地农户收入也有着重要意义，这对于我国的稻米品种合作和推广潜力巨大。

国际市场需求显著影响柬埔寨稻农的技术采用，商业化行为较强。柬埔寨农户的种植行为受到多个因素的影响，其中市场因素对农户现代品种的采用率影响最大，是否与泰国接壤、是否位于柬埔寨中部和市场距离三个市场因素变量对其均具有显著影响，反映出柬埔寨水稻种植较强商业化的特点。而在稻农种植行为影响因素中，市场的影响很大，调查农户的水稻产出近四成直接出售，水稻销售收入占柬埔寨农户家庭收入的 44%。其中，尤以国际市场的需求影响为重，生产者的价格和出口价格极大地影响出口量（Javier, 1997），而国际市场的变动亦会显著影响柬埔寨农户的种植行为。但在现有柬埔寨水稻政策的影响下，当地农户水稻种植的行为也可能会反作用于国际市场的谷物供给，甚至有可能进一步影响国际粮食价格的波动，从而对中国利用国际市场满足粮食安全产生一定程度的影响。

国际市场需求的影响持续扩大，亟待提升中柬稻米国际贸易局面，夯实国民经济基础。作为世界上最不发达国家之一，2010—2019 年，柬埔寨人均 GDP 由 760 美元增长至 1679 美元，但仅为中国当年人均GDP的17.8%和16%。柬埔寨政府致力于打造成全球性的水稻出口国，并制定水稻生产和出口促进政策，提出2015年将柬埔寨水稻总产量提高至1500万吨，其中800万吨用于出口的目标（Thath，2016）。然而，该目标至今还远未实现，2019年柬埔寨的稻谷总产量达到1089万吨，其中出口62万吨稻米，总额5亿美元约占出口总额的4%。这不仅是品种合作开发的问题，也是拓展产业、贸易等全面合作，实现减贫促经济发展的议题。

（二）中柬稻米合作发展的政策建议

第一，强化国际合作推动品种改良和技术改进。柬埔寨至今仍有较大比例农户利用简单的栽培技术和落后的管理方式种植传统水稻品种，现代水稻品种也多集中在南部省份用于出口，单位面积产量远远低于世界平均产量和周边国家。因此，柬埔寨水稻仍有较大的生产潜力，为了进一步增强柬埔寨的稻米生产优势，进而扩大其在国际粮食市场上的贡献，柬埔寨仍需继续在水稻技术和生产上加强国际合作。因此，我国政府应进一步"提高统筹利用国际国内两个市场两种资源的能力"，强化与柬埔寨的农业国际合作，继续开发适合该国种植的水稻品种或在保留原有品种优点的基础上改良水稻品种的特性（冯成玉，2018；陈丽达，2016），如可通过加强对雨养环境中水稻品种的改良，提高水稻抵抗干旱、洪水和土地盐碱化等自然灾害的能力，并同时配合对稻农栽培技术和管理理念的培训和教育。

第二，提高基础设施建设及机械化作业水平。柬埔寨除努力提高生产力和扩大种植面积，积极推广高产品种、推广现代农业技术以及增加灌溉设施外，还将进一步扩大农村交通和电力基础设施的覆盖范围。柬埔寨水稻基础设施建设水平落后，农田周边道路、田埂、排水沟槽等亟待重新规划与修建。在水稻生产过程中，柬埔寨以人工种植生产为主，鉴于该国水稻产区具有地势平整、地块面积大等特点，且多位于中低海拔地区，具备发展水稻大型机械化生产的条件。因此，在完善基础设施的基础上推动农户利用先进的农机具从事生产、逐步提高机械化作业水平将对柬埔寨水稻产量的稳定和生产效率的提高具有显著促进作用，贡献国际市场服务于中国的粮食安全保障。

第三，充分利用现有平台建立良好的贸易环境。中国目前农产品进口额70%左右来自美国、巴西、澳大利亚三国以及东盟、欧盟两大地区，但从"一带一路"沿线国家的农产品进口增长较快，出口关系数量也在迅速增长（李星晨和刘宏曼，2020）。在此，云南在建设"南亚东南亚辐射中心"过程中已成为国家战略的交汇之地，这一平台也成为重要的基础和纽带。近年来，云南农产品出口贸易及创汇持续增长，不仅跃升为第一大出口商品，出口额还连续多年稳居西部第一位。但是，云南贸易顺差较大，未充分利用国外农业资源（冯璐等，2019；廖桂莲和张体伟，2019）。云南并非所有农业资源都丰富，大米、大豆、水果等资源就存在不足，同样面临资源环境的压力，因此，应从长远的战略高度出发，转换"为了技术的市场"为"为了市场的技术"，充分利用现有平台，强化企业入驻。因此，中柬双边政府应根据国际市场变化进一步改善贸易政策，帮助稻农获取更多的国际市场信息，进一步实现信息对称，改善农户出口市场的进入条件并发展合法的稻谷出口，这不仅有助于提高柬埔寨稻谷在国际市场上的竞争力，对于提高稻农收入和降低国家贫困率，贡献世界减贫也意义重大。

第七章

湄公河三角洲：越南粮食商业化演进及贸易

第一节 中南半岛粮食发展

一 中南半岛粮食生产

云南相邻的中南半岛五国均为重要的粮食生产国，这一地区的光温水热条件对于粮食生产而言都极其优越。伴随东亚、东南亚和南亚季风气候，中南半岛有肥沃的河口三角洲，如红河三角洲、湄公河三角洲、湄南河三角洲和伊洛瓦底江三角洲等，其境内河流众多，适宜农作物生长。有此得天独厚的地理及气候条件下，中南半岛内的稻谷等粮食作物可收割三季，由此孕育出越南、泰国、缅甸、老挝、柬埔寨等亚洲粮仓，他们也是世界主要的稻谷出口区（左志安，2021）。其中，泰国与越南两国的粮食种植面积最高，越南国土面积为331210平方公里，可耕地面积为940万公顷。其人均耕地面积及人均粮食占有量均高于云南省。但其粮食占有量中多为初级农产品，且粮食品种单一，粮食深加工产业匮乏，产品附加值低。相较于云南，中南半岛国家，如越南，在粮食生产与加工上仍存在诸多问题。例如，受其经济发展水平限制，政府及民间对农业投入不足，其农业科技水平发展缓慢，农业基础设施建设滞后，甚至出现电力匮乏，化肥、农药等农资需求缺口大等情况。更不用说其农业耕作方式落后，农业机械化程度低，且缺乏优质的高产种子（Nguyen and Howie，2018）。

云南地处中南半岛与青藏高原的过渡地带，与中南半岛的三国接壤。相较于从东北和河南的运输，中南半岛国家素有"亚洲粮仓"的美誉，谷物粮食产量丰富，且运距相对较短（孔志坚，2012；张超等，2021）。发源于云南北部地区的澜沧江自北向南连接了整个中南半岛，成为我国连接东南亚国家的黄金航道。加之中老、中泰、中缅铁路的建设，为云南与中南半岛的粮食贸易流通提供了保障。我国也在2014年中央一号文件中提出实施"以我为主、立足国内、确保产能、适度进口、科技支撑"的中国粮食安全战略，强调了完善中国粮食安全保障体系的重要性（陈志成和孔志坚，2016）。该文件中明确提出"支持到境外特别是与周边国家开展互利共赢的农业生产和进出口合作"。因此，云南与中南半岛的粮食贸易大通道构建，有利于贯彻落实我国的新粮食安全战略，实现粮食自产与国际贸易相结合的粮食安全保障体系。

二　中南半岛粮食贸易

关于中南半岛国家开展的各项粮食贸易活动，中国和越南粮食贸易有着非常高的契合度。2010年开启的中国—东盟自贸区，促进了中南半岛国家和中国之间的贸易活动（左志安，2021）。在中南半岛地区中，越南、缅甸以及老挝属于关键性的粮食生产国。然而对这些国家的经济水平来说，并不先进，甚至可以说非常落后，这三个国家尚未具备先进的农产品生产和加工技术，也存在缺乏资金的情况。所以三个国家以初级农产品出口为主，至于加工农产品方面，进出口贸易商会对农产品进行加工。中南半岛难以完全消耗所有的农产品，所以对云南和中南半岛进出口农产品和从事加工贸易提供了有利条件。

农业发展进程中，云南省已经注意到了该问题，为了促进云南省和东南亚地区的贸易发展，2019年，我国出台了《关于支持云南省加快建设面向南亚东南亚辐射中心的政策措施》，在这个政策措施中，明确提出了国家积极引导云南省和周边国家深入开展农业合作的相关指示。在此过程中，云南省所具备的农产品生产和加工技术优势可以充分发挥出来，为了促进中南半岛国家生产出更高质量的粮食，我国的农产品培育、生产和加工技术可以起到促进作用，引导东南亚国家扩充粮食品种，以便可以为中南半岛和云南省之间的粮食贸易起到积极作用（孔志坚，2012；张超等，2021）。

现在，云南省在踊跃建设沿边开放型功能园区。2010年，中柬和中老政府之间就针对农产品进出口贸易分别签署了相关的检验检疫协议。在云南和缅甸之间构建起粮食贸易通道，同时瑞丽、畹町以粮食进口口岸的身份存在。最近几年，云南基本上已经初步构建起延边开放载体。设置了两个重点开放试验区，分别是磨憨和瑞丽，同时还开放了红河综合保税区，自此以后，大力支持建设河口、瑞丽跨境经济合作区的相关工作（陈志成和孔志坚，2016）。云南省规划的功能园区里，就囊括了仓储区，以便促进商贸物流的发展，这对从事运输和加工以及中转等粮食进出口贸易活动来说，具备了良好的基础设施保障。

三 湄公河三角洲农业生态系统

湄公河三角洲包括六个不同的农业生态区，具有不同的水稻农业系统潜力（Nguyen et al.，2007；Biggs et al.，2009）。冲积河漫滩是沿湄公河和巴塞克（后江）河的淡水区，约有90万公顷。河漫滩中游的河流和运河受到潮汐的影响，使农民能够利用潮汐灌溉和排干土地。这一地区有肥沃的冲积土，农民实行集约化种植水稻，每年种植两种到三种作物，发展了果园、蔬菜和稻鱼养殖业。在远离主要河流的地方，有四个大洼地。北部的芦苇平原约有50万公顷，是三角洲最低的部分，低于平均海平面0.5米。该地区在雨季洪水泛滥，以酸性硫酸盐土壤为特征。农民传统上在该地区种植深水水稻，但防洪措施现在可以支持集约化水稻种植和水稻与淡水水产养殖相结合（Nguyen and Howie，2018）。

龙须岩区域面积约40万公顷，雨季洪水泛滥，土壤为酸性硫酸盐土。它也是一个传统的深水水稻种植区，但自2000年以来，对防洪和灌溉的投资使水稻生产更加集约化以及水稻和鱼类养殖成为可能（Le Coq et al.，2001；Biggs et al.，2009）。

跨巴塞克地区位于巴塞克河以西，占地约60万公顷。该地区也有酸性硫酸盐土壤，但不受洪水或盐碱入侵的严重影响，为集约化生产水稻和其他大田作物提供了良好的条件（Nguyen et al.，2020）。

卡茂半岛位于三角洲最南端，面积约80万公顷，由于泥沙淤积，三角洲正在蓬勃发展。这个地区受旱季盐水的影响，水稻的生产被限制为单一的湿季作物。因此，这一地区的大部分区域已被开发用于养虾。

海岸综合体包括约60万公顷的海岸平原和沙垄，尽管海岸堤坝已经改变了水文，但其中大部分都受到盐碱入侵的影响。和卡茂半岛一样，这里也是咸水虾养殖业扩张的主要区域。

第二节 越南湄公河三角洲的粮食产业

一 湄公河三角洲水稻生产与灌溉

越南湄公河三角洲占湄公河下游流域面积的15%和稻田总面积的27%，但在2015年产生盆地水稻总产量的48%和60%的大米出口（Nguyen and Howie，2018）。因此，毫无疑问，它是该地区的"大米篮子"。由于三角洲的大部分地区在雨季自然会被洪水淹没，并受到主要水利工程的影响，从这个意义上说，三角洲水土也是过渡流动的。三角洲地区全年种植水稻面临海平面上升的威胁（Dasgupta et al.，2007）。作为一个地理单元，湄公河三角洲包括一个面积近5万平方公里的三角形，其中大部分是肥沃的冲积物和海洋沉积物，从柬埔寨东南部的金边，经过越南南部，一直延伸到南中国海和泰国湾。越南境内约有3.9万平方公里，占总面积的78%。在本节中，我们用"湄公河三角洲"一词来指湄公河三角洲的越南部分。在这一地区，运河的建设，首先是为了运输，然后是灌溉和排水，在过去的两个世纪中一直在进行，第一阶段是1910—1930年建设加速期，第二阶段是1975年后再次加速期（Pasgupta et al.，2007）。长江三角洲现有运河1万多公里，堤坝2万多公里，深刻改变了该地区的水文和农业生

第七章　湄公河三角洲：越南粮食商业化演进及贸易

态系统。湄公河三角洲的气候与湄公河下游的气候相似，目前大约90%的农田得到灌溉。

整体而言，这是一种热带季风气候，具有明显的干湿季节。6—10月为雨季，月平均降雨量超过200毫米；12月至次年4月为旱季。气温的变化与降雨的季节性相结合，形成了三个水稻种植季节：①7—10月是较凉爽的湿季（主要是"秋季作物"）；②冷凉期，晚湿/早干；11月至次年2月（"冬收"）；③3—6月是一个炎热、早湿的季节（"春季作物"）。在上三角洲，雨季洪水是主要的限制因素，洪水深度超过4米，而旱季的盐水入侵是影响下三角洲土地利用的主要因素，使水稻产量限制在每年一种。肥沃的冲积土约占三角洲的30%，主要分布在湄公河和巴萨克河沿岸，但酸性硫酸盐土分布在广阔的洼地，占该地区的40%以上，约一半的三角洲受到盐碱入侵（Nguyen and Howie, 2020）。

目前，大约有1750万人生活在三角洲地区，包括京族（90%）、高棉族（6%）、花族（2%）和占族（2%），占越南人口的1/5。然而，由于人口外流，人口增长率仅为0.3%—0.5%（CGIAR, 2016）。大米是三角洲地区数百万小农的生计基础，既是他们的主食，也是其主要收入来源。2016年，越南全国拥有380万公顷稻田，生产了4000多万吨脱壳水稻，其中一半来自三角洲地区。同年，越南出口了450万吨精米，价值20亿美元，其中90%是在三角洲生产的（Demont and Rutsaert, 2017; Thang, 2017）。在过去30年里，随着灌溉和防洪措施的加强，以及农民采用高产品种（HYVs）、化肥使用量的增加和小规模机械化，水稻的种植面积和产量都有所增加。在三角洲的许多地区，农民现在每年种植三种水稻。然而，大米生产与发展面临着农民收入低和增加环境危害的问题。农民和政府都认为农业系统的多样化是应对这些挑战的一种方式。2000年，政府颁布了第一项相关政策，以鼓励农民多样化生产。农民的反应是于旱季在稻田种植更多的非水稻作物，如玉米、蔬菜和西瓜，以及将水稻与水栽培结合起来。在受洪水保护的高地地区也广泛种植果树（Nguyen et al., 2007）。

三角洲水稻种植系统的发展可分为三个阶段：①适应现有条件；

②半控制；③完全控制（Le Coq et al.，2001；Kakonen，2008；Biggs et al.，2009；Vormoor，2010）。在三角洲农民定居的前200年里，除了农民逐渐修建的运河，几乎没有种植水稻的基础设施。在条件适宜的地方，农民每年只种植一种水稻，无论是传统的湿季水稻还是浮动水稻。他们还在稻田里收获了雨季的野生鱼类，种植了旱季蔬菜作物。

在第二阶段，从20世纪70年代中期开始，灌溉基础设施得到了发展，允许使用现代品种进行水稻集约生产（Le Coq et al.，2001；Kakonen，2008）。当地的一种水稻继续在高地的雨养条件下种植，而现代品种的一种或两种作物则在三角洲地区引进，那里已经修建了低堤坝和灌溉基础设施。许多农民使用当地开发的便携式轴流（或"虾尾"）泵获得灌溉用水（Nguyen et al.，2016；Biggs et al.，2009）。

在第三阶段，根据1996年政府的一项决定，该地区增加了对堤坝和扩大内部灌溉渠的投资，使水稻得以广泛种植三季（Yasuyuki，2001；Biggs et al.，2009）。例如，即使在易受雨季洪水影响的省份也要种植三季作物。此外，水浇地面积从1990年的52%增加到2002年的91%（CGIAR，2016）。

随着灌溉面积的扩大和种植强度的增加，三角洲的水稻种植面积从1995年的320万公顷增加到2016年的430万公顷，同比增长1.4%。最近的数据表明，盐入侵对水稻和稻虾养殖系统都存在不利影响（Thuy and Anh，2015；Leigh et al.，2017；Stewart et al.，2017）。

大部分经济增长主要来自雨季（秋季）作物，其份额从44%增加到55%。农民倾向于在春季用HYV作物取代旱季冬季作物。冬季作物占总面积的比例下降到8%，春季作物占总面积的比例由32%增加到36%，主要增加发生在1995—2000年。农民们从冬稻转向其他旱季作物，如玉米、红薯、木薯和蔬菜，或者在这个季节将土地闲置。在沿海地区，农民在旱季转向咸水虾养殖（Nguyen and Howie，2018）。

水稻总产量从1995年的1280万吨增长到2016年的2420万吨，同比增长3.2%。由于种植面积的增加，产量的增加大致相等。主要秋季作物产量由 3.8 吨/公顷增加到 5.3 吨/公顷，春季作物产量由 5.2 吨/公顷增加到接近 7.0 吨/公顷，冬季作物产量由 2.9 吨/公顷增加到 4.3 吨/公顷。所有季节的产量增加都是由于更好的水资源管理、用更多的化肥（Nguyen and Howie.，2018）。

二 湄公河三角洲稻米绿色革命

高棉农民在三角洲种植水稻大约有 2000 年之久。从 18 世纪开始，越南农民在扩张的阮氏王朝统治下占领了三角洲，并开始扩大稻田面积（Le Coq et al.，2001）。传统上，农民沿着河堤和沿海地区的沙脊定居。典型的定居地包括一个农场（通常有牲畜）、池塘（用于水产养殖或野生鱼类的避难所和家庭用水）、堤坝和花园的树木、经济作物和稻田种植水稻（有时结合鱼或虾的养殖）。在一些系统中，农民挖沟渠，作为野生鱼类的避难所，并在一年生作物（如甘蔗）的旁边培育苗床（Nguyen，2011）。

18 世纪和 19 世纪，当地水稻品种繁多。丰水期时，在冲积漫滩、芦苇平原、龙须岩方庭等洪泛区种植浮稻或深水稻（Le Coq et al.，2001；Biggs et al.，2009）。农民在 12 月收获浮动水稻后，开始种植绿豆、红薯、玉米等大田作物，并在 2 月或 3 月收获（Berg et al.，2017）。传统的光敏品种在三角洲的大部分地区都有种植（Nguyen，2011；Berg et al.，2017）。其中，早熟品种在沿海综合体种植，以便在 11 月咸水侵入稻田之前收获。中熟品种生长在受潮汐影响的冲积平原，那里的水位难以控制。晚熟品种种植在低洼地区，有洪水风险。漂浮或深水水稻大多种植在低洼地区，那里在雨季洪水是不可避免的——芦苇平原和龙宣园（Nguyen，2011；Nguyen and Howie，2018）。

尽管三角洲地区的种植面积、产量都在增长，但水稻部门仍面临一些挑战（Nguyen，2011）。问题在于一直生产高产但质量较低的大米，特别是针对出口市场，农产品价格较低（Demont and Rutsaert，2017）。投入的使用增加了，导致产量增加，但稻农的净收益仍然很低（Berg et al.，2017）。化肥使用量从 1976—1981 年的每公顷 40 公斤增加到 1987—1988 年的每公顷 120 公斤，并在 2015 年达到每公顷 600 公斤以上（Nguyen et al.，2017）。2000—2015 年，农药的使用量增加了

3—6倍。这些投入的成本也增加了，增加了农民面临的成本与价格挤压。三角洲地区的稻米生产也面临一系列相互关联的环境问题。在过去15年里，水稻种植的强化导致了过度使用农药造成的土壤和水污染的增加，野生鱼类供应减少。此外，湄公河三角洲非常容易受到气候变化的影响，包括海平面上升、洪水增加和盐碱入侵，尤其是在沿海综合体和卡茂半岛。此外，最近的证据表明，盐入侵也对水稻和稻虾养殖系统都有不利影响（Thuy and Anh，2015；Leigh et al.，2017；Stewart et al.，2017；Nguyen and Howie，2018）。

在过去30年里，由于农民的积极改变和政府的政策调整，湄公河三角洲以水稻为基础的农业系统已经发生了变化。1975年以后，面对提高水稻产量的迫切需要，政府增加了在水控制和灌溉方面的投资，并通过绿色革命技术促进了水稻种植的集约化，从而广泛采用了两季和三季种植制度。随着灌溉面积的扩大和种植强度的增加，三角洲地区的水稻种植面积从战后10年的200万公顷增加到1995年的320万公顷，并于2016年达到430万公顷。主要雨季（秋季）作物的产量从1975年的约2吨/公顷分别增加到1995年的3.8吨/公顷和2016年的5.3吨/公顷，这是由于更好的水资源管理和更广泛地施用化肥。1975年，水稻总产量只有400万吨左右，1995年则增加了2倍多，达到1280万吨，然后又翻了一番，于2016年达到总出口额450万吨，价值20亿美元。其中90%是由三角洲地区生产的。在任何一种衡量标准下，这都是一次令人惊叹的经济转型。

这一增长同样可归因于种植面积的增加和产量的增加。越南在20世纪70年代和80年代是一个大米净进口国，在第一阶段的集约化和市场改革之后，1989年出口了140万吨大米。然而，自2000年以来，随着对农民生计和环境的影响问题日益凸显，对水稻集约化的关注已经被转移。将农民锁定于为出口市场生产低质量大米并不能为他们提供足够的回报，尤其是当下国内和全球需求都转向高质量大米和更多样化饮食的情况下。稻米连续生产的专业化也限制了农村家庭饮食的多样性。化肥和杀虫剂的密集使用导致了土壤和水污染，野生食物供应减少。此外，三角洲水文的"全面管理"对水流、沉积过程、水生物种和土地利用选择产生了重大影响。三角洲也非常容易受到气候变化的影响，包括海平面上升、干旱和洪水增加以及盐碱入侵，后者影响了多达一半的地表面积。作为回应，政府已经逐步放宽了对稻田使用的限制——最初的设想是实现粮食安全和维持出口收入。因此，以水稻为基础的耕作系统在过去20年里变得更加多样化，稻田用于非稻田作物、果园以及淡水和微咸水水产养殖的使用增加了。灌溉的旱季园艺作物和高产的果园现在在冲积的泛滥平原上比比皆是。虽然传统的内陆鱼类捕捞已经减少了，但池塘中淡水鱼的生产，特别是当地鲇鱼，已经发展成上三角洲地区的一个主要出口产业。然而，淡水虾，在1990年迅速增长后，似乎一直在减少。在海岸综合体和卡茂半岛，微咸水虾养殖有着更长久、更成功的历史，但由于疾病暴发，它面临的挑战包括市场波动和气候变化（Nguyen et al.，2017）。

三 湄公河三角洲稻米多元化产业

如上所述，农民传统上在宅基地内或附近的高地上种植田间作物。近年来，农民开始在某些季节划拨水田种植这些作物，从而增加和多样化了他们的收入。这一趋势最近得到了政府的鼓励，该组织此前打算保留三角洲的所有稻田以用于水稻生产。农业和农村发展部（MARD）宣布了2014—2020年的土地使用计划，要求更灵活地使用水田。

该计划鼓励各省从水稻转向玉米、大豆、芝麻、蔬菜、花卉、动物饲料和水产养殖。总共计划减少31.6万公顷的水稻（2013年水稻面积的7%），主要是在旱季，并等效增加非水稻作物，其中超过一半是玉米（8.3万公顷）、蔬菜和花卉作物（8.7万公顷）。

表7-1　　　　　2014—2020年湄公河三角洲水田
MARD土地利用规划　　　　单位：千公顷

作物	2014年面积	春	秋	冬	合计	2020年面积
大米	4338	160	129	28	317	4022
玉米	40	29	52	1	82	122

续表

作物	2014年面积	季节 春	秋	冬	合计	2020年面积
大豆	2	17	4	0	21	23
芝麻	29	14	11	0	25	54
蔬菜和花卉	254	50	34	3	87	341
动物饲料	7	17	4	3	24	31
大米和水产养殖	174	5	8	42	55	229
其他	53	13	9	0	22	75

更重要的是，政府在2017年发布了一项决议，为三角洲地区的可持续发展和气候适应型发展制定战略。该决议为减少水稻三季种植范围和进一步实现种植制度多样化提供了基础。农民根据当地的水文、土壤和地形条件发展了合适的水稻种植制度。已经出现的两种常见模式是：①一季水稻后一季玉米或红薯或几种蔬菜；②两季水稻后一季玉米或红薯或一季蔬菜。1995—2016年，玉米种植面积从2万多公顷增加到近3.5万公顷，甘薯种植面积从1万公顷增加到2万公顷，翻了一番（一般统计），各类蔬菜的种植面积从2000年的不足2万公顷激增至2011年的逾4.5万公顷（GSO，2016）。在湄公河三角洲，四种主要的以水稻为基础的农业系统包括了水生物种的捕获和/或饲养：①稻田—野生鱼捕捉；②稻田—水产养殖（淡水鱼，如盘古鱼属）；③稻田—水产养殖（淡水虾，如罗氏沼虾）；④稻田—水产养殖（咸水虾，如斑节对虾）（Huynh et al.，2007）。

（一）稻米和生猪养殖产业

生猪养殖是三角洲地区农业系统的重要组成部分。小规模养猪非常普遍——大约70%的小农拥有一个猪圈，饲养几头猪——而有些养殖户饲养几千头猪（Huynh et al.，2007）。这一活动为家庭成员创造了就业机会，并提供了主要的收入来源（Huynh et al.，2007）。农民面临市场和疾病风险，导致猪的数量随着价格的变化而波动，以及口蹄疫或猪流感等疾病的暴发。然而，三角洲地区的总人数从1995年的240万人增加到2016年的380万人。传统上,农民在自家饲养鸡和鸭以获取肉和蛋。他们用大米、食物垃圾和当地的水生动物,如鱼和蜗牛来喂养。每个家庭都饲养少量的鸡和鸭供家庭食用,有的多达数百只供出售。一些专业的、大规模的农民甚至养殖了几千只鸡或鸭。然而,2000年中期的禽流感疫情对生猪养殖产生了负面冲击,尤其是对很多小规模的养殖。

在20世纪80年代之前,牛和水牛被用作耕地和运输的动力(Xuan and Matsui, 1998)。然而,随着土地改革,大多数农民已经用从日本和中国进口的两轮拖拉机取代了水牛。因此,三角洲地区的水牛数量急剧下降,从1995年的11.3万头降至2001年的4万头,此后下降速度放缓,2016年降至3.1万头;相反,牛的数量急剧增加,从1995年的15万头增加到2006年的68万头,并继续在70万头左右徘徊。现在,牛的主要用途是商业牛肉生产,附近的胡志明市对牛的需求很大。种植水稻的家庭在院子里的棚子里养10头牛。农民种植牧草或使用稻草作为饲料,还购买进口豆饼。此外,农民开始停止饲养家禽。三角洲地区的家禽数量从2003年的5150万只急剧下降到2005年的3140万只。然而,自2005年以来,中型和大型家禽养殖业大幅增长,2016年总数达到6470万只(GSO, 2016)。

(二)稻米和水产养殖产业

长期以来,在三角洲的水稻移植区一直进行野生鱼类捕捞,每年产量约为19万吨。在水稻生长季节,农民在稻田里挖池塘或沟渠,为鱼类创造庇护所。稻谷收获后,鱼被移到池塘里,农民可以在那里收获它们供家庭消费。该系统每公顷可产出2—3吨大米和150—200公斤鱼。1995年,鲜鱼产品的年平均消费量估计为人均21公斤(Rothuis, 1998)。对大多数家庭来说,捕捞野生鱼类出售提供了额外收入。在HYV水稻在三角洲迅速传播之前,这一系统占主导地位,显著减少了野生鱼类的捕获。例如,1995—2016年,上游三角洲的渔获总量减少了1/3。虽然传统的野生鱼类捕捞已经减少,但鱼类养殖业也在减少。这包括在围栏或浮笼中养鱼,以及越来越多地在主要河流和运河沿线的池塘中使用颗粒饲料。当地鮎鱼(Pangasius spp)是饲养的主要物种。鲇鱼产业始于20世纪90年代末的安江省（Angiang）和东塔省（Dong Thap），在10年内，80万农民管理6000公顷池塘，生产150万吨鲇鱼，其中大部分出口到美国和欧盟。近10年来，中国与美国发生贸易摩擦，欧盟也存在质量问题，导致需求出现波动。然而，淡水鱼养殖业的面积继续增加。例如，在安江省，面积从1995年的1465公顷增加到2016年的1690公顷（Nguyen et al.，2017）。

水稻和淡水虾的结合系统主要在三角洲的低洼地区实行。20世纪90年代，位于跨巴塞克地区的后江省丰溪区的农民开始养殖水虾或鱼。其中，稻虾养殖系统在2000年汛期引入安江省的龙旭岩四合院。太艾山区富顺公社养殖了几公顷的虾，由于产量好、价格高，获得了很高的经济回报。在2002年，洲富地区的农民仿效这一做法，在洪水季节养殖了282公顷以上的虾，并在旱季用水稻进行轮作。在Nguyen的研究中发现，2006年一个稻虾周期的净收益为2263美元，其中85%来自虾类活动，这远远高于安江两季和三季水稻的净收益。因此，省政府制定了一项政策，通过稻虾系统促进"以洪水为基础的生计"，即在芦苇平原的东塔省，其他农民跟随安江的农民，在2004年的汛期开始养殖虾。2006年有146公顷的池塘，产量230吨。这一数字在2010年增加到了700公顷，产量为1200吨。

淡水虾的面积和产量显著增加持续到2008年左右。然而，由于邻近的HYV稻田的化学污染、洪水水位的降低（2015年的洪峰是100年来最低的）和不稳定的市场价格，过去10年间产量显著下降。安江虾塘面积在2007年达到650公顷的峰值，到2016年下降到214公顷，而平均产量从2012年的2吨/公顷以上急剧下降到2016年的不足1吨/公顷。

随着面积和产量的下降，安江省的总产量从2008年的1334吨下降到2016年的194吨，在同塔省也出现了同样的趋势。早在20世纪30年代，就在五个沿海省份出现水稻与微咸水虾的结合模式。Preston和Clayton（2003）发现，采用该系统后农民收入有了显著提高。但稻虾养殖系统存在几个威胁其可持续性的技术问题。首先，水稻虾养殖系统的营养利用效率低于专用虾养殖池，导致虾的存活率低和产量低（Dien et al.，2018）。其次，Leigh 等（2017）发现旱季水温和盐度过高，溶解氧过低，导致虾成活率低，产量低。同时，水稻作物也会受到高盐度的不利影响。虽然稻虾养殖在经济上和环境上都是可行的，但农民倾向于转向集约化的虾生产系统（Preston and Clayton，2003）。最后，气候变化给稻虾养殖系统带来了新的风险。11月早期咸水入侵对水稻产量具有负面影响，同时随着时间的推移会促进土壤盐分的积累（Preston and Clayton，2003）。近年来，气候变化的影响有所增加。干旱事件引起的盐碱入侵更为频繁。2015年的历史性干旱事件对水稻、蔬菜、花卉、果树、牲畜、水牛、牛和小鱼塘造成了严重破坏。沿海省份受到的影响最大，大米、水果和水产养殖受到的影响最大。

第三节　湄公河三角洲稻米跨境贸易

一　湄公河三角洲稻米价值链

2012年，湄公河三角洲约有146万稻农每年种植约410万公顷的水稻（考虑到该三角洲每年种植水稻2—3次）。水稻产量达2460万吨，包括短期芳香品种（Jasmine 85、VD20、ST5）、短期非芳香品种（IR50404、VND95—20、OM 576）和中期品种（IR29723、IR42、传统地方品种）。农民通过区域系统获得肥料、杀虫剂和农业设备等生产投入农业原料商店和机构，区别于处理收获产品的贸易商和加工商（Dao et al.，2020）。目前，该地区有10万多家碾米厂和抛光厂，其中多达150家已获得大米出口商认证。贸易商、批发商和零售商在一个广泛的市场中通过许多不同的分销渠道进行经营（VFA，2012）。

据研究，出口价值链占该地区水稻产量的70%。这一链条包括三个渠道：①直接渠道，农民将稻谷卖给出口公司进行研磨和抛光，仅占出口的4%；②双层渠道，由农民将稻谷卖给贸易商，由贸易商将稻谷卖给出口商进行磨粉抛光，占出口的81%；③三层渠道，贸易商将大米卖给加工厂，加工厂将大米作为散米卖给出口商，占出口的15%。国内大米价值链占该地区大米产量的30%（Dao et al.，2020）。批发商和零售商获得大米有三个来源：①将来源于农民那里购买的稻谷碾磨以供当地消费的商贩，主要是在碾磨厂附近（供应给国内消费者的大米的37%）；②城市供应大米的磨坊（13%）；③供应城市的大型磨粉抛光公司（50%）。2010年，约186万吨水稻从柬埔寨进口到湄公河三角洲地区（其中90%是优质的Mien品种），主要用于国内市场（Purcell，2010）。

　　一项在安江省和后江省20个公社针对水稻生产者、贸易商、批发商、零售商等300名采访对象的调查显示（Dao et al.，2020），湄公河三角洲的生产投入是通过一个农业储备和机构系统提供的。每个公社平均有4家农民投入品供应店。这一运送系统是高度组织化的，大机构向小商店分发投入，小商店又向整个公社和村庄分发投入。大型机构也是向投入供应商和农民提供技术咨询的渠道。湄公河三角洲水稻生产的所有阶段都在一定程度上实现了机械化。特别是，整地和收割完全机械化。调查中20个公社的公社级数据显示，用于整地（和其他用途）的两轮拖拉机的平均密度为每100公顷3台。

（一）稻米生产商

　　工人随着农场规模的增加而减少，这也许反映了人口的外流——来自更大、更繁荣的农场家庭，这些家庭也更机械化，雇用了更多的雇工。显然，稻田面积随着农户规模的增加而增加，中小农户租种的面积占绝大部分（分别为75%和93%），而大农户租种的面积平均不到一半。尽管存在这些差异，大、中、小农户的生产力并没有太大的差异。中大户的产量仅略高于小户。再加上农场门价随农场规模略有上升的趋势，这反映了大型农场生产的高价值品种，意味着总收入也随农场规模略有增加。每公顷生产成本随农场规模略有下降，而每公顷净收入则呈现出更显著的上升趋势。其中，中型农场的收入比小型农场多30%，大型农场的收入比小型农场多38%。农民通常根据出售的时间以不同的形式出售他们的稻谷。在收获季节，75%的农民出售湿稻谷，即未干燥到所需含水率，25%出售干稻谷。虽然政府鼓励农民出售干燥的稻谷以增加产量,但投资于干燥设备的成本很大。大多数生产者不得不接受出售湿稻谷而造成的利润损失,造成了每公斤900—1000越南盾的价格差异(Dao et al., 2020)。在收获间隔的几个月里,所有出售的稻谷都是干的,这些稻谷来自具有较高储粮能力的家庭。

(二)稻米贸易商

贸易商是价值链中的一个关键环节,因为93%的水稻卖给了这些参与者。贸易商获得了农民93%的稻田。然而,商人和农民之间的关系相当松散。通过稻田经纪人进行的交易占了购买交易的55%。稻田经纪人是当地的收藏家。只有4%的水稻生产是由磨坊主直接购买的,这些磨坊主与他们购买的农民在同一地区经营。抛光/出口公司只直接购买了3%的水稻产量。在从农民手中收购稻谷时,85%的买家支付了收购稻谷总价值的20%—25%的定金,10%的买家做出了"确定购买"。在收购时全额支付,5%的买家只在稻谷交付给工厂后支付。因此,大部分出售的稻谷都取决于农民和商人之间的灵活安排(Dao et al., 2020)。贸易商购买的稻谷中约有13%卖给了该地区的米厂。另外11%的大米被磨粉和抛光,然后作为成品卖给批发商和零售商。但是,大部分大米(69%)通过第一阶段的碾米厂,批量出售给大型出口企业,用于抛光、装袋和运往海外。在进行这些交易时,71%的贸易商通过"大米中间商"进行销售,这些中间商将他们与工厂联系起来。这种现象的出现使农民、商人和磨坊主之间的中间人有助于营销系统的运作,但产生了一条很长的链条,增加了成本,减少了参与者之间的直接联系。约40%的贸易商为了购买稻谷而从工厂收到预付款,60%的贸易商在稻谷交货后才收到付款,因此必须提供自己的营运资金(Neuyen and Howie, 2018)。

(三)稻米批发商和零售商

越南以本国市场为中心,向消费者供应大米的主要角色是批发商、传统零售商和现代零售商。批发商平均为中等规模的企业,如60平方米的仓储空间和68吨/月的吞吐量,需要大约25000美元的营运资金。三角洲地区的每个传统市场平均有6.7家传统零售商经营小型商店,大约有18平方米的大米储藏空间。因此,零售商遍布整个地区，平均每个月只销售1.5吨，需要不到2000美元的营运资金（Dao et al.，2020）。几乎所有接受调查的传统零售商（99%）都在出售散装大米，在销售点向顾客提供塑料袋。虽然从批发商处购买的大米是50—55公斤一包的包装和标签，但出售散装大米是传统零售业的一个特点，使消费者能够更好地在市场上评估产品。现代零售商（超市，食品店）是政府大米价格稳定政策的核心角色。然而，大米并不是这些零售商的主要产品，所以他们没有充分开发它的潜力。平均只有10平方米用于大米库存，而且没有专门从事大米产品的员工。

现代零售商出售的大米几乎都是塑料包装的（92%），包括2公斤、5公斤和10公斤的尺寸。他们还特别关注了商标和产品信息，97%的袋子都有这种标签。这意味着，从现代零售商那里购买同一种大米的价格要比从传统零售商处购买高得多，因此从现代零售商那里购买大米的消费者数量很少，大多数消费者仍然依赖传统零售商。现代零售商平均月销售额为24吨。

湄公河三角洲的稻米价值链是一个庞大而复杂的系统，它成功地将每年种植超过400万公顷的约150万小规模稻农与大量贸易商、加工商、批发商、零售商和出口商联系起来。约30%的产品进入国内市场，70%出口，占全国出口的90%以上。在湄公河三角洲，国内大米价值链中有许多中介机构。投入供应商广泛分布在该地区，向农民提供种子、化肥和其他投入，具有竞争力。公共和私营部门为农民团体提供农业推广和培训。随着两轮拖拉机和联合收割机的普及，该地区机械化程度迅速提高，联合收割机主要通过合同服务提供。

二 越南和柬埔寨的稻米跨境贸易

（一）柬埔寨和越南稻米进出口贸易

湄公河三角洲的稻米价值链存在一个悖论。越南的水稻总面积约为390万公顷，2016年出口了480万吨大米，收入22亿美元，是全球三大大米出口国之一。超过一半的大米产量和超过90%的出口来自湄公河三角洲的省份。然而，近年来，从柬埔寨跨越南东南边境进口了大量水稻。越南食品协会（VFA）估计，2008—2011年，每年平均有80万—100万吨水稻是通过边境省份从柬埔寨进口的（VFA，

第七章 湄公河三角洲：越南粮食商业化演进及贸易

2011）。Purcell（2010）报告的数字甚至更高，2010年约有186万吨，其中90%用于国内市场。在清边边境，每天大约有1000吨柬埔寨水稻被进口到越南。柬埔寨水稻的跨境贸易对湄公河三角洲的大米生产和大米出口产生了影响。当旺季时，由于柬埔寨缺乏碾磨能力，这些水稻被出口到越南碾磨。例如，安江省是湄公河三角洲水稻种植面积和产量最大的省份，不仅是三角洲地区最大的稻米生产省，也是整个越南最大的稻米生产省，2011年总耕地面积为605720公顷，产量为386万吨。然而，安江省也被认为是柬埔寨大米的理想市场，特别是来自相邻的武夫省。

越南和柬埔寨的边界长达1137公里，横跨越南的10个省和柬埔寨的9个省。越南的安江省与柬埔寨的干达省和武雄省接壤，边界长达96公里。安江省与柬埔寨之间有两个国际边境关口：清边金边和永雄嘉。边境地区地势较为平坦，通道较多，为跨境贸易创造了有利条件。柬埔寨的稻米产量近年来有了显著的增长。水稻主要在雨季生产，占全年水稻总产量的75%左右。在柬埔寨种植的品种多为优质长期品种，深受消费者青睐。2014年，柬埔寨水稻总产量达到900多万吨，人口超过1500万人，有400多万吨水稻可供出口。联合国粮农组织报告称，2013年大米出口量为361万吨。虽然柬埔寨优先进入许多市场（例如，根据最不发达国家的除武器以外的一切安排，柬埔寨可以无限制地免税进入欧洲联盟市场），但它生产大米出口的能力受到限制。

此外，越南和柬埔寨签署了一系列重要协议，为发展跨境贸易提供了法律基础。越南政府于2006年11月7日发布关于跨境贸易管理的第254/2006/QD—TTg号决定，对从柬埔寨进口到越南的大米实行税收优惠政策，大米免征任何税收。2006—2010年，安江省和武夫省干达之间的跨境贸易平均每年增长19%。2010年，跨境货物总值估计超过10.53亿美元（Dao and Thai，2020）。这一数字比前一年增长了51%，占越南和柬埔寨贸易总额的50%以上。至于水稻，虽然它是免税的，但越南对柬埔寨的水稻和大米实行进口配额，包括通用大米、芳香大米和糯米（MIT，2008）。2010年和2011年合计配额为25

万吨，2012年和2013年增加到30万吨。尽管实行了这项政策，但据估计仍有80万—100万吨水稻（远远超过了配额）每年通过东塔省、龙安省和安江省的边境大门（VFA，2012）售出。出现这种现象的部分原因是，一些越南农民在柬埔寨种植水稻，并将他们的水稻带到越南出售。因此，从柬埔寨非正式进口到越南的稻谷数量很大，这与两国之间不受管制的跨境贸易的更广泛现状相一致（Dao and Thai, 2020）。

（二）稻米跨境贸易增长原因

从柬埔寨到越南的跨境大米贸易，特别是武雄省和安江省之间的大米贸易，数量大幅度增加，11—12月的高峰季节，估计达到每天1000吨。这一贸易增长的主要原因有五个：①武雄省生产的雨季作物的质量满足了越南对这类大米的国内需求；②一些安江农贸商在柬埔寨租用土地种植，并将水田运输到越南国内市场；③武雄省的收获时间晚于安江省，有助于维持安江米厂的产量；④柬埔寨同类型水稻价格较越南低；⑤柬埔寨没有足够的加工和储存能力或技术，导致水稻存量过剩，出口到越南。

在跨境大米价值链中有三种渠道，其中贸易商和稻米批发商提供了关键的联系：①从生产商直接到越南贸易商（5%）；②从生产商到柬埔寨贸易商，后者向越南贸易商销售产品（55%）；③从生产者到柬埔寨商人，他们向越南稻田批发商销售大米，在边境沿线经营大型粮仓（40%）。这些粮仓转而卖给越南的商人（55%）和直接卖给加工商（45%）。加工过的大米被分配给城市的批发商，或者直接分配给许多经营市场摊位或商店的传统零售商。虽然柬埔寨的大米对消费者来说是可识别的，但销售方式意味着没有正式的标签或认证。然而，消费者购买柬埔寨大米的价格要比普通越南大米高出50%—100%（Dao and Thai, 2020）。

从柬埔寨进口的大量水稻增加了越南国内市场的特种大米的供应。随着城市收入的增加，越南对优质大米的需求也在增加。虽然国内生产无法满足这一需求，但从柬埔寨进口稻谷填补了一个重要的利基市场空白。他们还为出口市场腾出了更多的国内大米。然而，这些便宜的大米进口也可能对国内生产和收入产生负面影响，特别是在边境地区。或许有必要制定联合政策，以更好地管理跨境贸易。这可能需要建立合资公司，从柬埔寨农民那里购买稻谷，并促进在国内加工以达到出口标准；确保边境地区的越南农民不会受到廉价进口产品的不利影响以提高越南特色品种的商业价值，满足国内需求，增加农民收入。

（三）跨境贸易对稻米市场的影响

越南是世界上最大的大米出口国之一。从柬埔寨进口大米增加了国内市场的大米供应，因此增加了出口能力（并直接增加了大米出口）。随着越南消费者对高品质产品的偏好增加，柬埔寨大米的进口也有助于满足越南对特种大米的需求。越南市场上有许多不同种类的大米，从柬埔寨进口的大米有助于国内市场上产品的多样化。

然而，也有一些负面影响。跨境贸易的增加压低了国内价格，影响了边境地区稻农的收入。事实上，边境地区的许多收藏者只经营从柬埔寨进口的稻谷，因为这能带来更高的利润。由于来自柬埔寨的竞争压力，一些越南农民无法以国内价格出售他们的水稻。在灿苴市和胡志明市，50%的大米零售商店出售来自柬埔寨的各种大米。虽然价格高于国内生产的大米价格，但柬埔寨原产大米的消费量非常大，与国内其他特产大米相比具有竞争力。越南农民也生产高质量的大米，但市场营销、产品品牌化、向国内消费者提供产品信息的活动薄弱。这方面的价值链可以提高本地产品在国内市场的地位（Dao and Thai，2020）。

如上所述，大量柬埔寨水稻通过非正式的贸易网络被进口到越南。由于价格低于国内价格，跨境流动的变化导致越南市场价格波动。同时，使确定和管理国内市场和出口的大米供应也变得困难，因此越南和柬埔寨之间需要协调，以更好地管理越南的水稻进口，限制通过非正式贸易进入大量水稻（MIT，2008）。

第八章

逆境发展：缅甸粮食商业化演进及贸易

第一节 缅甸农业经济发展

一 缅甸农业发展

从全球各国发达程度来说，缅甸处于垫底的位置，存在非常落后的国内经济发展水平。缅甸出口经济主要是以出口自然资源为主，比如天然气，根据统计获知2014年时，缅甸获得了607.2亿美元的GDP，平均每个人仅达到了1415美元，就东盟国家经济水平来说，处于倒数位置，在GDP中农业的贡献率仅是37.1%，在缅甸，农业人口占总人口的大多数，缅甸农民中，46%的人员生活在贫困中。缅甸政府大体上已经设置了市场经济体制框架，逐渐以现代市场经济取代传统计划经济，然而目前来说，缅甸民众尚未形成强烈的法治观念以及市场经济意识，想要计算出投资经济活动中蕴含的各项隐性成本难度比较大。由世界经济论坛《2014—2015年全球竞争力报告》内容获知，144个国家和地区竞争力排行中，缅甸位于第134。从2011年开始，缅甸进行了改革开放，得以稳定增长GDP，经过统计获知，2011—2014年，缅甸的GDP连年增长，依次增长的速度是13.2%、7.6%、8.3%、8.5%。

对于缅甸国民经济来说，农业的地位非常重要。缅甸商务部向外公开的资料显示，2019年10月一直到2020年起先的10个月中，缅甸农产品取得了33亿多美元的出口额，在缅甸出口总额中，农产品额占比达到了22%。缅甸政府考虑到农业的重要性，对农业发展予以一定的关注。同时，缅甸经济扩大国际市场、农产品品质提升以及农业机械化发展方面成绩卓著。且缅甸想要在农业方面和其他国家进行合作，其中就囊括了中国。按照世贸组织的统计结果来说，在2018年，谷物出口额统计，越南获得22.4亿美元，泰国获得57.1亿美元，柬埔寨获得4.0亿美元，老挝得到0.9亿美元，缅甸为3.7亿美元（新华网，2020）。中国提出的"一带一路"倡议中，缅甸处于重要节点位置，其具备充足的农业资源。农业是缅甸发展的基础，逐年加大出口的大米和玉米数量。

二 缅甸农业政策

缅甸民选政府是从2010年开始执政的，从此缅甸积极以民主政治取代军人政治，加快了改革开放的速度，改善民生、发展经济以及民族之间和解问题都受到了民选政府的关注，逐渐形成健全的行政体制，完善法律法规，而且缅甸逐渐摆脱了西方的经济制裁，获得了经济援助，并慢慢地免除了债务。缅甸发展经济，是基于农业发展起来的，故在制定的缅甸经济规划里，明确要求大力发展本国农业，有效发挥土地资源的优势，以农业为基础，来发展其他产业。

缅甸提出了五项战略措施和三项基本政策，以便帮助农民增加收入和提升农业生产率。五项战略措施分别为：引进培育，增加良种的种植面积；在农民中推广使用先进的农业生产经营技术；大力提高农业机械化程度；为农田水利设施加大资金投入；农业用地需要继续扩大。三项基本政策包括：农业发展需要民营经济参与其中；确保不会损害农民权益，耕地面积需要增加；大力发展农业和粮食产业，达到自给供应稻米和食用油，促进农产品和食品加工业出口发展。尤其是，近些年，缅甸越来越重视对外开放，为发展农业拉动民营企业家和外资提供支持。农产品由农民自行经营，个人能开展进出口贸易活动，外国人能最长租用30年的土地。如果租约需要续签，则期限最多为60年。缅甸社会转型步伐加快，不断优化投资环境，逐步出台并稳步推进农业开放政策，奠定了中缅跨境农业合作的有利态势。

三 中缅农业合作机制

2016年，在开启了澜湄合作之后，"3+5合作框架"就是由澜湄各国一起制定的，三个优先合作项目中就包含农业。缅甸属于传统农业经济国家，位于湄公河流域，有着充沛的农业资源，相邻于中国云南省，中国农业合作的优势能充分发挥。缅甸政府通过实践活动，充分验证了基于澜湄合作机制下，中缅双方有效合作农业的可行性，有助于缅甸增加农产品产量，促进长久发展农业，体现出想要中缅进一步合作的期盼。中缅合作，不仅能展现澜湄合作机制的好处，且中国的扩大沿边开放伟大战略、建设的中缅经济走廊以及"一带一路"倡议，都有助于双方农业合作。进一步推动建设大湄公河次区域以及建立的中国—东盟自由贸易区，都能有效地带动发展中缅贸易。在中国农产品贸易总额中，有0.3%的贡献源自中缅农产品贸易额，这就能体现出双方尚未形成较大规模的贸易，然而却呈现出快速增长趋势，双方贸易额在2005年时仅为0.79亿美元，但是到了2014年时，增至5.94亿美元，平均每天以25.2%的速度增长。从2013年开始，中国加大了从缅甸进口农产品的数量，故此农产品贸易表现成顺差局势，在2014年时，实现了2.39亿美元的顺差额。明显的互补性在中缅农产品贸易中体现出来，初级加工品是重要的出口产品，农产品原材料则是主要的进口农产品。粮食制品、饮品类、水果以及花卉是中国从缅甸出口的重要产品，油籽、坚果以及水产品则是主要的进口产品（原瑞玲和翟雪玲，2017）。

云南位于我国西南边疆，当地主要是山地，耕地面积不多。2018年，云南达到1860.54万吨的粮食产品，和2017年对比，增长了0.9%，但是平均到每个人身上，粮食占有率就不多了。截至2022年，云南人口总量达到4858.3万人，随之逐渐提升的是城市化水平。民众加大了粮食消费需求，但是逐渐降低了务农人员数量。即便云南从其他省份增加了粮食调入量，然而却依然难以填补供给缺口。中南半岛国家相邻于云南省，有着充足的耕地资源和水资源，在稻谷生产

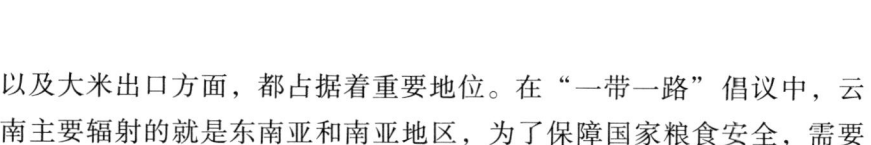

以及大米出口方面，都占据着重要地位。在"一带一路"倡议中，云南主要辐射的就是东南亚和南亚地区，为了保障国家粮食安全，需要加大力度进行中缅粮食贸易，合理从缅甸进口粮食，弥补当地粮食的不足。如此为云南粮食安全提供保障，且有助于实现农业供给侧机构发展，引导合理地安排种植结构。

第二节 缅甸粮食生产贸易

一 缅甸粮食生产

缅甸约有 5800 万的人口，种植了 1700 万英亩的水稻，大多为两季种植，除不能覆盖水利设施之外，还有 1000 多万英亩的耕种面积。缅甸可以获得 40—50 萝的雨季稻，90—120 萝的旱季稻，按照中国计量单位，可以换算为每亩产量在 150—350 公斤。其主要粮食作物就是水稻，雨季是其重要的生产季节，遍布缅甸各地。另一种粮食作物就是玉米，种植于高原旱季，玉米分布和物候期和第二季水稻比较相差不大。缅甸种植的小麦不多，小麦种植地区集中在中部干旱地区。雨季末期为 10 月，清凉的旱季期限为 11 月至次年 1 月。山区、中部平原以及三角洲和南部沿海三个农业生态区域就是按照缅甸的地理条件、气候和种植体统进行划分的（王彩凤，2021）。

在一定时间内，缅甸的投资主要源自中国，这是由地缘位置因素决定的。关于缅甸外商直接投资占比中，1988—2016 年，名列前四位的外商直接投资的国家和地区分别是中国内地、新加坡、泰国以及中国香港，各自的比重依次为 28.5%、21%、16.3% 以及 11.4%。但是近些年来，中国在缅甸投资比重有所减少，尤其是 2011—2012 年有了明显下滑。关于缅甸外国直接投资流入总量中，中国的比重在 2011 年是 93.6%，2012 年达到了 16.3%，2013 年达到了 1.4%，2014 年达到了 6.4%，2015 年达到了 35.1% 和 2016 年达到了 33.5%。

缅甸有着充足的农业资源，在东南亚国家中，缅甸的水资源和土地资源都名列前茅，然而技术不先进，没有充分开发农田，所以农业发展有着非常大的潜力。缅甸的单产情况，排除水果，就农产品生产力而言，中国远超缅甸，按照2017年联合国粮农组织统计的情况来说，缅甸每公顷可以生产3800公斤的大米，中国每公顷生产6900公斤的大米；缅甸每公顷生产520公斤芝麻，中国每公顷生产1400公斤的芝麻；缅甸每公顷生产1900公斤的小麦，中国每公顷生产5500公斤的小麦；缅甸每公顷生产5380公斤的玉米，中国每公顷生产6100公斤的玉米。

二 缅甸粮食贸易

（一）大米

稻谷是缅甸传统的、主要的粮食作物。缅甸历届政府都十分重视稻谷的生产。缅甸大米出口的70%是通过木姐口岸出口到中国，也通过仰光港口海运出口到非洲、欧洲国家和东盟国家。2012年，缅甸的稻谷种植面积有728.43公顷，2012年4月至2013年2月底，缅甸出口大米130万吨，2012—2013年度，缅甸出口大米153.75万吨，创汇7.76亿美元，主要出口市场是中国、非洲、孟加拉国和印度尼西亚等国。2013/2014年度前6个月，缅甸共出口大米45.17万吨。2014年，缅甸共出口大米168.8万吨，同比增长49.1%，出口额6.13亿美元，总比增长36.7%。2014—2015财年，缅甸共出口大米180万吨；2015—2016财年，共出口大米150万吨。缅甸大米主要通过边贸出口至中国，以往边贸出口占了80%，海上贸易占了20%。但近年来，边贸出口占了60%，海上贸易占了40%。①据缅甸农业与市场数据统计协会（AMIA）介绍，缅甸出口的大米种类是智亚/额玛塔25号大米。目前，缅甸国内大米市场的额玛塔大米价格为每袋86—89元。2016年4月，缅甸国内大米市场的博山大米价格为每袋168—223元，目前价格稳定在每袋157—213元。额玛塔5号糙米价格每袋为117元，现在为104—119元。（按197缅币＝1元换算得出）2016年7月，缅甸农业畜牧灌溉部副部长吞温表示，珍珠米等杂交稻由于稻种成本和种植成本高加之市场不易接受，缅甸计划在本届政府期间停止种植。珍珠米虽然产量高，但种植成本较本土稻要高出3倍，由于食用者少，难以出口。

（二）豆类

缅甸平均每年出口超过100万吨的豆类，该项产品出口量在世界排名中位居第二。印度豆、绿豆、国木豆以及黑素豆是缅甸重要的出口豆类产品，主要销往印度尼西亚、越南、新加坡、中国以及印度等国家和地区。缅甸种植豌豆、小红豆、腰豆、绿豆、马豆等众多豆类农作物，1988—1989年，缅甸种植了180万英亩的豆类农作物，但是发展到2004—2005年，豆类农产品种植面积扩大至900万英亩，到了2007—2008年增加至987万英亩，2009—2010年，则有了1083万亩的豆类种植面积。2013—2014年的前6个月，缅甸一共出口了66.03万吨的豆类农产品。有72%的豆类产品都被缅甸出口到了印度，剩下的28%则出口到了一些中东国家、日本、马来西亚等国家和地区。2014年，缅甸出口了121万吨的豆类产品，相较于2013年，减少了8.3%，当年获得了9.08万美元的出口额，比2013年减少了0.2%。2014—2015年，缅甸出口了135.62万吨的豆类，相较于上一财年增加了45.3%，获得了3.93万美元的出口额，比上一财年多了37.4%。2015—2016年，缅甸雨季有414万英亩的豆类种植面积，凉季有747万英亩的豆类种植面积，豆类产品为缅甸收获了超过12.05亿美元的外汇收入。如今在高级出口市场中，缅甸豆类占据一席之地，当地严格遵守质量标准。缅甸并没有设置专门销售种子的生产企业，没有形成良好的种植优质种基础，故此基于澳大利亚国际农业研究中心的助力，缅甸将构建豆类种子银行，支持当地发展豆类种植业。

（三）玉米

雨季玉米和旱季玉米是缅甸种植的两茬玉米，其中掸邦、伊洛瓦底省、曼德勒省、若开邦、马圭省、实皆省以及克钦邦种植两茬玉米，而仰光省和勃固仅种植旱季玉米。克耶邦、克伦邦、钦邦则种植雨季玉米，种植面积最大的地区是掸邦。近年，缅甸出口玉米情况越来越好。2005—2006年，缅甸有79.28万英亩的玉米种植面积，外销量达到了11.46万吨。2017—2018财年，通过清水河边贸口岸以及云南省的姐告口岸，中国从缅甸进口了22.8万吨的玉米。

第三节　中缅农业贸易

一　中缅农业贸易合作发展

近年来，中缅两国双边经贸合作不断深化，中国连续多年是缅甸第一大贸易伙伴、第一大出口市场和第一大进口来源地。缅甸主要出口大米、各类豌豆、芝麻、玉米、果蔬、干茶叶、水产品、橡胶、宝石和动物产品等到中国。与之相对应，从中国进口的产品主要为机械材料、塑料原料、化学机械加工原料、消费品和电子工具。2017—2020年，中缅双边贸易额呈上涨态势，2021年受新冠疫情影响，中缅贸易总额较2020年略有降低。

表8-1　　　　　　　　2017—2021年中缅双边贸易情况

年份	贸易总额（亿美元）	同比（%）	从缅甸进口（亿美元）	同比（%）	对缅甸出口（亿美元）	同比（%）
2017	135.4	10.2	45.3	10.5	90.1	10.0
2018	152.4	13.1	46.9	3.6	105.5	17.9
2019	187.0	22.7	63.9	36.2	123.1	16.7
2020	188.9	1.0	63.4	-0.8	125.5	1.9
2021	186.2	-1.4	80.8	27.4	105.4	-16.0

农业合作是中缅双边合作的一大亮点。农产品贸易方面，随着澜湄农业合作的不断深入，中缅农产品贸易发展呈向好态势。2019年，中国从缅甸进口农产品4.8亿美元，出口6.71亿美元；2020年，从缅甸进口农产品6.4亿美元，出口7.47亿美元；2021年，从缅甸进口农产品7.59亿美元，出口4.96亿美元，。2021年，中缅农产品贸易总额较2019年增长9%。肥料方面，缅甸主要依赖进口。2017—2020年，中国对缅甸出口肥料总额不断上涨。2021年，受新冠疫情影响以及中国化肥出口政策的调整，对缅甸出口肥料总额较2020年

小幅下降。农药方面,缅甸农药长期依赖从泰国、越南以及中缅边贸进口。2018—2020 年,中国对缅出口农药数量和金额不断上涨。2021 年,受新冠疫情影响,农药出口受到一定冲击,对缅出口农药数量和金额较 2020 年小幅下降(见表 8-2)。

表 8-2　　　　　2017—2021 年中缅肥料农药贸易情况

年份	中国对缅出口肥料额(亿美元)	同比(%)	中国对缅出口农药数量(万吨)	同比(%)	中国对缅出口农药额(万美元)	同比(%)
2017	1.52	22.6	2.21	-3.9	6448	18.4
2018	2.03	33.5	2.90	31.2	8298	28.7
2019	2.84	39.9	3.75	29.3	9714	17.0
2020	2.92	2.8	3.04	-18.9	9122	-6.0
2021	2.13	-27.0				

资料来源:《中国供销社》"澜湄农业情"之缅甸篇,2022 年。

中国一直以来对中缅农业合作高度重视,援助力度大,涵盖范围广。目前,多家中资企业在缅甸开展中缅农业合作项目或拟开展中缅农业项目,合作的内容不仅涉及品种和类别众多的农产品生产领域,同时涉及跨国农产品贸易、跨国农业投资、农业科技研发、农业应用科技成果转让和推广、农业基础设施建设等方面。

截至 2021 年底,澜湄合作专项基金已支持缅方实施 4 批 72 个项目,缅甸是获得支持项目数量和资金量最多的国家。其中,缅甸农业、畜牧与灌溉部实施的项目有 28 个,旨在:①帮助缅甸扩大农产品对华出口,中国是缅甸农产品主要出口市场之一。②帮助缅甸提高农业生产技术水平。澜湄合作基金支持了缅甸农业科技人才培养、果蔬安全优质种植、农产品深加工等项目,有效帮助缅甸提升农产品产量和质量,帮助农民创收增收。③帮助缅甸实现农村发展。中国将在双边和澜湄合作等多边机制下,分享农业现代化、脱贫减贫、乡村振兴等方面的经验,以帮助缅甸实现农业农村发展目标。

此外,为促进中国、缅甸两国的农贸便捷通畅,中国、缅甸两国已签署了大米、碎米、活牛等出口检验检疫协议。玉米出口的《动植物卫生检疫措施协议》已通过中国相关部门的审批正在尽快落实签署，香蕉出口的协议也在推进中。关于稻谷、红薯出口的《动植物检疫措施协议》缅甸已向中国发送了草案。目前，缅甸渔产品主要出口方向也是中国，将尽快落实关于渔产品的《动植物卫生检疫措施协议》。

二 云南企业对缅甸农业投资

截至2018年10月，云南腾冲在缅甸进行农业合作项目的户外经贸公司数量达到了22家，缅甸大企业是这些公司的主要合作对象，双方有60多万亩的合作面积，种植的农产品种类超过了10种，比如火龙果、草果、水稻、玉米等。德宏州有21家企业获得替代种植企业证书，超过了200万亩的协议合同种植面积，但是切实有70多万亩的种植面积。中国向缅甸出口农业生产资料的贸易形式比较多，其中就包括农药、化肥以及种子等，这对缅甸农民提高收入起到了积极作用，增加了港口贸易，进而备受缅甸青睐。

在表8-3中统计了2010—2018年云南省在缅甸的投资情况。2018年末，云南省以境外投资的方式，成立了164家农业企业，相关投资一共达到了11.5亿美元左右，有158家农业企业位于湄公河国家，比重达到了96.3%。这些企业引领者为龙头企业，比如云南集团、云南农垦等。总而言之，很多企业都在走出云南，即便是有较少的境外投资存量、自身资产额不高。但是针对缅甸的投资，云南还是表现出迅猛扩大的趋势。

表8-3　　　　　2010—2018年云南省对缅境外投资情况

年份	新增境外投资企业（家）	协议投资额（万美元）	云南对缅甸实际投资额（万美元）
2010	5	767475.04	20584.95
2011	1	16060.00	33017.90
2012	5	5996.82	12730.60
2013	5	25395.89	11601.40
2014	20	31608.99	12981.00

续表

年份	新增境外投资企业（家）	协议投资额（万美元）	云南对缅甸实际投资额（万美元）
2015	31	65279.01	14776.00
2016	14	10494.58	21925.00
2017	12	23979.00	27069.00
2018	13	19368.00	15040.00

在中缅经济走廊和澜湄农业合作机制条件下，云南金鑫农业有限公司利用机会，踊跃促进中缅农业合作。积极构建中缅大型农业循环经济产业链，其中囊括了新型农业旅游产品、国际物流、有机肥生产、种植、养殖等。现在金鑫农业使用的合作模式是向缅甸供给管理、技术、农资以及种苗。

德宏州投资于缅甸农业的企业，有比较好的发展趋势，有助于中缅农业投资合作。比如缅甸康亚吉峰农业发展科技有限公司就是瑞丽吉峰进出口有限公司注册于缅甸的公司，该公司有6万亩土地，位于克钦邦八莫市辛甘地区，同时设置了基地用来养殖肉牛和种植饲草饲料，面积达到了1万亩，目前来说有500多头存栏能繁殖母牛。瑞丽市畹町长合商贸有限公司在中缅边境构建起西瓜交易市场，该市场规模巨大，花费了1.1亿元，位于缅甸木姐105码边贸站，近年来，每年都有高于60万吨的西瓜于此进行交易，其中2018年实现了72万吨的交易量。针对甜瓜、西瓜等水果建立了4万亩的种植基地，位于缅甸的曼德勒、皎色等地区。

八莫之星农业技术有限公司和皇家耶吞莫刚国际有限公司是瑞丽橡玛投资有限公司注册于缅甸的公司，有188万元的注册资本，种植农作物主要有玉米、水稻以及香蕉，地点位于缅甸克钦邦密支那省。注册于缅甸的中缅傣福来澈丽珊朗农业合作有限公司是由缅甸澈丽珊朗有限公司和瑞丽市傣福来生态米有限公司合作而成的，双方签署了《中缅企业农业合作合同》，养殖山羊、肉牛，种植玉米和稻谷，地点位于缅甸的登尼县、孟崖县以及掸邦腊戌市等多个县市。注册于缅甸的牛博士有限公司是属于瑞丽阿牛哥牧业有限公司的，有10万美元的注册资本，于曼德勒省养殖肉牛。

上面所述的云南公司都投资了缅甸农业，引导更多企业参与其中，帮助缅甸农民获得真实的好处，为当地增加就业岗位。

三 云南与缅甸跨境农业合作

（一）云南与缅甸的跨境贸易

云南接壤的国家为柬埔寨、泰国、缅甸、老挝以及越南，边界线长达4060公里，涉及25个边境县、8个州。还有国家一类口岸19个，二类口岸6个，通道超过了90条，故其地理位置的重要性不言而喻。此外，这五个国家和云南长久构建友好关系，云南都有这五个国家的总领事馆。云南和澜沧江—湄公河地区国家之间开展的经贸合作成熟化发展，依赖地理位置，澜沧江—湄公河流域的五国和云南通过澜沧江—湄公河产生密切联系（王彩凤，2021）。

凸显区位优势的经贸合作可以从澜湄流域国家缅甸和云南之间看出来。位于中国西南边境地区的云南，交界于南亚和东南亚，接壤于缅甸，中国大陆和印度支那半岛和印度次大陆距离最短最便捷的省份就是云南省。就直接距离来说，途经缅甸，孟加拉湾和云南之间仅有1000公里的距离，印度次大陆和云南之间相距600公里。逐渐建设的水运、航工、铁路以及公路网络，塑造了三个国际渠道直接沟通了东南亚、南亚和云南。云南地理位置优势明显，直连印度洋，连接着东南亚和南亚，已经具备了89条水路、省级港口10个、二级港口7个以及国家一类口岸13个。

2020年1月17—18日，习近平主席出访缅甸，在此过程中，签订的谅解备忘录及协议达到了33项，涉及农业的合作协议就有5项。1月19—21日，习近平总书记考察了云南，指出了云南和澜湄及周边国家的经贸合作还需要继续扩大，经济进一步开放，达到跨越式发展。所以，云南和缅甸之间要继续针对农业进行合作，意义深远。澜湄农业合作的重要一员包括了中国云南，这些年，关于跨境动植物疫情防控、农业对外投资等方面取得了非常大的成就。

澜湄合作机制为云南建设云南自由贸易区和中缅经济走廊提供了

政策支持,有助于发展双方贸易。2018—2019 年,整体上贸易都不景气,然而湄公河流域国家和云南省之间却呈现出增长趋势。在表 8-4 中统计了 2018—2019 年云南与澜湄五国的进出口贸易情况。根据数据资料,澜湄五国和云南贸易之间,排名第 1 位的是缅甸,其他澜湄国家的贸易额相较于缅甸相差甚远。

表 8-4　　　　2018—2019 年云南与澜湄五国的进出口贸易情况

国家	出口额 2018 年（万美元）	出口额 2019 年（万美元）	同比（%）	进口额 2018 年（万美元）	进口额 2019 年（万美元）	同比（%）
缅甸	301310	334797	11.1	357227	478088	33.8
柬埔寨	4158	3243	-22.0	78	—	—
老挝	28792	40043	39.1	77346	86019	11.2
泰国	65480	89480	36.7	37780	68650	81.7
越南	225445	278524	23.5	189925	168731	-11.2

资料来源:《云南统计年鉴(2020)》。

(二) 云南与缅甸的农产品贸易

云南和缅甸山水相连,双方经贸合作关系十分密切,尤其是农产品贸易。2017 年,滇缅农产品贸易额接近 3.2 亿美元,其中缅甸对云南农产品出口 1.4 亿美元,同比增长 28.8%。据调研资料,每年 4—6 月,一批又一批的圣德龙悝果从德宏州的万定口岸进入云南的大商店、大排档,走进中国老百姓的家。从 11 月到次年 5 月,大量缅甸西瓜上市。一卡车又一卡车的缅甸西瓜清关后进入市场。受新冠疫情影响,2020 年国内市场需求将下降,即便如此,在缅甸西瓜成熟的季节,每天仍有 800 多辆缅甸牌照货车进入昌河公司货场。云南与缅甸之间的肉牛贸易规模也在不断扩大。在中缅合作的大型肉牛繁育基地,每天有一批肉牛从缅甸进入云南以屠宰加工。云南与澜湄国家农业合作模式除贸易投资合作外还包括境外种植开发合作,云南 90% "走出去"企业集中在种植业,剩余的包括其他涉农行业和畜牧业,云南在境外种植的农作物主要是玉米、水稻和薯类等粮食作物和橡胶、甘蔗等经济作物。截至2018年底，云南省6州市在缅北开展境外替代种植的企业约150家，累计种植各类农林作物面积达500万亩。多年来，中缅边境开展了以替代种植为主的农业合作，积累了丰富的经验。截至2018年10月，云南腾冲共有22家户外经贸公司在缅甸北部从事农业合作种植作业。合作伙伴主要是缅甸的大公司，合作面积达60多万亩。主要种植品种有香蕉、西瓜、水稻、玉米、橡胶、茶叶、草果、火龙果等10多个品种。德宏州目前有21家企业持有境外替代种植企业证书，协议合同种植面积200余万亩，实际种植面积估计数为70余万亩。通过多种贸易形式向缅甸出口中国农机、种子、化肥、农药等农业生产资料，极大地刺激了缅甸农民增加经济收入，促进了港口贸易增长，提高了农民生活水平，深受缅甸欢迎。实践表明，澜湄合作状态下境外农业种植开发项目已经取得显著成效，云南对缅甸境外种植范围不断扩大，合作种植品种越来越多元化。

（三）云南与缅甸的农业科技合作

近年来，农业科技合作已成为中国与澜沧江—湄公河国家合作的重点领域。中缅两国在农作物品种交流、育种栽培技术交流、农业科研技术人才培养等方面开展了一系列合作，取得了积极成果。2018年1月，中缅两国代表在内比都签署了澜沧江—湄公河合作专项基金缅甸项目协议。中方向缅方提供约240万美元资金，用于水稻品种培育和优化、咖啡生产和品质改善、农村建设等，开展蔬菜栽培技术转让、果蔬安全优质栽培技术等10个项目。云南一直是开展澜湄农业技术交流合作的先导区，云南省农业科学院、云南省畜牧兽医科学院等科研机构多年执行部省两级农业国际合作项目，在构建澜湄农业科技交流机制、跨境农业经济带、跨境动物疫病防控机制等方面做出了积极探索。2019年8月，澜湄合作农业科技交流协作组在云南昭通成立，该协作组重点围绕澜湄农业合作相关行动计划开展工作，积极扩大成员单位范围，联合澜湄区域更多农业科研和教育机构，在种植、畜牧和渔业等更广泛的领域开展科技交流与合作，配合澜湄农业合作中心构建澜湄国家农业合作支持体系,打造澜湄农业科技交流与联合研究平台,逐步建立跨境植物病虫害、动物疫病联防联控机制和渔业生态养护合作机制,促进澜湄流域经济发展带建设。截至2020年底,云南省农业科学院与缅甸农业研究司在大豆、植物保护、陆稻、马铃薯、甘蔗和农业经济等方面成立了6个工作组,为进一步加快中国和缅甸农业科技合作提供了坚实的合作基础。

中缅双方一致认为农业科学技术交流是促进中缅农业合作发展的重要途径。2017年1月18日,云南农业大学与缅甸耶津农业大学在昆明签订战略协议。两校开展食品科学研究、农业科技教育等多领域合作,并共同建立中缅农业研究院。其合作重点是围绕马铃薯、甘蔗、豆类等主要作物的品种选择、精准施肥、生物技术的科学研究和教育开展项目。

创新实践篇

第九章

跨境农业经济合作发展

第一节 跨境经济合作典型案例及启示

一 国际跨境经济合作区

（一）欧盟上莱茵跨境经济合作区

在欧盟跨境合作中，与瑞士、法国和德国相邻的上莱茵地区的合作最为成功。上莱茵跨境经济合作区的经贸合作，采取了政策以及组织机构支持的方式。第一，上莱茵地区拥有欧盟给予的资金帮助，通过专门基金，强化跨境经济合作。现在上莱茵地区经济发展离不开很多组织机构的扶持，包括三国工程学校、上莱茵地区委员会秘书处以及边境地区服务中心等，这些组织机构进一步促进了边境地区融合，平衡了欧盟内部区域关系，推动了欧盟社会和经济发展。第二，上莱茵地区合作离不开欧盟在跨境经济合作中的管理机制的助力，其奠定了合作的指导架构。组织机构便利于欧盟区域，跨境合作时可以选择各种合作程度。上莱茵地区的组织机构基本上都是欧盟设置的，有正式和非正式之分，其合作范围逐步扩大，不仅局限于经济领域，而且在社会生活、教育等领域也都有所涉及。

（二）中哈霍尔果斯国际边境合作中心

基于上海合作组织框架，国际区域经济合作设置了第一块试验田——中哈霍尔果斯国际边境合作中心。在众多跨境经济贸易合作区中，这是我国和其他国家建立的首个跨境经济合作区，建设于2006年至2012年4月，总面积为5.6平方公里，其中中方区域为3.43平方公里，哈方区域为2.17平方公里。在广大面积中，1.85平方公里归属哈方，3.43平方公里归属中方。合作中心实行"一线放开、二线监管"的管理模式。全面封闭项目用地，中哈双方各有一个出入口，不管是哪里的人员或是物资、车辆，想要进出共同区域都需持有有效证件通过这两个出入口。中国公民凡持有台湾同胞回乡证、港澳通行证，或在出入口办理一个纸质通行证件或持护照都能在此通行。只要进入该区域，人员、物资和车辆均可自由流动。在合作中心，可以开展国际经贸洽谈会、开设宾馆饭店、商谈贸易、提供商业服务设施等，还提供医疗卫生、教育培训等服务。

中哈霍尔果斯国际边境合作中心享受国务院制定的特殊政策。第一，自中方入口进入区域的，每人每天可享受最高8000元的合法免税额度，自哈方进入区域的，最高额度为1500欧元。第二，自中方入口进入区域的，自用设备以及建设物质可予以退税；同样地，自哈方进入区域的，这些产品也会免税。通过制定退税和免税政策，吸引了一些投资兴业的投资家的到来。第三，不管是游客还是经营者，只要进入区域，一次合法期限长达30天，30天内离开该区域经过验证后可再次进入，也就意味着在合作区域内，一年进出12次可常年居住。

二　云南跨境经济合作区发展现状

云南与缅甸、老挝以及越南之间的边境线长达4046公里，各国都有自己的资源优势，相互之间经济互补，有较大的合作空间。关于建设云南跨境经济合作区的构想由来已久，中越河口—老街、中缅瑞丽—木姐、中老磨憨—磨丁这三个跨境经济合作区依次被提出来。其最早是由云南省于2009年12月率先提出建设瑞丽、河口、磨憨三个跨境合作区。2010年和2011年国务院制定指导意见和行动规划，为建设跨境合作区域提供支持，2011年5月国务院正式提出"瑞丽、河口、磨憨三个跨境经济合作区建设"。

第九章　跨境农业经济合作发展

（一）中越河口—老街跨境经济合作区

中国是越南最大的贸易进口国，在中国众多贸易国家中，越南属于亚洲地区的重要一员，两国之间采用跨境经济合作方式实现经济互补，为促进两国经济发展起到了积极作用。"一带一路"倡议提出之后，中越河口—老街跨境经济合作区的作用更加凸显，不仅对边贸发展起到了促进作用、丰富了双边的贸易模式，而且有效引导了中越两国和谐发展、稳定边境地区环境，实现两国的互惠互利。因此，建设中越跨境经济合作区不仅非常必要，更有助于落实具体工作。

2010年，中越双方签署了《关于加快推进中国河口—越南老街市跨境经济合作区研究和建设合作的框架协议》，为跨境直达运输合作、贸易便利化等提供了合同基础。根据协议，由中越红河公路大桥连接在一起的越南老街市2.5平方公里的金城商贸区以及中国河口县2.85平方公里的北山片区，成为这个区域的核心区，2012年合作区建设取得重要成效。

1. 交通基础设施进一步完善

河口（北山）—老街（金城）公路大桥于2012年通车运行，开始发挥跨合区路网工程（一期）的功能，加快基础设施建设的速度，比如说跨合区路网工程（二期）、生活配套设施等；确定跨境公路大桥的位置；逐渐健全坝洒至河口的基础设施，构建起建坝洒码头一期工程，并建设完成坝洒至河口一级公路；开始使用槟榔寨至河口北站一级公路（一期）；规划红河航运综合建设纳入省级沿边开放经济发展规划；稳定开展河口通用机场项目建设，在河口跨合区至南溪搭建一级公路，建设河口至马关高速公路。逐渐强化软硬件设施，提高多方面功能水平（服务、辐射等），提升专业化功能。规范通关程序；通过直线式通关、人车分验、分流出入境等多种措施，减少候检时间。

关于核心区的基础设施建设，中国的速度要快于越南。自从启用了红河公路大桥，两岸成绩显著，口岸联检大楼等基础配套设施也陆续地投入使用。河内至老街高速公路与中越红河公路大桥相连，2014年9月21日通车，自此老街到河内时间大大减少，由原来的8—10时缩短至3—4时，这就使中国更多内陆市场更加快速地引入越南的海产品和农产品，与此同时，昆明到河内仅需要 8—9 小时，也为云南产品出口到国际市场提供了便利条件。2014 年，泛亚铁路东线昆明至河口开始启用，越南段至今尚未开始建设，越南段小米轨火车依然在运行，较慢的运行速度极大地限制了其货运量。2015 年 3 月，越南政府批准的《至 2020 年铁路交通运输发展战略和 2030 年展望》指出，2050 年将建设完成泛亚铁路越南段。

2. 贸易便利化不断推进

通关效率明显提高，通过运用车底查验系统，与海关共享 X 光机、电子监控系统，仅需 3 分钟就可完成货车检查。中国河口和越南老街每年都会轮流举办中越边境经济贸易交易会。2012 年在河口举办的史上最大规模边交会，当年成交总额高达 3.4 亿美元，相较于 2010 年，涨幅达到 142%。中国连续 13 年成为越南第一大贸易伙伴，2017 年，中越双边贸易额超过 1000 亿美元，外贸进出口额达 144.7 亿元，和 2016 年相比，涨幅为 36.1%；外贸货运量达 640.4 万吨，相较于 2016 年，涨幅为 106.8%，与往年相比，涨幅最大。日渐完善的跨合区基础设施，蓬勃发展的招商引资，使中国河口—越南老街跨境经济合作区在中越互利合作中的作用日益凸显。

3. 招商引资成效显著

跨合区平台为河口县的招商引资提供了便利条件，效果突出。2016 年底，惠科集团首先入驻河口县跨境经济合作区，并投资 60 亿元成立了电子信息产业园。截至目前，惠科电子信息产业园（一期）不仅投资了生产电感线材项目，也快速带动建设了惠科年产 2000 万台显示整机制造基地项目。此外，跨合区还吸引了贵州商投、深圳裕创意科技以及深圳华强酷信等诸多企业落户。2017 年 12 月 12 日，在河口跨合区重点产业招商推介会暨项目签约仪式上河口农商互联科技有限责任公司、河口跨合区与香港申艺实业发展有限公司等 5 家企业表示了合作意向，在招商引资的带动下，2017 年，跨合区预计资产投资额 11.55 亿元，省外资金到位 13.65 亿元，其中 13.3 亿元属于工业项目。2018 年 6 月 11 日，在河口跨合区管委会开展的河口跨合区招商引资项目签约仪式上，跨合区新增三个企业河口兴嘉糖制品有限公司、河南省智豚金属制品有限公司以及云南傣灵乐器有限公司，预计为跨合区带来8.2亿元的年产值。

4. 跨境旅游成为新热点

云南省和越南老街开展跨境旅游合作的空间较大，主要是从吸引第三国游客、开发和营销旅游线路以及跨境旅游等方面进行合作。通过高效办证、简化通关手续，提供"绿色无障碍通关""出境游一站式服务"等便利措施，开展河口跨境旅游，促进当地经济发展。河口县地域性、边境性以及民族性的特点比较突出，因此跨境游备受旅游爱好者的青睐。云南省旅游资源十分丰富，逐渐健全的中国河口—越南老街跨境经济合作区，有效衔接起中国和东南亚市场，使国内外游客逐渐增加。据统计，仅2016年，河口口岸出入境车辆20.2万辆次，出入境旅客377万人次，相较于2015年，分别增长了25%和2%，创造当时历史新高。2017年出入境游客首次突破400万人次，为县内贡献了45亿元的旅游收入。除此之外，按照越南央行2018年8月28日出台的文件规定，自2018年10月12日起，可在越中边境地区使用人民币结算，人民币和越南盾互换结算可在越南境内谅山、广宁、河江、莱州、老街、高平和奠边等地与中国接壤的七省内使用。银行转账和现金均可作为支付方式，这对跨合区跨境旅游的发展起到极大的促进作用。

（二）中缅瑞丽—木姐跨境经济合作区

2000年，国务院批准设立"瑞丽姐告边境贸易区"，实施"境内关外"的管理模式，边境贸易区的优惠政策涉及金融管理、投资贸易、出入境管理等多个方面。根据规定，特殊管理模式涵盖了旅游、仓储、加工以及贸易等方面内容。"境内关外"的政策得到了充分发挥，并获得了突出的经济和社会效益。双向投资和服务贸易已经实现，有效提升了中缅贸易额。在缅甸的陆路口岸中，木姐地区规模最大，对缅甸外贸起着重要作用。德宏州瑞丽市与木姐地区相邻，拥有两个国家一级口岸瑞丽和畹町都，瑞丽市同时也是三个国家级重点开发开放试验区之一。中缅贸易中，物流、车辆以及人员以瑞丽、畹町为主，云南对缅甸贸易额的60%都出自口岸进出口贸易，约占中国对缅贸易额的 30%。

孟中印缅经济走廊、"21 世纪海上丝绸之路"和"丝绸之路经济带"得到了大力推广，对于中缅边境来说，构建的中缅瑞丽—木姐跨境经济合作区逐渐形成完善的体制机制、高品质的营商氛围，监管灵活、高度自由开展的贸易活动，对促进中缅边境长久健康发展意义非凡。2012 年，中国最早开放的沿边地区就包括了德宏州，瑞丽也成为国家重点开发开放试验区之一。深入发展的瑞丽国家重点开发开放试验区，不仅提高了交流深度，为中缅进一步合作打下了基石，也充分显示出建设中缅瑞丽—木姐跨境经济合作区已经具备充分的条件。2017 年 5 月，《中国商务部与缅甸商务部关于建设中缅边境经济合作区的谅解备忘录》，从区位上凸显瑞丽口岸的重要性，在中缅贸易中，瑞丽口岸作为边境内陆口岸，有最多的进出口车辆，有最大的货物吞吐量，有最高的中国对缅贸易额，有最多的出入境管理者。

1. 跨境经济合作区建设不断推进，单边经济行为转变为双边跨境合作

中国瑞丽和缅甸木姐在中缅瑞丽—木姐跨境经济合作区各有 300 平方公里的面积，共计 600 平方公里的范围共同构成跨境经济合作区，为中缅跨境贸易服务，向南次亚大陆辐射。合作区拥有金融服务创新、进口资源加工、服务贸易等众多功能。合作区中，贸易自由，高度开放，可开展投资、贸易服务以及货物交易，不征收环节税和关税，两国生产的产品能自由交易；跨区时，则需要根据各国进口货物缴纳相应的税务。瑞丽口岸已经成为资金、信息和物流以及人流集散地，是中缅跨境贸易的交通枢纽。2018 年，与德宏州开展贸易往来的国家和地区有 76 个，进出口总额达到 410 亿元，在云南省对缅甸的贸易额中，约 80%的贸易额源自此，约 30%的中缅贸易额由此贡献。根据口岸四项指标分析，德宏州连续多年在云南省位居第一，且连续多年位居全国前列，在沿边口岸综合流量排名中，德宏州已成为云南乃至全国综合流量最大的地区。2019 年 8 月，经国务院批准中国（云南）自由贸易试验区德宏片区正式设立。作为我国首批沿边自由贸易试验区之一，极大地促进了对外开放发展，也有助于从沿边口岸

对外友好合作中，寻求有效的经验。德宏片区主要发展的产业有跨境金融、跨境产能合作等，成为国际上关键性陆港，也在中缅经济走廊中占有了重要的位置。跨境经济合作区、姐告边境贸易区、瑞丽开发开放试验区相互促进，提供了畅通的物流交流环境、完善的金融服务和便利的贸易投资条件，其间自由流动的要素、高效的监管、高品质的生态环境、明显的辐射功能，形成了高质量的经济合作区。

2. 建立跨境加工贸易区，单一的边贸功能向生产性功能拓展

合作区拥有行政司法管理、关税、投资、交通管理、财务管理、人员管理、统一联检标准等一系列优惠政策，发展以口岸为基础的加工贸易，有效结合内置基地与外部市场。瑞丽发展特色产业集群中，充分发挥区位优势，采用新型的产业组织模式，形成开放型经济，其中涉及在外的劳动力、技术、资源以及市场，还要大力推动内生动力发展。

3. 建立集物流、仓储、旅游、会展及金融于一体的多功能经济区

积极扩大、拓展贸易范围，从原本的单一货物贸易向服务贸易发展。实行"境内外关"政策，设立保税仓库，国外货物进区办理转关手续，国内货物入区退税。中缅都能在合作区内开办银行，自由选择使用国际主要货币和两国货币进行交易支付，人民币结算试点在合作区内得以推广。持经主管机关核定的有效身份证者，能在合作区内自由流动，旅游过程中不会遇到阻碍。

(三) 中老磨憨—磨丁跨境经济合作区

磨丁位于老挝琅南塔省，与中国云南省西双版纳傣族自治州磨憨口岸接壤。1993年。中老两国确定将中国磨憨口岸、老挝磨丁口岸设立为两国的国家级陆路口岸。在老挝与中国开通的国家级陆路口岸中，磨丁是唯一的一个。昆曼国际大通道通过磨丁口岸连接起昆明和曼谷，辐射东南亚各国，磨丁口岸在中国和东南亚连接中具有重要的价值。西双版纳、缅甸和老挝之间相连边境线有1000公里左右，在云南对外开放中，西双版纳处于最前沿，在大湄公河次区域经济合作区和中国—东盟自由贸易区占据着关键性地位，也是昆曼国际大通道中国段的末段和出境的起点。1992年，在评估口岸等级时，国家一类

国际农业合作机制建设

口岸中就包含磨憨口岸，2001年，成立了磨憨边境贸易区，2006年9月，磨憨边境贸易区更名为"云南西双版纳磨憨经济开发区"。在发展老中边境贸易经济和对外开放中，需要中老磨憨—磨丁跨境经济合作区提供便利条件，这不仅有助于寻求中国和老挝合作新机制，也有利于强化中老贸易的关联性，进一步推动中国东盟自由贸易区的发展。

1. 磨憨经济发展水平不断提高，成为云南省第二大贸易口岸

自"一带一路"倡议提出以来，中老两国经济合作广度和深度进一步加深，为两国带来了更多的经济利益。2015年7月16日，国务院批准设立云南勐腊（磨憨）重点开发开放试验区。2015年8月31日，中老两国签署《中国老挝磨憨—磨丁经济合作区建设共同总体方案》，为建设中老跨境经济合作区起到了促进作用。勐腊（磨憨）的地位得到进一步提升，成为开放前沿，在"一带一路"倡议中，也发挥着越来越重要的作用，不仅有效沟通起中老两国，还辐射到了东南亚国家。该经济合作区的建设，是中国和邻国建立的第二个跨国经济合作区，极大地促进了中老经济贸易的发展。

在最初的规划中，云南省西双版纳傣族自治州磨憨经济开发区是中老磨憨—磨丁经济合作区中中方选择的位置，将16.8平方公里的面积纳入其中；老挝则规划了16.4平方公里的面积，地点定于老挝南塔省磨丁经济专区。2016年7月，云南省颁布的《支持勐腊（磨憨）重点开发开放试验区建设若干政策》中明确规定，要强化沿边开放开发水平，在开发开放中也要寻求新的有效办法和模式，试图将试验区建设成为中老战略合作的重要平台连通我国与中南半岛各国的交通节点，成为睦邻安邻富邻的典型案例。2016年11月28日，中老双方签署《中国老挝磨憨—磨丁经济合作区共同发展总体规划（纲要）》，对合作区的双方区域未来发展进行了统筹规划，并提出了保障措施。在探索中老合作发展模式中，衍生出了中老跨境经济合作区，对中老对外开放起到了促进作用，提高了双方的经济发展水平，也使磨憨跃居成为云南省第二大贸易口岸。

2. 中资企业在老挝投资步伐加快，投资领域广泛

近年来，老挝遍地可见中资企业和各类合作项目，涉及领域十分广泛，从开发区、交通电力基础设施、物流、农业种植、商品贸易、矿产开发到水电站建设，两国甚至还在卫星、铁路等方面进行合作。中国在老挝经贸发展中的重要性不言而喻。对于老挝来说，中国始终扮演着第一大外资来源国、第一大捐助国、第二大贸易和商品交换伙伴等重要角色，随着中老磨憨—磨丁跨境经济合作区的建设，老挝磨丁经济区内部物流加工园区、旅游文化区以及商贸金融区已快速建立起来，为促进跨境经济合作区发展起到了根本性作用，也为合作区的顺利发展奠定了坚实的基础。在国家政策的大力支持下，积极探索"两国一区、分开管理、统筹协调、一区多园"的综合工业区发展模式，为集聚发展产业起到带动效果，为构建现代产业体系提供相关政策支持，也为中老两国经济发展起到积极作用。2017年，磨憨完成边贸总量16.21亿吨（147.38亿吨属于进口量），比上年增长13.92%，边贸总额30亿元（24.97亿元源自进口），比上年增长31.68%。

3. 人民币跨境服务取得新成效

为积极响应国家"一带一路"倡议，有效带动人民币国际化发展进程，需要积极建设中老铁路以及中老磨憨边境经济合作区，通过金融服务，满足中老跨境合作区和中国及东南亚地区的需求。为此，老挝银行和中国银行在中老磨憨—磨丁跨境经济合作区内老过磨丁区域都成立了分行。2014年，中国富滇银行和老挝外贸银行共同投资成立了老中银行。老中银行第一家分行磨丁分行就开设在老挝磨丁经济特区国际金融产业园内，老中银行磨丁分行拥有独特的区位优势以及政策优势，其金融服务，可充分利用磨丁经济特区和中老铁路的优势，向老挝北部辐射延伸；合资公司的身份又可借助老挝磨丁经济特区的政策优势，确保所提供的金融产品和服务具备便利性、高效性及安全性等特征，商户可以实现资金互通和境内外结算的目的。为在老挝投资的中国公司和商人提供的服务，全面服务于跨境经济合作区和中老铁路。在经济特区，有且仅有的银行就是磨丁分行，它也是老挝北部仅有的一家能够进行人民币现金服务的银行。在老挝磨丁中资企业可

以申请从磨丁分行获得项目贷款，若是磨丁本土的民营企业，同样可以申请个人贷款。未来，富滇银行西双版纳磨憨支行以及老中银行磨丁分行将会进一步弥补对方服务上的不足，最大限度地发挥区位优势，通过引进外债、内贷、外贷、内保外贷等活动，为跨境经济合作区未来发展项目提供必要的支持，在合作区内对中老两国的境外资产进行优化配置，实现跨界金融互联互通。

三　云南跨境农产品贸易中心

（一）中商·滇西（保山）国际农产品交易中心

1000多年以前，在古西南丝绸之路上，滇西边陲重镇宝山的地位就已十分突出。"高原粮仓""西云南粮仓"的美誉，使其名扬四海，其农产品资源充足、农耕文化先进且商贸活动地繁华。2019年，"中商·滇西（保山）国际农产品交易中心"建成，占地面积420亩，交易面积38万平方米，投资额15亿元。这个交易中心有跨境电商综合服务平台、冷链仓储加工物流中心以及批发市场交易区等多个服务区，同时也建有配套服务区。

位于环城高速云雷路以北，昌保高速入口处的"中商·滇西（保山）国际农产品交易中心"项目地处保山市隆阳区辛街乡，距宝山机场仅4公里，交通便利，四通八达，是连接腾冲边境口岸、临沧边境口岸以及德宏边境口岸等多个口岸的交通枢纽。从功能上而言，项目构建起农副产品展示和批发交易平台，以展示和销售服务聚集人流、汇聚信息流、资金流和商流，同时辅以相应的终端配送系统以及冷链仓储，形成农产品物流。它将成为西南地区的物流枢纽中心，是一个集物流设施群和实现货运、仓储等多种功能于一体的物流活动组织中心和农产品物流平台，配送、运输等是物流系统和辐射的核心基础设施，是一个运营效率更高、服务能力更强、集聚效应更强、面积更大的综合性物流枢纽，辐射作用非常突出。而且，中商·滇西（保山）国际农产品交易中心在销售方面也可以发挥企业品牌优势，拓展立体销售渠道，扩大保山和滇西地区的农工业产业的辐射范围；针对以往的老旧市场，通过改善软硬件，在当地成立农产品交易产业综合体，同时积极发展金融服务业、休闲农业等相关产业。

第九章　跨境农业经济合作发展

基于互联网和物联网互联网信息技术，建设中商·滇西（保山）国际农产品交易中心，核心就是质量安全溯源、农产品信息以及冷链等相关服务内容。农产品购销入储+供应链管理+第三方电子支付+市场管理+物流配送+仓储服务一体化搭建应用平台，实现全国性买卖服务的目的。在这里，不仅可以购买来自全国各地的优质产品，同时全国各地也可以接收本地的优质土特产品，中心将逐渐发展成为滇西地区农产品产业集聚区的全新标志。支撑滇西南辐射整个云南地区，乃至影响全国经济发展、利用东南亚市场进行农产品批发，融合城市品牌和保山农业产业，构建区域新名片。这个交易中心不仅需要融合智慧功能，比如金融电商、商贸展销等活动，还需要适当发展旅游、商贸等产业，以发展农产品电子商务为趋向，基于现代化农产品物流平台，建设成为整个滇西地区规模最大的农副产品批发交易中心。打造的这个智慧国际农产品交易中心，集停车区、金融中心、中药材交易区、水果交易区、茶叶交易区以及蔬菜区等多种业态和配套设置为一体。

（二）云南国际高原特色农产品交易中心

云南国际高原特色农产品交易中心位于昆明五华区桃园片区，有462亩的规划面积，距桃园收费站1.8公里，一期计划的完工时间是2023年5月。高速公路、高铁以及长水机场优势都为五华区的发展提供了支持，以云南高原特色农产品交易中心为平台，可直接交易国内外特色农产品，开展相应的物流活动。项目规划不仅设计了水果交易区、蔬菜交易区、高原特色农产品交易区、综合交易区、生活服务区、冷链仓储区、电子商务交易中心、电子支付中心、农产品检验检测中心，还配备了农产品进出口贸易中心、加工展示中心、网络信息中心、中心物流配送中心。云南国际高原特色农产品交易中心可以提供很多功能服务，如应急储备管理、服务质量与跟踪、物流仓储配送、大宗交易服务等，主营干调料、高原特色农产品、蔬菜水果批发、野生菌、海产品、粮油等农产品。该交易中心一旦完成建设，将会成为一个大型综合市场，可以进行农产品的拍卖、电子商务结算以及仓储式批销。该交易中心建成以后，将成为世界贸易市场标杆，全国的商品都能在此进行买卖，北方可以买到南方的蔬菜，南方也能接收北方的蔬菜，将昆明进一步打造成为大型物流集散交易中心，不仅不局限于国内市场，还要连接东南亚和南亚各国市场。

（三）南亚东南亚经济贸易中心

积极把握和融入国家发展战略，有效落实"一带一路"倡议，大力带动发展长江经济带，快速建设面向南亚东南亚经济贸易中心。2017年3月，云南省政府发布《云南省建设面向南亚东南亚经济贸易中心实施方案》，提出构建辐射南亚东南亚的交易中心，在建经济贸易中心是对面向南亚东南亚辐射中心建设的进一步落实。

云南靠近南亚，和东南亚许多国家相邻。在建设"一带一路"时，云南提出建设南亚东南亚辐射中心的定位，以便和南亚、东南亚形成友好合作，带动建设跨境经济合作区。我国还提出建设孟中印缅经济走廊，与南亚合作东南亚国家之间的交流越来越频繁，昆明还召开了中国—南亚博览会。对于云南来说，已经具备了一定的条件来建设面向南亚、东南亚的经贸中心。建成后，将进一步整合商贸要素资源，明显增强辐射能力，基本形成国际化和多元化经济贸易主体，全面提升经贸服务支持水平，具备更加完善的会展中心和电子商务中心的功能体系。高度融合南亚、南亚商贸要素，形成开放宽松的经贸环境，国际经贸中心具备高度发达的服务业。

四 国内外跨境经济合作区的启示

从制度保障体系、软件支撑体系、硬件装备体系三个方面着手建设跨境经济合作区，各个方面的内涵和意义都不相同。其中，双边产业联系有效促进了产业链的拓展和生产要素的互补，软件支撑系统是跨境经济合作区的运营支撑，便捷的通关流程保障了合作区的运营效率。商贸流通环节中有效的金融服务解除了企业和边境居民的担忧，为合作区的人流、物流提供了基础支撑。制度保障体系通过建立领导体制、政策支持体系、沟通等提出主权移交、管理、监督、争议等解决问题的方式，为跨境经济合作区的运行提供机制保障。

（一）硬件设施体系是基础保障

硬件设施体系包括设施的规划和实体空间的功能布局，是跨境经济合作区的基本保障，推动了以跨境商务为基础跨境物流、进出口加工、金融、旅游等的全产业链协同发展。边境经济的快速发展和双边资源的优化配置，通过以点带面的空间效应达成目的。边境和国家经济中心相距较远，基础设施建设相对滞后。"进出口"是边境口岸的主要作用，通关效率和贸易成本会受到通关顺畅和交通便利程度的影响。跨境交流的首要环节就是顺利通关，打破不同监管部门之间的壁垒，是顺利通关的关键，因此要建立各通关环节的协调机制，事项信息共享、互通有无、联动服务。在建设云南跨境经济合作区时，企业投资建设需求并不能从基础设施中得到满足，因而强化建设基础设施是很有必要的，为跨境经济经济合作区又好又快发展起到积极作用。

（二）地方政府是跨境经济合作区的主体

跨境经济合作区由远离中心的周边城市组成，地处偏远地区，地方政府是跨境经济合作区的主要利益相关者。一旦边境经济发展情况出现问题，地方政府可以及时进行沟通协调。在跨境经济合作区，地方政府占据主要地位，推动了跨境经济的发展。在建设跨境经济合作区过程中，管理经济合作区的人员，主导经济合作区的主体地位，其能决定经济合作成败。所以，政府间科学合理的协调机制是十分必要的，将边境地区联网可为经济发展和合作提供方式。

（三）完备的制度与组织建设是强有力的保障

跨境经济合作区至少跨越两个国家，各国有着不同的经济结构、法律规定、政治制度、货币制度，跨境合作需要解决的困难也越来越多。跨境经济合作区繁荣的重要载体就是通畅的贸易循环机制。在外部流通环境下，合作区需要切实保护边境居民和边贸企业的利益，可以出台边境居民贸易管控措施和相互市场工作方案，营造安全稳定的贸易环境。跨境经济合作区深入发展的重要支撑是多层次的金融服务体系。在跨境合作区内建立最先进的金融体系，既可防范系统性跨境金融风险，又可满足跨境投融资需求，因此需要及时建立金融机构，如结算银行、资金托管银行、商业银行等。

（四）应建立多层次、灵活的沟通协调机制

不同国家之间的政治和法律都会影响跨境经济合作区的发展，摩擦在所难免。所以，为保障合作区长期稳健运行，需要建立多层次、灵活的沟通协调机制。在两国政府角度，高层每年都应该定期会晤，共同商讨两国贸易进展，针对存在的问题寻求解决办法，共同发表意见。两国共同关心的问题集中于合作区园区规划、资源产品出口、边境贸易政策等，通过塑造良好的制度氛围促进合作区发展。在合作区管委会角度，为及时解决合作区中暴露出的问题和贸易纠纷，可以建立双方联合工作组不定期会晤机制。在口岸基层间的交流角度，尤其是对在边境口岸所在的乡镇而言，建立国际友好合作乡镇关系和国内友好村落是双方接壤的乡镇政府需要做好的工作，双方之间应分享和交流文化，通过构建双方乡镇和谐的关系推动合作区发展。各级协调机制，搭建跨境经济合作区沟通平台，从大方向、细节、信息互联、妥善化解合作区矛盾摩擦等方面进行交流，为经贸、合作、交流等领域的密切交流制定完善的制度机制。

（五）应完善政策扶持体系调动各方参与的积极性

初步建设合作区和实现长期繁荣，都需要政策制度引领。充分发挥政府"有形的手"功能，打造合作区平台，创造良好发展条件，最大限度地调动各方积极性，激励企业和边境居民积极参与合作区经贸交流。由于边境地区远离国家经济中心，不具备先进的基础设施，从而使得经济发展水平比较低。这些问题制约着跨境经济合作区的发展，也是首先必须解决的问题。只有大量的资金才能解决这些问题，边境地区的生活比较困难，需要从其他方面提供必要的帮助，才可以弥补建设跨境经济合作区的资金缺口。在帮助边民方面，经济免税可以极大地激发其参与边贸的主动性。在支持加工企业上，允许进出口加工企业投资合作区、建厂，才达到降低企业经营成本的目的。关于税收，免征有关入区企业建设和发展需求的相关物品的进口关税，如模具、设备和机械等；同时原产地优惠政策也是入区加工产品可以享受的待遇。

第二节 双循环格局下云南跨境农业的转型升级

从"十三五"开始,云南省面向以"一带一路"沿线国家为主的发展中国家,制定了以示范和输出先进适用技术和成果为重点的"走出去"战略。主要推广的就是在农业方面组织实施了许多国际科技合作项目,这些领域主要指的是水产养殖、畜禽养殖、生物资源开发、新能源等。根据《云南农业年鉴(2021)》数据,截至2019年底,云南省对外进行农业投资的企业为153家,在境外投资设立的农业企业176家,居全国第1位;从投资区域和国家分布来看,老挝69家、缅甸83家,比2015年增长1.24倍;对外农业累计投资额达14.15亿美元,累计投资额占全国第6位,其中,对老挝和缅甸累计投资分别占44.9%和53.2%,主要投资集中在老挝北部、缅甸北部,主要投资于粮食作物、经济作物、畜产品和化肥等领域的生产。充分发挥"走出去"战略的作用,支持提高当地生产和生活水平与技术水平,需要输出先进实用的技术和产品;促进东南亚国家的民众对中国对外开放政策和"一带一路"建设有了进一步的认识和了解,有效带动南亚和东南亚国家的发展,扩大云南的开放发展。积极促进建设"一带一路",为企业海外发展提供空间,加强与周边地区的友好合作。

一 区域现代农业研发辐射中心推进

(一)生物资源库扩建和畜产品精深加工项目

借助"西南地区极小种群野生植物调查与遗传资源保护"项目,中国科学院昆明植物研究所进一步扩建和升级西南地区野生物种资源库,云南农业大学"云南—老挝特色畜产品精深加工技术国际联合研究中心"也在不断完善高品质畜禽品种,搭建精深加工平台。

(二)面向南亚东南亚农业科技辐射中心

依托"南亚东南亚联合研究中心"的技术支持,云南省农业科学院申报的"面向南亚东南亚农业科技辐射中心"于2018年获得云南省科技厅认定。云南省农业科学院与20多个国际组织以及40多个国家的相关组织形成了长期稳定的合作关系，能够将自身的优势和特点充分运用到与南亚、东南亚国家的农业科技合作中并发挥主导作用。2008年，基于大湄公河次区域合作机制框架，云南省农业科学院将相关部门进行整合，充分发挥其各自的力量，牵头成立"大湄公河次区域农业科技交流合作组"，并依次完成十几个国际合作平台的建设（第一章第三节）。

云南省农科院牵头成立的"大湄公河次区域农业科技交流合作组"是研究地方农业技术的多边合作机制和平台。继2008年"大湄公河次区域农业科技交流合作组"成立之后，云南省农科院先后组建了6个工作组，主要研究内容是陆稻、大豆、甘蔗、马铃薯、植保、农业经济。借助"大湄公河次区域农业科技交流合作组"平台，初步筛选出适合不同国家的35个陆稻品种、59个大豆品种、14个甘蔗品种和16个土豆品种。"大湄公河次区域农业科技交流合作组"已展示了51个具有一定规模的适宜品种（组合）和相应的栽培技术，这些品种中，适宜云南的有9个，适宜越南的有10个，适宜泰国的有9个，适宜缅甸的有11个，适宜老挝的有6个，还有6个品种适宜柬埔寨。

在筛选试验中，云南陆稻品种"陆引46"最高产量达到146.8%，与当地相比平均增产31.1%，提高了云南陆稻的平均产量。与地方相比，陆稻品种平均增长11.1%，"滇86—5"平均增长11.1%，最大产量提高了105.3%。从越南引进的大豆品种"VX93"，相较于云南本土的品种，增长12.7%。与云南主要地方品种相比，云南适宜甘蔗品种平均增长33.3%，"云蔗99—91"达到了49%的增长幅度。"云蔗98—46"的含糖量提高了0.9百分点。云南提供的合适马铃薯品种与当地相比，产量平均提高了10.5%。适宜在云南种植的水稻、大豆、甘蔗、马铃薯新品种，在次区域国家累计种植面积达40万亩左右，出口8000多吨种薯。经初步筛选、试验和示范，"大湄公河次区域农业科技交流合作组"选定的新品种已获批并逐步在广大次区域国家推广。2017年，陆稻新品种"陆引46"获越南国家陆稻新品种审定；陆稻新品系"云陆111"和"云陆126"完成缅甸多点田间试验及农场生产试验，现已进入官方审定环节。近期，大豆新品种"滇仓2号"在缅甸、柬埔寨等国进入国家新品种审（发）证环节，这个品种通过审定的概率非常大。而且，大规模的生产演示都已经在越南、泰国等地进行。经过10多年国际专家的联合研发，从中挑选出优良的新品种、新技术，在整个合作区内，秋大豆平均单产提高到每公顷1672.5公斤，这个亩产对于我国来说，已经超出现有的亩产量。收获玉米和水稻之后，南亚和东南亚就可以进入秋大豆生产阶段，为规范化生产提供了优质品种。截至目前，云南省从缅甸进口的甘蔗品种"Phil74—64"和"PMA96—48"均有着较好的表现趋势，"云蔗89—7"和"云蔗99—91"作为出口到缅甸的品种，经过多个试点后进行了推广，备受缅甸企业和蔗农的青睐。基于多边合作机制，科技合作效率得到大幅提升，同时还取得了明显的成效。

（三）面向南亚东南亚国家观赏园艺研发展示基地基本建成

云南省农业科学院花卉研究所在国家观赏园艺工程技术研究中心和亚洲花卉科创谷等平台建设的基础上，已完成辐射中心的研发展示基地主体工程建设，其中包括九溪基地（玉溪江川，1030亩）、澄江基地（玉溪澄江，110亩）、宝丰基地（晋宁宝丰，250亩）、大春禾基地（晋宁宝丰，450亩）、团结基地（昆明团结乡，200亩）和雨树村基地（昆明盘龙区，150亩）。

二 平台建设和农业科技成果转移转化

（一）积极推进并建成一批科技园区

中国—老挝共建农业科技示范园3000亩，职业技术培训近6000人次，推广示范新品种60个，示范推广面积46670亩，实现销售收入2753万元；中老南塔农业科技示范园，开展生猪、罗非鱼、肉牛等养殖培训680人次，技术人员来华交流45人次。中越优质香蕉栽培示范园，建成产品质量达"A级"的绿色示范基地4090亩，实现平均亩产2.527吨，亩产值达5012.22万元，带动越南农户推广2.1万亩；中国（云南）—越南（老街）特色农产品科技示范园达1050亩，筛选出适宜当地种植的蔬菜和食用菌新品种9个、草莓品种2

个，推广蔬菜新品种1720余亩，培训人员940人次，截至2017年12月，园区共生产蔬菜和食用菌产品4960吨，产值达到1970余万元。以上举措极大地促进了云南与南亚东南亚国家的科技创新合作。

（二）积极推进并建成一批联合实验室

依托云南优势特色产业开展与周边国家联合研究，建成现代农业、新能源和可再生能源、医疗卫生、环境治理和生态修复、动物疫病防治、古生物科考等22家国际联合研究中心，与越南、老挝、缅甸等周边国家联合开展玉米、水稻、马铃薯、花卉、咖啡等特色农作物种植示范和新品种培育，提供了20余个水稻和玉米新品种，作物规范化种植推广数千亩。在科技部支持下，围绕合作方需求，在境外建设了中国（云南）—东南亚虫草生物资源可持续利用国际联合研究中心、中国（云南）—斯里兰卡甘蔗国际联合研究中心、中斯特色植物资源研发实验室、中柬珍贵树种繁育中心等近20个创新合作平台和联合实验室。

（三）举办系列科技人才培训

1. 人才输出

通过7家国家级技术转移示范机构和37家云南省级示范机构，派出国际科技特派员11人（含法人），认定国际科技合作基地17个，在尼泊尔、缅甸、老挝、越南、泰国、印度尼西亚等国输出植物新品种8个，农业加工和建材技术7项，饲料等产品20个，沼气池设备40套，太阳能路灯318套；国际科技特派员136人次赴南亚东南亚国家培训66期，培训2086人次；在老挝建立5亩茶叶新品种良种育苗示范基地并无偿提供茶苗15万株，在缅甸推广蓖麻示范2000亩和水稻示范200亩，在泰国建立花卉示范75亩，在印度尼西亚建立杂交水稻育种站1个、万亩科技示范园1个。

2. 引进培训

2016—2018年，积极向科技部申请并立项支持云南开展面向南亚东南亚国家的技术培训班13项，支持经费510万元，培训近300人次；云南省科技计划立项支持面向南亚东南亚国家的技术培训班16项，支持经费600余万元，培训300多人次。通过培训班的成功举办,加深了南亚东南亚国家学员对我国现代农业、太阳能光伏光热利用等领域先进适用技术和产品的了解。

三 云南开放型农业贸易发展

2019年,云南省外贸进出口达2323.7亿元,比上年同期增长17.9%。其中,与"一带一路"沿线国家实现贸易额达1628.1亿元,同比增长14.9%。东盟贸易额占比超过全省贸易额的1/3,云南进口农产品近八成来自东盟国家,而东盟更是已成为云南出口农产品最大消费目的地。

(一)农产品出口贸易及创汇持续增长

改革开放40多年来,云南已培育并形成产业带的出口农产品是"两烟"、蔬菜(夏秋蔬菜和冬早蔬菜)、优质水果、花卉、茶叶、咖啡、香料、中药材和野生菌等。云菜、云果、云烟、云菌、云花、云茶等高原特色农产品已粗具规模,且"墙内开花墙外香",备受国外市场青睐,出口额呈现逐年增长的态势。云南省农产品出口额由1978年的0.19亿美元增长到2017年的48.04亿美元,而农产品出口额占全省外贸出口额的比重则由1978年的27.54%上涨到2017年的42.03%,云南农产品已跃升为云南第一大出口商品,远销118个国家和地区。尤其是进入21世纪以来,云南省农产品出口额由2001年的2.89亿美元增长至2017年的48.04亿美元,年均增幅19.20%,而同期全国农产品出口的年均增幅为10.16%,比全国年均增幅高出了9.04百分点。云南农产品出口总额占全国的比重呈逐年增长态势,由2001年的1.81%,持续增长到2017年的6.39%。2016年,云南农产品出口额比位居西部第二广西的19.50亿美元高出129.23%,分别是同期新疆、四川、海南、陕西、甘肃、贵州、重庆等省份的5.88倍、7.01倍、8.57倍、8.24倍、12.90倍、9.28倍、8.02倍,云南省农产品出口额连续多年稳居西部第1位。

(二)云南农产品进出口相比失衡,未能充分利用国外资源

以2016年为例,云南的农产品出口额为44.7亿美元,而农产品进口额仅有7.4亿美元,进口额远低于出口额。与邻近的广西相比,云南的农产品进口额也要少得多。仅从2006—2016年农产品进口额

来看，2006年云南的农产品进口额相当于同年广西农产品进口额的8.80%，后来虽然逐年增长，2010年相当于广西的58.05%，但此后又逐年下降，2016年仅相当于广西的19.55%。

四 云南跨境农业产业经济带建设

（一）滇缅油气管道农业产业经济带建设

滇缅油气管道建设已于2010年6月3日正式启动，全长约2380公里。其中，缅甸境内原油管道全长771公里，天然气管道全长793公里。油气管道的建设能否带动缅甸沿线农业农村经济发展，为缅甸政府和民众带来更多实惠，是该项目能否顺利实施的关键。为了争取缅甸政府、沿线农民以及国际社会对这一历史性壮举的支持，将一定比例的项目资金用于沿途农业农村发展及生态环境保护是十分必要的。通过农业基础设施建设，依托云南省优良农作物品种及技术，促进当地农业增效、农民增收、环境保护、农业可持续发展，让缅甸政府和沿线广大民众实实在在地从管道建设中直接受益，把管道建成科技带、经济带和可持续发展带，从而确保我国能源及经济安全。

（二）沿边跨境农业产业经济带建设

云南沿边有8个州市25个县分别与缅甸、老挝和越南三国的32个县接壤，辐射面积近2000万公顷，涉及1000多万人。云南25个边疆县中有17个是国家或省级重点扶持的贫困县，600多万边境居民中有60%是少数民族。因此，建立沿边跨境农业产业经济带不仅能拓宽农业发展空间，还能充分发挥农业及农业科技在管边、控边、用边及发展边疆中的作用，将云南25个边疆县和毗邻的境外32个县建设成为利益共同体，把占中国陆路国境线18%的4060公里国境线建设成为科技、绿色、和平、经济国境线，把云南省建设成为我国沿边开放的试验区、我国西部重要的外向型特色优势产业基地、我国重要的生物资源多样性宝库和西南生态安全屏障以及我国民族团结进步、边疆繁荣稳定的示范区。

（三）重要国际河流流域跨境农业经济带建设

元江—红河、澜沧江—湄公河、怒江—萨尔温江、独龙江—伊洛瓦底江是4条重要的国际河流，流经区域覆盖辐射面广。4条国际河流的境外长度和流域面积分别是云南省境内的2.4倍和4.7倍。其中，仅澜沧江—湄公河的覆盖面积就达256.86万平方公里，辐射总人口约3.2亿人。流域各国农业生产具有相似性，流域的农村发展、农业发展、农民增收和资源保护既是共同目标也是共同面临的挑战。通过建设国际河流流域跨境农业经济带，以云南省优良农作物品种和技术为支撑，促进流域内农业增效、农民增收、环境保护和农业可持续发展，从而消除有关国家、国际社会对我国"一带一路"倡议的担心与疑虑，为"一带一路"倡议实施营造更加良好的国际氛围。

（四）跨境农业科技示范园区及研究中心建设

在云南省境内的河口、磨憨、瑞丽，境外缅甸曼德勒、老挝琅勃拉邦和乌都木赛、越南老街和河江（建设地点为越方建议）分别建设8个跨境农业科技示范园区，集中展示跨境农作物新品种、关键农业技术等，把沿边地缘优势转化为经济优势。2008年，云南省农业科学院分别与周边五国越南、老挝、缅甸、柬埔寨和泰国的国家农业科学院签署了农业科技交流与合作联合宣言（昆明宣言）。目前已实质性推进与缅甸、柬埔寨、老挝的框架建设内容，合作基础得到进一步夯实。因此，建议建设1个多边国际农业科技合作研究中心，发挥云南拥有的寒带、温带、热带气候的地理优势及地处边疆改革开放前沿的区位优势，从国外引入我国没有的作物种质资源，筛选新物种以满足农业生产需要，丰富我国栽培作物基因库，为农业可持续发展提供后备物种和保障生物多样性。共同开展作物中长期新品种选育与品种审定，开展持续农业合作研究。

第三节 云南跨境经济合作建设面临的问题

一 政策支持和制度保障不足

国土资源、检验检疫、金融、海关、外交等都是云南跨境经济合作区建设涉及的内容，而地方政府自主权不足，尚未充分发挥边贸经济优势。因此，跨境经济合作区建设需要政府机构多层次参与并提供必要的政策支持，地方政府不能仅仅依靠自己的力量，需要积极运用国家政策提升推动力，积极寻求优惠政策的支持。例如，建设跨境经济合作区需要大量建设用地，但边境地区的土地用途配置并不充足，建设用地需求在根本上难以让人满足。跨境经济合作区的运营环节存在困难，一般情况下，合作区管理委员会作为直接管理机构，为了解决双边问题，会出现频繁的会晤和协商，这种解决办法有效但并不能高效解决，由单方面负责的情况时有发生，缺乏完善的协调机构以及协商机制，协调双方纠纷的难度较大，制度上的缺陷亟待解决。

跨境农业经济合作"走出去"战略需要国家专项财政补贴支持。如果农业企业在国外设立农场，因为不能在当地销售，只能卖回国内，在原产国需要缴纳出口税，进入国内市场需要缴纳进口税、增值税和销售税等，这不仅不利于农业综合企业经营的改善，更难以激发企业对外投资热情。特别是在支持境外替代造林项目方面，依然面临着境外替代造林和农产品进口配额不足等政策性问题。涉外农业保险范围较窄，缺乏足够多的保险种类，尤其是严重缺乏风险较大的保险险种，面对此类风险，云南涉外农业公司没有力量承担风险。保险只承保进出口环节赔偿，但不赔偿生产、内陆运输、海外销售等环节方面的损失，这就意味着更多的风险要由企业自身承担。

二 开放农业合作协调机制和政策配套不健全

为发展开放型农业贡献力量，农业区位、资源、产业、技术等优势还需要云南充分发挥出来，就农业国际合作机制来说需要创新，积极构建起农业开放合作机制。缺乏统筹规划和统一领导是在目前合作中的突出问题，仍存在机制和平台相对独立，功能定位和任务分工不明确，战略缺乏有效对接和协同互补，信息资源难以有效集中等亟待解决的问题。实际合作的效率和合作效应的发挥，深受协同效应、相互促进的综合合作体系的制约。另外，现有的合作机制和平台尚不能保证正常运行，定期会议的召开是现有机制和平台主要运行方式，召开时间短、间隔长，工作人员普遍存在兼职情况，即专职或全职从事合作人员数量比较少，难以保证合作工作的常态化，导致无法实现稳定和系统化的合作。

一般而言，首先，由于缺乏境外农业投资风险评估机构，农业企业在判断农业投资风险上面临的难度较大，无法准确获取投资国农业产业政策及相关信息，极大限制了云南农业资源向外投资开发的进程。其次，由于缺乏健全的国际农业合作机制，云南开展境外农业投资和资源合作开发利用缺少宽松的国际环境，"两种资源、两种市场"在云南尚未得到有效充分运用。最后，云南农业"走出去"仍缺乏统筹协调、战略谋划和宏观引导。发展开放型农业，缺乏完善的农产品贸易体制、管理体制、合作机制和协调机制，要想达成统一意见难度较大，且构建流畅的合作、协调的格局困难重重，多个部门多头管理，审批程序烦琐复杂，企业需要投入和花费大量的时间和精力。

三 双方政治互信不足与经济发展差距扩大并存

云南与越南、老挝与缅甸之间存在地缘政治的特殊性和经济环境的差异性，在计划建设跨境经济合作区中，需要注重政治互信和双边发展不平衡形成的制约因素。在经济上，中国在经济和社会发展方面远超老挝、越南和缅甸，经济合作的难度受限于双边自然环境和经济发展的不平衡，尤其是磨丁、木姐、河内没有良好的交通基础设施，进行跨境物流并没有达到预期的便利性和时效性。由于存在明显的经济发展落差，要想建设成熟化高的云南跨境经济合作区，难度非常大。

即便云南与越南、老挝和缅甸不断增加双边贸易额，很多问题并不是单纯从贸易结构方面就可以得到解决的。典型的例子有，从磨丁出口到磨憨的矿产品、农产品、植物制品、毛皮制品、木制品、木炭、编织制品等难以使磨憨获得高额的利润。但是，从磨憨出口到磨丁的机械加工和轻工业等产品，却可以从中获得较高的利润。两国出口的不平衡和单一化是造成双边贸易不平衡的主要原因，而两国经济发展不平衡则是其根本原因。但是，在磨丁方面看来，在老中贸易活动中不平衡的贸易结构，严重损害了磨丁的利益，磨丁没有高附加值的出口产品，而机械设备又是磨丁进口的主要产品，使磨丁对磨憨产生了依赖，进而更加导致磨丁在经济贸易活动中，长期处于劣势地位。因此，中老双边贸易活动的深入发展，逐渐扩大了中老贸易的不平衡，更加凸显出老挝的贸易逆差问题，因而，解决中老之间单一化的贸易结构问题，才有助于稳定健康发展中老边境贸易。

四 合作主体活力不足，投资风险较高且市场化动力有待加强

截至目前，政府和科研院所开展了实质性合作，主要进行的是公益性合作，有关市场化经济技术的合作比较少。较少涉及金融机构和民间资本参与，缺乏强有力的政策支持和金融支持，难以落实部分合作意向。此外，云南省在中国属于西部欠发达地区，尚未形成强大的农业企业整体实力，在农业农村部认定的1547家国家级农业产业化重点龙头企业中，云南省很少有重点龙头企业参与其中。很少有企业参与跨境农业科技合作，更多的是中小企业参与其中，这些中小企业没有形成较大的规模。在海外合作过程中，企业面临很多种风险，包括政治、法律和东道国市场规则等，同时在具体实践过程中，缺乏足够的熟练技能劳动力，缺乏统一的经营管理理念，使中小企业在参与合作时，没有足够的热情，企业参与合作的意愿较低。目前的跨境农业科技合作项目主要是技术培训、短期互访、示范园区建设等，工期短、隔离分散、可持续性不强。科技含量高、促进作用大的重大项目少，农业技术合作领域互信基础不足，无法形成长期合作。既没有形成密切合作关系，也难以培养国际人力资源团队，更缺乏国际合作能力，在这种情况下想要实现长久发展的国际合作难度较大。

越南、缅甸和老挝不断增加中国政府和企业进入的程度和数量，中国政府和企业对三国的投资增速最高，在这三个国家的对外贸易中，中国政府和企业将居于主要地位。但边境落后的基础设施，复杂的地理环境和条件，制约了交通、能源、通信设备的建设，依然存在建设成本过高的风险。例如，老挝磨丁是一个四面环山的边境小镇，基础设施发展深受其交通状况的限制；越南、老挝和缅甸存在政策多变、突变，贸易和投资限制等情况，而各国复杂的行政机构设置也影响了效率。在项目审批方面，复杂的审批流程、冗长的审批时间、过多的人为干预因素，使中方投资的中小企业难以对其形成信任感。

顺利开展跨境合作，需要基于安全的边防为基础。自从正常开展双边关系之后，政治、经济、文化、教育、科技等各领域沟通就存在

于中越、中缅、中老之间，这些合作领域不断拓展，提高了彼此的信任程度，逐步增强互信。频繁的人员流动，特别是在边境逐步开放的情况下，会增加安全风险，给边境安全带来很大压力。积极正确地处理问题才有利于两国的社会政治关系，双边经济更会受此关系的影响。所以说，滇越边境跨境经济合作受到治安管理和控制能力的影响。

五 基础设施建设滞后

中老磨憨—磨丁跨境经济合作区、中缅瑞丽—木姐跨境经济合作区和中越河口—老街跨境经济合作区口岸的基础设施建设仍需逐渐改善和有效解决。比如，已经提上日程的建设"泛亚铁路"的构想，中国单方面的建设项目比较顺利，而周边国家却面临着许多难以解决的问题。例如，巨大的建设成本，不同国家的铁路连接涉及政治、安全和种族等方面问题，国家间很难协调。以河口县为例，建设跨境经济合作区需要大量的投资，但河口县经济发展水平低、资金匮乏，使跨合区基础设施项目难以顺利开展，企业准入生产和营商环境备受影响。多家企业已经进驻河口跨合区，受限于基础设施，惠科集团是目前唯一的投产企业。中国建设基础设施的速度快于越南，越南方面，除越方联检大楼及其配套设施的建设速度较快之外，其他基本交通设施都处于缓慢进行中。

六 外向型农业经营人才"短板"突出

首先，制约农企"走出去"最重要的内部因素之一，就是缺乏充足的储备人才和对外投资经验。就当前来说，云南农业企业有"走出去"的想法和实力，尚未解决海外经营人员"短板"、海外经营经验问题，部分农业企业想要"走出去"比较难，根源在于其没有强大的竞争力。其次，跨境农业投资、经营和管理人员短缺，企业缺乏向海外扩张的支撑力，云南并不十分了解投资国的市场行情、风俗习惯、资源状况、政治变化、税收和产业政策，也不具备农业跨境经营管理经验的高素质人才。缺乏高水平的跨境农业技术，也没有深入调研和分析投资国的农村劳动力素质、农产品市场潜力以及农业产业政策等内容，使部分企业在"走出去"项目中所遇困难较多，不利于带动云南农业企业"走出去"项目的进行。

第十章

跨境粮仓的农业产业链建设实践

新发展格局下,党的二十大报告提出,"推进高水平对外开放。依托我国超大规模市场优势,以国内大循环吸引全球资源要素,增强国内国际两个市场两种资源联动效应,提升贸易投资合作质量和水平"(习近平,2022)。中共云南省委十一届三次全会提出"坚持开放发展,大力推进思想观念开放,抓好口岸开放,发挥平台开放作用"。统筹国际国内两个市场、两种资源,稳定农产品进口供应链,以加工、仓储、物流为关键环节推动我国农业产业链在全球的合理延伸布局(刘再起和肖悦,2021)。在全产业链投资新模式下,中国农业对外投资增长迅速,其中90%为民营企业,已成为中国农业海外投资的主力军。但多数民营企业投资规模小,缺乏投资布局意识和风险管理能力是其海外农业投资的主要障碍(魏彦博,2020;郑健雄和方兴起,2020;高运胜等,2021)。因此,本章就生产加工、国际贸易、外贸营销、仓储建设、物流发展等产业链建设环节于2022年期间调研了数十家云南省跨境农业企业,并挑选出以下五个案例。

第一节 跨境农业企业生产加工

一 老挝境外橡胶替代种植

云南农垦集团有限责任公司(以下简称"农垦集团"),成立于1996年,属于国家龙头企业。电商贸易、电商贸易、旅游酒店以及经济和粮食作物（甘蔗、热带水果、天然橡胶等）都有所涉及，据报道，"十四五"时期，农垦集团基于中老铁路开通和落实《区域全面经济伙伴关系协定》（RCEP），参与到"一带一路"建设中来。大力发展跨界农业，以走出去"先锋"为改革发展方向，快速布局特色农业产业区，为农业科技提供助力，促进"走出去"战略的落实，为服务、农资、技术等走出去提供大力支持，推动互动发展中老全产业链，支持发展中老命运共同体和建设中老经济走廊。

农垦集团是云南农业企业"走出去"的先行者，为拓展南亚、东南亚的产业布局和市场开拓做出了重要贡献。2006年，农垦集团开始在老挝实施天然橡胶、粮食等农业项目，积极实施国家"走出去"发展战略。截至目前，农垦集团设立的全资子公司分布于老挝6个省，与老挝高水平橡胶工业研究院共同组建了老挝橡胶产业研究院，拥有天然橡胶种植示范基地达到21个，种植面积13万亩，相关辐射面积达到50万亩，同时还开启了橡胶全产业链模式，从育苗开始一直到出口销售，同时还积极拓展产业布局，囊括了粮食和饲料等方面[1]。近年来，农业生产方面，农垦集团与老挝之间形成了更深层次的合作关系，以替代种植模式、承包农业模式、土地租赁模式、企业合作等为核心的多元化生产方式，形成合作模式。云橡公司于在2008年老挝启动替代植树项目。选拔一批经验丰富、优秀的管理骨干和技术骨干，深入当地农村，陆续帮扶老挝农民开展替代种植，促进了橡胶产业的发展。目前，当国际橡胶市场不景气、一些胶农考虑种植其他作物抑或不割胶时，集团会以高于市场价收购橡胶，确保不减少橡胶种植面积，对于胶农的收入稳定也起到了保障作用。

二 替代橡胶生产经营模式

合同农业是双方通过签订明确规定所购买农产品的数量、质量和最低价格的协议，就权利、义务和约束力进行的谈判，通过形成相对稳定利益而产生法律效力的合同。集团以合同农业的形式与老挝合

---

[1]《中老铁路开通运营"满月"：畅通中国东盟物流通道 激活沿线旅游经济》，央视网2022-01-04，http://news.cctv.com/2022/01/04/ARTII77qbiW0QK9OxKR2RMRs220104.shtml。

作，为农民提供资金、技术、管理、种苗和肥料，承担市场责任，保证原材料质量，当地农民提供土地和劳动力，劳动力投入可以作为劳动力奖励，企业可以从外地招聘工人。当产品收获时，产品要么以商定的购买价格从农民那里购买，要么支付租金。这种模式保证了老挝当地农民的利润，而无须担心农产品的销售，也使企业能够获得稳定的原材料供应。然而，合同农业经常会出现问题，如果农产品的市场销售价格高于合同收购价格，农民可能会单方面取消合同或将农产品高价倒卖。为解决这个问题，农垦集团采取了"公司+政府+农户"的联合生产模式，在双边政府政策的支持下发展成效显著。在该地区拥有充足土地使用权的同时，在当地政府的支持下，帮助企业和农民签订农业协议。在以后的合作过程中，政府还可以监督合同农业的实施。

2021年3月，云垦云橡公司安排6名技术精湛、经验丰富的老挝籍技术员，在老挝南塔省端木村为来自南塔省周边村寨的18名胶农代表进行割胶技术培复训。进一步提高胶农的割胶技术水平，助力老挝橡胶产业健康发展。在培训现场，技术员针对磨胶刀、胶刀的使用方法、割胶的流程、手胶眼身配合、割面规划等方面进行了详细讲解，重点从割胶深度、耗皮量、割面、割线、下收刀等方面进行实操教程，及时纠正了以往割胶操作中的不规范动作，受到了胶农代表的称赞。胶农代表纷纷表示希望公司今后多举办类似的培复训，协助广大胶农解决割胶生产中的一些疑难问题，积极为当地的橡胶产业发展提供更多的支持和帮助，促使企业和胶农互惠互利。云垦云橡公司在老挝发展的近15年，积极履行好社会责任和公益责任。据统计，公司累计培训老挝当地胶农4000余人次，为当地橡胶产业发展提供了大量人才和技术支持[①]。

三 替代种植下的粮食套种

替代橡胶发展规模的扩大需要更多的土地，而实施替代种植项目

---

① 李江涛：《云垦云橡公司为老挝胶农开展割胶技术培复训》，云南农垦集团有限责任公司 2021-04-01，http://www.ynyunken.com/view/ynyunkenMb/2/68/view/3235.html。

也需要更多的农户参与，虽然有当地政府的大力支持，集团在当地有一定面积的土地使用权，但因为种植橡胶需要6—7年才能收成，在这期间，农户收入就会比较困难，因此在等待橡胶成熟期间集团发动并帮助当地村民，在胶林里套种玉米、山谷等其他作物。

老挝橡胶地里的粮食多数返销国内，前期通过跟其他企业合作，已在老挝建设生产基地和加工产，现在从良种繁育做起，在丰沙里省开始建设粮食物流海外仓基地，2021年5月，当地老百姓实现了粮食生产收获。但想要在两年内做到10万亩的规模，针对当前老挝的企业实力不强的现状，下一步需要整合资源实现合作，最终实现粮食产量大幅提升。在加工方面拟在万象建立粮食加工厂，目前处于研发中。在国外，粮食储备一方面保障粮食供应；另一方面是为老挝政府建设国家粮食库，建设粮食储备库。老挝政府非常关注农业产业发展，老挝的思路是怎样卖出老挝农产品，提升老挝农业产业的实力。

四　替代种植境外管理

历经多年努力，农垦集团在老挝的发展中，不管是社会公益项目、民生改善还是区域经济发展等方面都取得了令人满意的成绩，给老挝民众留下了一个负责任的中国国有企业的好印象。云垦云橡公司是云南农垦集团的一部分，坚持"走出去"战略，建立海外投资平台，做大做强天然橡胶优势产业。截至2017年末，云垦云橡公司已实现8亿元以上的投资额，并获得超过9亿元的资产额；在缅甸经营橡胶林20万余亩，橡胶种植面积超过10万亩，在海外拥有5家橡胶加工厂，年产量达5.5万吨；相较于2014年，云垦云橡公司2017年生产经营的橡胶产量增长了36倍，营业利润总额增长了45倍，利润超过了7倍[①]。

近年来，老挝农民积极参与该项目，极大地促进橡胶种植业的发展，也使他们得到了合法、稳定的经济收入。这些年，先后从老挝聘请了6000多名橡胶林经营者和割胶工，在当地培训了3000多名割胶

---

① 张薇：《云胶集团：做优做强做大天然橡胶产业　多措并举打造全球一流胶企》，昆明信息港2018-08-13，https://www.sohu.com/a/246947488_115092。

工,雇用了10万多名短期工人,动员了当地村民种植了2.8万亩玉米,公司产生了8500吨的橡胶林产量,获得920万元的收入,9000亩的谷地种植,达到3320吨产量,取得440万元的收入,当地民众平均每年可获得2万多元的收入;为了改善当地公共基础设施,先后投资817万元,修建道路93.9公里,架设输电线路3.8公里,修建生活用水水库1座、小学2所、桥梁1座。

五 跨境替代种植经验启示

(一)企业、政府、农户三方配合,互利共赢

对于跨境农业合作来说,无论是替代种植还是订单农业,抑或其他的合作模式,要想顺利开展和实施,得到双边政府的支持与配合是比较关键的。中国与老挝由于特殊的地缘政治及源远流长的传统友谊,双边关系比较特殊,双方都非常重视发展与对方的经贸合作往来,特别是在农业方面的合作,中国政府提供了一系列的优惠政策,制定了一系列规定。2006年,中国国务院设立了替代种植专项基金,为企业提供财政支持,创造有利的投资条件。补贴、关税减免和从云南进入中国市场的进口配额确保企业投资获利。为了与中国更好地开展农业合作,老挝也制定了一系列优惠政策,2009年提出"资源变资金策略",以吸引更多国外企业在老挝投资,接着出台了《投资增进法》,2014年老挝六界国会七次会议表决通过了《老挝鼓励外国投资法》,使本国的投资管理更加规范化、标准化,极大地改善了老挝的投资环境。农垦集团在老挝的项目得以实施,一方面是有双边政策的支持;另一方面是企业主动了解当地法律法规,积极支持和配合当地政府相关规定(曾小红和李光辉,2021)。

(二)在发展产业的同时,也为当地建设出一份力

农垦集团在老挝开展项目的同时,为当地农户增加了就业机会,提升了他们的生产技能,一定程度上提高了当地的经济水平。另外,集团在老挝实施了很多公益项目,多次投入大量资金,改善当地公共基础设施,帮助修建道路、桥梁、小学、生活用水蓄水池及架设输电线路等;近年来,集团为老挝项目区域贫困居民捐款、捐物累计60余次,价值超过100万元。正是因为集团有这样的诚心,才得到了当

地政府和当地人民的拥护，为农业合作的顺利增添一份保障。

第二节 跨境农业企业国际贸易

一 跨境电商平台

云南供销电子商务股份有限公司是云南省供销合作社联合社的下属股份制企业，由云南省、州、县各级供销合作社和农民专业合作社参加，共有84个法人股东，2016年3月在昆明高新区注册成立，注册实缴资金5440万元。公司秉承供销合作社服务于"三农"的宗旨，把农民和合作社的农副产品从传统的地头销售、门店销售等线下销售，变为线上电子销售，以适应电子商务的发展，打造农副产品实现电子商务的国家队，为"三农"建立具有国营性质的电商平台。从而把云南的农副产品及高原绿色产品推向全国、推向世界，切实为农民解决国际销售问题。

云南供销电子商务股份有限公司主要销售的产品有蔬菜、水果、鲜花、干果等产品，在电商平台上开设有云菜、云果、云茶、云咖、云菌、云花六大板块窗口，基本上包括了云南的高原农特产品。经过多年的平台打造，销售量逐年增长，在电子商务风起云涌的今天，为"三农"争取了一席之地。2019年实现农产品销售额6630万元，2020年实现销售额7780万元，2021年销售额突破1亿元。其中，化肥、咖啡、白芸豆、食用菌进出口贸易占了销售额的60%以上。云南的鲜花、咖啡、食用菌、白芸豆是最具特色和代表性的出口农产品，供销电商公司的国际贸易也主要是从事以上特色产品的销售。

咖啡是世界三大饮料之一。云南是中国咖啡的主产区和起源地，云南咖啡种植面积达180万亩，每年产量稳定在10万—15万吨，占全国种植面积的99%，四川攀枝花、广西、海南仅仅有1%的种植面积。大理宾川的朱苦拉村是中国第一个种植咖啡的地方，100年前法国传教士田德能在此种下第一株咖啡，至今还保留着34株，还能开花结果。每年的12月到次年的6月是咖啡的采收期，在这期间，咖农进行鲜果采摘、脱皮、清洗、晾晒,咖啡初加工厂进行脱壳、筛选、分级。大贸商品豆主要是指筛选好的一级豆(有的客户叫A级),其分级标准是国际通行的标准,所以通常说的咖啡生豆价格是一级豆的价格。云南咖啡属于阿拉比卡品种,就是大家俗称的云南小粒咖啡,是世界上种植面积达70%的大贸品种。其口感接近哥伦比亚咖啡,在世界上属于中上乘水平,特别是近几年的生豆初加工水平不断提高,在业界已经有了很高的声誉,雀巢、星巴克等国际大型咖啡企业,都在云南设有咖啡生豆收购中心。云南咖啡的种植区主要分布于普洱(含西双版纳)、保山、德宏、临沧四个产区。

二 咖啡国际贸易收益

云南供销电商是集合种植、初加工和销售的一体化公司,依托地方的咖啡种植专业合作社,拥有广泛的种植基础,同时系统内的普洱澜沧江咖啡有限公司,是咖啡初加工的质量保障,具有20年的生产加工历史,是云南最早进行咖啡初加工的老牌企业之一。云南供销电商的咖啡出口就是通过普洱澜沧江咖啡有限公司加工备货,再交由公司出口。公司每年出口咖啡500—2000吨,创汇200万—1000万美元,同时也供给国内的雀巢、星巴克、伊卡姆等一些跨国企业。供销电商公司的咖啡生豆主要出口德国、瑞士、意大利、俄罗斯等欧洲国家,以及日本、韩国等咖啡消费大国。由于欧洲国家主要用于意式烘焙,对质量稳定、价格实惠的供货商,每年都会有稳定的订单,特别是对澜沧江咖啡这样的老牌企业,具有相当的忠诚度。日本、韩国的订单要求较高,经常达到AA级,即通常说的特级咖啡。特级咖啡的价格通常比一级豆价格高出30%。

除了出口咖啡,云南供销电商公司也进口一部分越南、老挝咖啡。越南、老挝咖啡是另一个品种的咖啡,学名为罗布斯塔咖啡,也就是我们通常说的中粒种咖啡(相对小粒咖啡)。罗布斯塔咖啡的种植面积占全球咖啡种植面积的25%左右,主要集中在越南。由于罗布斯塔豆口感较差,无法做单品烘焙给消费者,只能做拼配豆使用,所以价格往往只有阿拉比卡豆的一半,因此也得到烘焙厂的青睐,厂家拼配后可以大幅降低其原料成本。供销电商公司每年都会从越南、老

第十章　跨境粮仓的农业产业链建设实践

挝进口罗布斯塔豆200—500吨，以满足烘焙厂的原料需求。

咖啡豆的出口，其盈利方式主要来自两个方面。一是价格差价，二是出口退税。价格差价不用多说，由于有遵循的报价机制，价格基本透明，因此价格差价很小，收益也很薄。特别是在咖啡农民也知晓期货行情的今天，要取得较大采销价差几乎是不可能的。所以，如若想要取得较大差价，只有存货待涨，用时间换空间。但如果后期价格下跌，风险同样是不可低估的。出口咖啡的最大收益，主要还是靠出口退税。为了扶持咖啡产业，云南省政府鼓励企业大力推进咖啡贸易出口，并特别制定了出口退税政策。随着市场的变化，以及这些年发生的中美贸易摩擦、新冠疫情，退税率越来越高，已经从2010年的3%增加到2018年的6%，现在又提高到了9%，通过政府让利企业，咖啡企业可获得最大也是最稳定的收益。

三　咖啡出口基本流程

云南供销电商虽然是电子商务平台，但在国际贸易中还是以线下的大宗商品贸易流程为主。虽然可以通过跨境电商来做，但就目前情况来看，跨境电商的便利申报限额太小，对大宗商品来说还是不太方便。所以，供销电商公司的咖啡进出口贸易还是要走传统渠道和流程，即询盘报价、价格磋商、合同签订、生产备货、报关报检、物流货运、保险结汇等环节。供销电商公司的订单既有来自老客户的，也有来自阿里巴巴国际站平台的。但电商国际站平台的订单往往是小批量的订单，数量少、物流成本高，如果没有海外仓，很难获得收益。所以，该公司出口还是以大宗贸易流程为主。获得订单合同后，备货是最主要的环节，因为涉及质量、交货期等关键因素。供销电商获得咖啡订单后，就会把备货交给具有资质的澜沧江咖啡加工企业，在澜沧江咖啡公司的加工厂进行脱壳分级、杯测、包装、抽检、留样，送检合格后即可发货。备货过程需要5—10天，随后的物流通关需要5—10天，收汇结汇5—10天，一个流程下来将近30天，还不包含出关后的海运时间。

供销电商公司的咖啡出口国际货运包含海运和陆运，海运主要走上海、深圳、广州、防城港几个港口；陆运主要走中欧班列，从重庆出发到达欧洲。一个集装箱的运费通常是 2000—5000 美元，2020 年新冠疫情暴发以来，海运运费暴涨，目前的海运运费比原来涨了 3—5 倍，严重制约了出口贸易发展。该公司的咖啡进口贸易，主要走河口和磨憨口岸，通过陆地运输和中老铁路到达昆明。

四 咖啡出口风险控制

咖啡出口的风险主要来自收汇风险和质量投诉风险。收汇方面有可能涉及诈骗、客户破产、清关障碍、战争、国家动荡或其他不可抗力等因素；质量投诉方面会涉及质量或数量不认可，从而迟迟不予清关、压级压价、拒绝支付等。多年的老客户一般都有较高的信誉度，对于一些新开发的客户需要特别小心，一旦发生风险，其诉讼费用、时间、精力都会造成很大的损失。供销电商公司作为一家国有性质的公司，将对风险的控制放在第一位。

公司在风险把控上，在收汇方面主要是购买中国信用保险，基本要求每笔订单合同都要购买中信保；在质量方面，加强管控，做到包包抽检，杯测合格，保持大货和样品一致。购买中信保的费用，通常在货值的 1%—3%，国家的信用不同费率也不同，信用等级高的国家费率低，信用等级低的国家费率则高。中信保的作用就是在发生收汇风险时，由中信保先行赔付 80%—90% 的货款，再由中信保追索外方。中国信用保险是国家支持企业外贸出口的一项重要举措，虽然在一定程度上增加了企业的成本费用，但对企业抵御风险确实起到很好的作用。

五 咖啡询盘和报价机制

咖啡的报价机制与其他大宗商品报价有所不同。咖啡的价格行情与美国纽约期货有着很大的联系，现货行情基本随着期货行情走，这是多年来雀巢和星巴克的采购价以期货报价而定价的结果。其他国外采购商也基本采用这一基本原则来报价，因此形成了以纽约咖啡期货为基准的询报价习惯和原则。

供销公司的报价也是按这个原则进行的。通常报价是在纽约咖啡期货的当日期货价上加上 5—20 美分/磅，其中包括物流、报检报关等费用。一般报价为离岸价（FOB）即可，当然韩国、日本的客户经常采用的是到岸价（CIF）到岸价，海运费会增长一部分。国外客户的价格撮合，也是在期货价格的基础上进行的，行情好的时候在期货价上多加几美分，行情不好的时候就多减几美分，最终达成双方的成交价格。值得注意的是，近两年国内的咖啡需求大幅上涨，国内客户的采购价格往往有高于期货价格的趋势，这和前些年在期货价上减20美分的情形不一样，市场发生了微妙变化，这就需要我们有所把握并维持好客户和市场价格的平衡。

近几年还兴起了一种期货贴水定价交易方式，客户双方签订数量及初始价合同后，在期货交易期内，供货方可以自由确定期货价而锁单，到交割日时按收盘价和锁单价找差，即通常说的贴水。这种交易方式的好处是卖家可以自由定价，但仍然存在较大风险。若当月期货结束后，收盘、现货价格下跌则卖方的锁单价可以获利；若收盘、现货价格上涨，则卖方意味着高价买进低价卖出，从而出现亏损。2020年，供销电商公司在与外企伊卡姆公司的200吨供货合同中，就采用了这种交易方式，当时我方在20.5元/公斤锁了单，但到交割日时收盘价到了21.3元，交割价比锁单价高出0.8元/公斤，从而导致其亏损了10多万元。

六 咖啡国际贸易问题

（一）收付款带来的风险

一是客户经常会提出赊销或货到付款，这种情况值得深思，而且客户订货量往往很大，回绝的话有些可惜，也可能会失去一个大客户；而同意的话，则存在较大风险。

二是信用证收款问题。信用证信息一定要和货单完全吻合。经常有因个别词和货单不一致而导致信用证不能解付的情况发生。比如，货单上写着"咖啡豆"，而信用证信息写的是"咖啡"，一字之差就导致无法兑付。

（二）汇率波动带来的风险

由于从合同签订到交货结算将近30天，甚至更长，其间如果人民币升值太快，汇率下跌太大，无形中就会造成汇兑损失，这是需要时刻关注的问题。

（三）运输途中的交割争议

运输过程中可能会出现麻袋破损或受潮的情况，有时可能因为叉车戳破，有时可能因为海浪受潮，从而导致咖啡质量或数量出现争议。原本是货运公司的责任，但卖家很难取证，这种问题只能双方协商解决。

（四）包装和质量问题

包装和质量一定要合格和结实。外方非常关注食品污染，所以包装一定要合格，并且要牢实。如果在搬运过程中发生破损，可能会影响咖啡品质以及数量减少，这也是很头疼的问题。千家豆质量参差不齐，一定要做好内部质量控制。如果收购的壳豆是各家各户收起来的，质量肯定不一样，如果在脱壳筛选中不注意，常常就会出现杯测质量问题。因此，内部质量控制对企业来说尤为重要。

第三节 跨境农业企业外贸营销

市场销售是市场营销的重要组成部分，更加强调企业应当首先对市场进行充分分析和认识，在此基础上，以市场需求为导向，规划从产品设计开始的全部经营活动，以确保企业的产品和服务能够被市场所接受，从而顺利地销售出去，并占领市场。在此，云南花卉作为"绿色食品牌"的主打产业，有着亚洲第一的花卉市场，全球排名仅次于荷兰的阿斯米尔花市。全国售出的每10朵鲜花，就有7朵来自云南昆明。除了称霸国内市场，云南鲜花还会出口到日本、新加坡、澳大利亚等50多个国家和地区，在营销服务领域颇具典型性和代表性。

一 外贸营销发展模式

云南花宏进出口有限责任公司（以下简称"云南花宏公司"）成立于2012年，位于云南省昆明市，是一家以自营、代理进出口货物为主的民营企业，主要从事花卉种苗、种球及和花卉相关的资材和设施、设备的进出口，也是云南省最早从事花卉种球、种苗进出口代

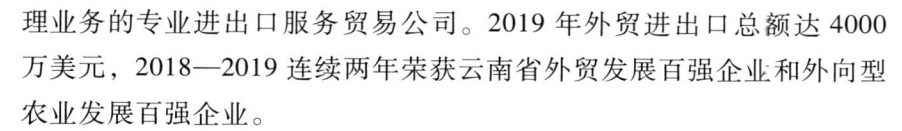

理业务的专业进出口服务贸易公司。2019年外贸进出口总额达4000万美元，2018—2019连续两年荣获云南省外贸发展百强企业和外向型农业发展百强企业。

（一）打造产业链

云南花宏公司建立了集基地生产、加工存储、成品销售于一体的全产业链模式，以企业技术为支撑，发挥核心竞争优势，将鲜切花销往亚洲的"一带一路"沿线国家。云南花宏公司外贸销售还是以传统方式为主的，通过传真、邮件、参观展会等方式开拓客户资源，与外界进行交流与沟通。目前公司运用大数据进行数据化分析，精准了解客户需求，更好地服务于中小型农户，做好企业和农户之间需求的有效衔接。

（二）高科技输入

整个昆明花卉行业的技术受荷兰的影响较大。现在有很多企业学习国外的技术，回到国内班门弄斧，并未取得突出成效。为了打破这个局面，一定要有自己的民族品牌。积极学习欧洲花卉市场完善的技术，结合国内外需求研发自己的品牌，传播自己的技术，利用人工智能服务不同的农场。通过把这套系统输出到越南，打开产品市场进而推广到"一带一路"国家，更好地促进南亚东南亚国家花卉行业的发展。

二　外贸营销问题及风险

（一）花卉交易时间长受损大

由于农产品的独特自然属性，花卉需要及时销售出去，尽快送达消费者手里。然而因为新冠疫情检疫防控力度的加大，大量花卉长时间无法按时采摘，即使采摘了还要通过漫长的海关边检通关检验，导致花卉腐烂无法销售。农户作为个体来进行销售，销售数量较少不具备较好的议价条件，影响农户的收入。边检海关时间过长受损大，进而影响企业的利润。

（二）农民与企业需求有偏差

农户想要在保证花的质量的基础上批量种植，进而卖个好价钱。企业一直追求质量、批量、价格稳定。因此，价格就成了农户和企业最大的关注点。即使企业和农户签订订单，当价低于市时，有的农户也会大量违约，给企业花卉产品供销带来很大问题。当然也有一些公司存在恶意压低价格的情况，时间一长农户不再信任所谓订单协议。农户和企业之间缺少沟通的桥梁，市场信息接收和行情预判的不对等，也会导致农户所种和企业所需出现严重偏差。

（三）企业与科研院所难以有效衔接

科研单位是以学术理论研究为主的，企业可以很好地把理论研究转变为实际产品，把技术和软件输出到国外。但现阶段，两者接触不多，了解不够深入，无法达成一致的目标，科研成果难以有效落实。企业需要一定的平台，科研需要对外交流的机会，如果有学术科研平台和政府牵线搭台，那对于科研成果落实可谓锦上添花。

（四）国际展会农企名额偏少

国际展会有着超强的影响力并自带流量效果，吸引了国内外众多企业的参与，通过它可以在短时间内了解到一个国家的发展水平，促成企业间、企业和国家间签订一系列商务合作协议。当前，农业企业的参与感不强，分配名额较少，国家应该选择给予优质农业企业和新兴农业企业适当的名额参展，提升我国的农业强国的影响力和农业名企的知名度。

（五）外贸支付受汇率影响大

鲜花属于鲜活产品，在运输周转的过程中会产生一定的损耗，货币汇率有时受某些因素影响较大，在对外贸易中就会导致外汇不平，若产品实际耗损过大，外汇管理局会审查企业是否存在洗钱行为，并对公司进行监管等。

（六）外贸融资政策支持力度不够

花卉行业的拍卖市场对融资给予流水贷金额较少，如政府对外贸没有过多融资政策支持和绿色通道的开放，融资手续繁杂耗时、周期长，就会影响企业的战略规划和整体布局，扼制企业规模的扩大，延缓市场的开拓，推迟技术研发和推广的进度。

三 外贸营销发展方向

（一）搭建数字化平台提供优质服务

不同于其他企业只是为了提升自身花卉种植效率，云南花宏公司以企业的种植经验积累和数据收集，建设农业种植数字化平台，致力于转变为帮助更多农户提升花卉种植效率的种植企业。

（二）技术输出服务本地农户

云南花宏公司请国内外的花卉专家结合指导服务不同的农场，然后通过经验汇总和传感器的辅助，能够让本地农户通过手机进行信息搜集和传送，从而达到高效管理的目的，以此致力于打造一个门槛低、易操作、买得起的中国研发农产品。

（三）积极做好承接人的角色

将学校、企业和农户紧密联系，为多方交流合作提供必要支持，切实发挥桥梁和纽带作用。使学校的科研和想法能够真正反馈到企业，进而帮助农户完成终端种植，实现效益提升，企业获取优质产品，科研理论更加系统，助力实现双赢或多赢。

四 外贸营销启示及建议

（一）开通绿色通道，助力产品交易

政府部门要在充分了解农产品销售的实际问题上，为农产品开通绿色通道，简化边检通关手续，省去不必要的烦琐环节，切实遵循农产品检验"应快尽快"的原则。在他国通关时，认真仔细遵从当地法律法规，积极配合海关部门工作并进行必要的协调，保证农产品正常交易。

（二）选择分析市场，服务国家战略

企业在进入他国市场时，要充分了解当地有关外商投资经商法律法规，了解边检通关防疫要求，了解国家间汇率的变动，了解其风土人情和消费喜好，以便公司业务的及时调整。作为进出口企业要积极响应国家"走出去"战略，更好地服务于国家的"一带一路"建设。调研市场要充分了解当地的投资环境和贸易政策，通过数据资料做好风险评估，定量分析法和定性分析法进行风险管理。尤其是对于跨境商品贸易，容易受到汇率、利率、商品价格的影响，及时洞察市场风

险，规避不必要的损失。在本国市场，企业更要积极与农户建立利益共享机制，树立良好的企业形象。

（三）加强校企合作，注重成果落实

各大农业高校、科研院所以学术交流为主，企业则是落到实处。因此，学校要大力支持各大农业高校和科研院所的课题研究，将系统的理论与实际相结合、将与时俱进的想法与研究相结合。同时，企业要多与各大农业高校和科研院所接洽，进行更深层次的交流与合作，更好地为花卉产业服务。多参与科研论坛、了解行业风向标，昆明以其得天独厚的气候和地理优势，在花卉行业具有巨大的发展潜力，通过参与科研论坛，对花卉产业有了更深层次的理解。依据昆明地方优势，结合公司发展愿景，适时调整战略发展方向，助力昆明花卉产业发展与转型。

（四）适配销售战略，高效企业管理

随着互联网的兴起和繁荣，公司的销售模式也与时俱进。电商直播销售是现在新出现的一种全新的销售模式，采用集供产销服于一体的销售体系，以传统邮件传真为主、网上电商为辅，紧紧围绕着客户的需求，进行大数据的分析，从而做到更好的精准匹配和优化。

（五）企业需要梯度人才，量力而行各显其能

跨境农业企业需要的是梯度人才。一是实践型人才，了解生产一线的常规操作；二是经营性人才，需要一定的农业逻辑思维，懂财务、会数据；三是复合型人才，引进掌握理论和实践操作的复合型农业管理人才。对于新农人来说，未来一定是美的，是智慧的。国家在对新农人的培养上要营造社会尊重、企业认可、个人自豪的积极氛围。

（六）加强融资政策倾斜，引导银行适当放贷

政府要适当放宽外贸企业融资限制，给予充分的惠企政策，企业才能更好地"走出去"，开拓新的海外项目，积极服务于国家"走出去"战略，政府要积极引导银行通过信贷等方式对企业融资适当放宽条件，让企业轻松贷、放心贷、诚信贷。

第四节 跨境农业企业的仓储建设

仓储物流是流通企业运营中的核心环节，高效合理的仓储物流系统可以帮助企业加快物资流动的速度，降低成本，保障生产顺利进行，还可以实现对资源的有效配置。随着时代的发展，仓储物流在跨境替代种植农业企业发展过程中的重要作用越发凸显。云南省与老挝、缅甸等国相邻，省内拥有多家跨境替代种植农业企业，在行业内具有较高代表性，通过对跨境替代种植农业企业仓储物流建设的研究可以有效地促进企业的发展以及国家之间的贸易发展。

一 境外基础设施建设

普洱市众和橡胶有限公司（以下简称众和公司）前身为思茅市众和林业有限公司，原公司注册成立于2004年，主要经营林木种植、采伐和销售。2006年，原公司响应中国政府鼓励企业"走出去"发展战略的号召，到老挝琅勃拉邦省投资，开发橡胶、薏仁、玉米及旱稻等种植投资。2007年10月9日，原公司把在老挝的投资项目剥离出来成立了普洱市众和橡胶有限公司，注册资本金4000万元，公司经营范围：橡胶、水果、咖啡、粮食种植、加工、销售；矿产品、百货、五金、交电、化工产品、建筑材料、矿山机械购销及对外贸易经营和境外投资。2011年，公司经云南省商务厅核准在老挝琅勃拉邦省注册成立了项目子公司"琅勃拉邦众和橡胶有限公司"，股权100%属母公司众和公司，项目公司下设2个橡胶农场和1个橡胶加工厂。现有在职职工28人，其中22人长期派驻境外项目公司工作，境外项目公司还直接从国内招聘10个技术员到基地工作。

众和公司实施境外替代项目以来，累计投入近400万元新修道路370多公里，其中公司与项目区农民共用的道路达150多公里、投资80多万元新修桥梁5座、投资30多万元新修涵洞上百个。2012—2013年，公司在项目区实施的示范项目，实际总投资达574万元，资金除获得中国国家财政补助300万元外，其余274万元的资金全部由企业自筹投入，项目建设涉及道路、桥梁、输电、医院（1栋）、学校（1栋）、农工住房、良种苗圃园建设及农工培训。2018年，公司在项目区勐南县实施的公益及学校楼建设示范项目，总投资461万元，财政补助200万元，企业自筹261万元投入。援建的两栋教学楼投资90万元、开挖1700多平方米小学建设场地投资10万多元、建设农工安置房1056平方米投资约106万元。老挝经济相对落后，且众和公司所处地区地形地势不平坦，山路曲折蜿蜒，不利于物流运输。虽然众和公司帮助老挝修缮公路、桥梁等交通设施，但是企业的力量终归屡弱，老挝境内的基础设施建设仍处于落后水平，且交通基础设施的建设涉及环境保护、当地城镇发展规划等方面，需要当地政府的批准支持。

二 境外农产品仓储需求

替代种植企业多数产品为境外生产后返销国内，而返销过程中每家企业都要按照国家下发的指标进行运输销售，指标之外的产品不能享受国家政策支持和补贴，只能由企业自行解决仓储、运输、关税缴纳、销售等。相关指标过少，但企业众多，导致企业大部分产品享受不到政策优惠，同时海关相关手续繁杂，标准不明细，例如众和企业的物流运输需要一辆车一个单子，报关手续麻烦，而一些企业是几十吨一个单子，导致部分企业运输成本较高、时间较长，更需要仓储建设的保障。

公司目前下设2个橡胶农场和1个橡胶加工厂，并建有日处理300吨的粮食加工基地，以及第一个境外农产品物流仓储基地。2020年新冠疫情暴发以来，严重影响国际贸易的正常运转，尤其是跨境贸易的仓储和物流遭受了严重打击。以老挝内陆为例，其陆路运输条件与泰国的海上运输条件相比，耗费的运输成本超过3倍。在海关报关过程中，车辆的吨位计量和集装箱的吨位计量会增加手续的烦琐程度。跨境农业生产缺乏专业物流公司的服务，个体运输成本和风险都较高，2020年该公司的物流费用就高达1700多万元。仓库按照使用范围可分为自用仓库、营业仓库、公用仓库、出口监管仓库以及保税仓库。由于政策等因素，保税库并非每年都能进入，而出口监管仓库

第十章 跨境粮仓的农业产业链建设实践

是经海关批准的，在海关监管下存放已按规定领取了出口货物许可证或批件、已对外买断结汇并向海关办完全部出口海关手续的货物的专用仓库。2020年，进口农产品不能进驻保税库，意味着国外仓储的需求很大，而未来发展"种养加"就需要洞察商机建设跨境农产品物流仓库。但目前大多数企业在基础设施和经济发展较为落后的艰苦区域开展投资，农产品运输成本和时间成本较高，并且生产和加工端的投资消耗了大量资金。如果能在仓储上实现突破，通过引进金融服务企业以及有信任度的仓储企业，则有助于缓解企业的资金压力。

三 境外农产品仓储建设

众和公司洞察商机建设第一个跨境物流仓库。目前，众和公司已在琅勃拉邦购买了130万亩地，建设物流仓库，既可以服务自己，也可以服务老挝南部企业或者替代企业。众和公司通过引进金融服务企业，压仓储单来保障仓储服务，该跨境物流仓库还可以根据季节差用于粮食仓储。众和公司已计划在服务自身的基础上，服务老挝南部等企业实体的仓储需求，并根据季节差服务不同作物的仓储需求。但是，术业有专攻，由于众和属于替代种植企业，因此对于仓储管理方面有所欠缺，企业更希望仓库由专业的仓储企业来管理，同时由于仓储对企业运营较为重要，对仓储企业的可信任度有较高要求，单纯依靠自身运营仓储服务发展全产业链尚无余力。同时，由于老挝的经济水平、科技水平以及政策环境等因素，目前在老挝境内专业的仓储管理企业较为缺乏，较难满足众和公司的需求，形成产业链环节的一处短板，难以发挥企业协同效应，制约了企业的生产规模。因此，公司以实体固定资产建设为主，寻求具有信任度和综合实力的农业企业运营管理，摆脱仓储上的"东拼西凑"以提升产业链建设（见表10-1）。

表10-1　　　　　　　公司跨境农业产业链延伸历程

年份	运行内容	产业链环节	境外环节分布
2004	原公司成立，经营林木种植、采伐和销售	生产	上游
2006	响应"走出去"战略号召，将老挝投资项目脱离成立现公司，经营橡胶和粮食的种植、加工及销售	生产	上游

续表

年份	运行内容	产业链环节	境外环节分布
2008	增资到500万元	投资	金融
2011	增资到4000万元，核准为"境外替代种植企业"，境外成立子公司	投资	金融
2012	项目实施区基础设施建设及人员培训	人力提升	运营管理
2017	独资橡胶开割，建设粮食加工基地，产能300吨/天	生产、加工基地	上游、中游
2018	建成橡胶加工厂，产能1.5万吨/年	加工基地	中游
2019	橡胶加工厂改扩建，产能3.5万吨/年	加工基地	中游
2020	建设跨境农产品仓储基地，橡胶进口货值1.5亿元，粮食进口货值2000万元，拓展国外市场	加工、仓储、物流、贸易	下游延伸

四 众和公司仓储建设经验启示

（一）建设产业园区，发挥企业集群优势，提升企业协同效应

跨境替代种植企业所经营的产品同质性较强，而企业所处地区基础设施建设水平普遍较差，各企业产品大多返销国内，因此，通过产业园建设一方面可以实现企业间的生产交流、仓储共享、物流同运，从而减少企业成本；另一方面可以实现企业间的良性竞争、产品质量标准的统一，实现生产的专业化、规模化，提升企业范围辐射影响力，促进行业发展。企业通过产业园区聚集能够吸引实力水平高的企业进入，从而实现产业链的完善，充分发挥企业协同效应。

（二）引进专业物流企业，接轨现代化物流体系

众和自身不具备物流产业建设，只能依托第三方物流企业，而第三方物流企业的选择直接影响企业运营。通过引进专业物流企业可以有效改善众和物流建设现状，技术变革日新月异，智慧物流乃至智慧供应链成为新的竞争热点。在线上线下融合发展，无人技术、大数据决策体系广泛应用，人工智能嵌入，云计算叠加，连接人、车、货、场的物流互联网正在加速形成的时代背景下接轨现代化物流体系，实现企业物流的高效稳定。

（三）加强国际交流，完善基础设施建设

中国替代种植企业积极承担社会责任，对当地经济发展做出了巨

大贡献。但完善基础设施的不仅是企业的需求，更是当地政府应当承担的责任。目前，当地政府对于相关项目的投入相对较少，需要加强国际对话交流，实现当地政府的财政支持，从而完善基础设施建设，实现双方共赢。

（四）完善相关政策，简化通关手续

跨境替代种植企业的业务横跨两国或多国，政府制定的相关政策对企业具有较大影响。政府应结合实际需求制定、分配相关指标，同时对于替代种植企业返销国内的产品应给予政策支持，如保税库的进入名额、替代种植企业融资、贷款支持政策等，以解决企业发展的痛点。

第五节 跨境农业企业物流发展

一 蔬菜出口贸易

2003年7月18日，通海高原农产品有限公司（以下简称"公司"）在通海县市场监督管理局登记成立，是集蔬菜新品种选育、示范、推广新鲜蔬菜及脱水萝卜生产、加工、销售于一体的农业产业化国家重点龙头企业。2019年，公司实现蔬菜销售收入6.72亿元，出口量约3.2万吨，入选"第六批农业产业化国家重点龙头企业名单"、"农业产业化国家重点龙头企业名单"、农业农村部"农业国际贸易高质量发展基地"和云南省绿色食品"20佳创新企业"等。公司的最大销售市场在泰国，其次是日本、韩国地区，在东南亚则以越南、老挝和柬埔寨为主，而柬埔寨对蔬菜品种要求相对较多。

公司有近20个出口蔬菜品种，根据当地时令种植蔬菜，大数据时代其种植模式也在发生改变，从"以种为卖"改为"以卖为种"，境外商户可以直接咨询蔬菜订单。境外客户通过网络直接了解价格和蔬菜品种，其利润空间受到影响。因新鲜蔬菜仅能存放1天，受新冠疫情影响，物流成本大幅上涨收益明显下降，2021年10月，形势最为严峻，整个云南省货物都运到河口。因此，蔬菜跨境企业物流案例十分具有典型性。

二 蔬菜出口中老铁路物流

公司蔬菜出口目前以第三方物流为主，因其所具有的专业化、规模化等优势在分担企业风险、降低经营成本、提高企业竞争力、加快物流产业的形成和再造等方面所发挥作用较大，由此不仅满足企业的物流需求，也减少企业建设物流系统的成本。中老铁路一般由30个集装箱形成专列，目前常规量是8个集装箱，17—20吨载质量。新冠疫情暴发之前，公司出口销售量最大的时候在10个集装箱左右，新冠疫情暴发之后这两年，出口受阻后才开展国内业务。

中老铁路运货需要提前一天下单，先填写冷冻车厢信息，然后第三天才能发车赴万象。通过中老铁路运输需要报关2次，玉溪海关1次，铁路海关1次，且火车发车当天，口岸转关手续要提交到老挝方。由于目前中老铁路和泰方的铁轨设计标准问题尚未衔接，因此，需要在万象将集装箱换柜（俗称"吊车皮"）到泰方火车上，再由泰方火车运输到泰国国内，正常情况下需要4天时间，因此，铁路运输到达泰国共计7天左右，而且还需要再通过其他方式运输分散到各地。因此，铁路运输时间上优势不明显。同时，由于中老铁路尚不能直达泰国，更换运输的换箱过程中会有损失，且费用在1.2万—1.3万元。在返程运输方面，从老挝返运的产品少，仅有部分水果、粮食，且返销中国需要配额，如橡胶等，而泰商如泰国正大集团也希望通过中老铁路回运水果，但目前还未解决当地仓储物流以及配额的问题。

三 蔬菜出口传统冷库车陆运

目前，陆运的灵活性和成熟性优势更为显著，同时，由于产业带动效应明显，公司所在地区众多代驾司机共同建立了职业代驾群，公司创建订单后司机在群内接单，接单后由司机运到口岸，再由外方司机运走，使物流运输更加便捷。以订单方式发货，陆运接到订单后可当天发车，大约4天时间到达目的地，新冠疫情期间需要1周。

口岸关闭期间，存货主要积压在磨憨和河口口岸，仓储费用800元/天。生鲜菜蔬早到还是晚到市场一个小时，价格是不一样的。全程境内运输费用约2万元，境外运输费用约1万元。冷库车驾驶员空车返回无形中又增加了运费，因老挝经济发展水平低，一般也没什么货物运回。报关公司没有降价空间，货仓完成报关后又由老方驾驶员接收，且费用上涨。

四 蔬菜出口跨境物流选择对比

大多数第三方物流条块分割严重，企业缺乏整合，造成单个第三方物流企业实力不足，无法充分满足客户需求。同时，物流企业和客户之间未能充分共享信息资源，也没有结成相互依赖的伙伴关系。中老铁路这一新的跨境物流模式对于公司来说只是多了一个选择，尚不是最优选择，铁路运输对实际运营的问题影响并没有预期中的大。公司目前在物流选择上还是以陆运为主的，但外方市场一旦打开，需求上涨，随着铁路物流建设的不断完善，中老铁路将会是主要选择。

（一）铁路运输灵活性和时效性略差

第一，铁路运输的灵活性和时效性较差。铁路运输需要预约集装箱，且需要等待集装箱预约量达到2/3才能成行。第二，铁路货运有时间限制，而汽运则能满载即走且随时发货。第三，铁路货运抽检一旦遇到问题，整车都要停运。第四，境内外物流信息不及时。中老铁路虽然保障了货运畅通，但目前各个部门尚未形成统一的运作流程，中国货物通过老挝转运发往东南亚，国内段可通过手机大数据查询，但国外物流没有国内发达，货物一旦出境就无法实时查看物流情况。

（二）铁路运输报关手续相对便利

目前，中老边境海关联络机制进一步强化了通关便利化和协作，铁路口岸通关便利化设施和管理水平较高。铁路运输仅需要报关两次，而且，企业可采取"提前预申报"方式提前办理通关手续，通过电子数据预申报，火车出境时海关即可按要求进行报关单电子数据审核，办理简化且方便高效。

（三）铁路运输物流成本与时效性相比略高

公司新鲜蔬菜以出口到老挝、泰国、柬埔寨、越南为主，目前物流成本很高，一辆冷藏车的载质量相当于火车的一个集装箱，从玉溪公司出发一直到泰国当地市场，加上当地物流，所有费用大约为2万元。虽然铁路运输与陆运相比，每个集装箱的运输成本便宜了几千元，但是在时间上耽误了3—4天时间，两者比较，大多数企业选择了汽运。但是在新冠疫情期间，由于口岸管理限制，中老铁路的集装箱仍是一箱难求的。

（四）铁路运输货运量的市场冲击较大

铁路运输量大，意味着对当地市场的冲击量也大，而且果蔬产品储存时间短，竞价时间有限，如果大量蔬菜货运到达当地市场可能出现供大于求的现象。当出口商品量激增时，公司在境外市场的竞争也会受到影响，最主要体现在销售价格上。虽然公司与对方先报价后发货，但每个国家的菜品不同、要求不同，一旦单买零卖，市场冲击大了，销售商也会受影响。所以，目前仍以商业对商业（B2B）形式为主，计划随时都在调整。

五 蔬菜出口跨境物流建设建议

（一）持续开展铁路建设，打通国际大通道

中老铁路采用国际标准轨，而泰国铁路则采用米轨，两种铁路货物运输的互联互通需要换装作业。如果两种铁路规格能达到一致就可大大减少集装箱吊运时间。若中老铁路还能延伸建设至马来西亚，则更有助于打通国际大通道。虽然公司目前运营较好，但随着物流和市场的发展，公司也在考虑从传统的批发产品提升到精小包装的高端产品，并扩大市场范围，打造中国果蔬国际品牌。

（二）通过铁路物流，打造境外加工仓储基地

蔬菜出口目前采用集装箱运转，不需要仓储。但公司计划将精小包装及仓储环节放到国外，减少国内人工包装、运输损耗等，能够货到直接上超市，降低成本。各国对蔬菜质量要求不一样，柬埔寨蔬菜注重数量，越南、老挝、泰国注重新鲜度，而日本和韩国则要干货。目前，泰国正大超市正在对公司的种植品种、公司管理、加工质量等方面进行评估，为下一步境外加工仓储做合作准备。

（三）物流行业需要强化制度建设

首先，第三方物流市场秩序还不够规范，公平竞争、公平交易意

识淡薄。其次，企业融资制度、产权制度、产权转让制度、市场准入及退出制度、社会保障制度等已经不能适应企业经营的要求，限制了第三方物流快速及时的响应，尤其是跨境业务，对第三方物流企业要求更高。因此，公司需要国际贸易专业、报关报检专业人员提升物流制度建设意识。

第十一章

跨境粮仓的农业合作机制建设

  以对外科技合作为主要形式的科技外交是目前全球外交的重要方式之一，科技外交水平已成为衡量一个国家综合外交水平的重要标志（祝学华和霍国庆，2012）。近20年来，我国科学技术取得了一系列重大进展，为外交体系创新重建奠定了物质基础，随着经济全球化和经济竞争高科技化的日益凸显，农业国际合作与政治、经济、科技、社会、健康、伦理及国防安全等一系列重大问题交织在一起，在我国新常态下，将面临解决人类进步、经济增长、社会稳定与自然和谐发展等综合性新问题的课题。全球经济一体化和贸易自由化，自然要求农业走向开放、合作和竞争。但全球农业资源约束趋紧，增强全球农业资源配置能力和国际影响能力已成为大国、强国竞争的核心（Zeigler，2019）。尤其受到新冠疫情的影响，国际农产品贸易因限制性措施严重受阻，市场供应链和贸易受到波及，食物安全不再是一个区域性问题，而是一个需要共同应对的全球性问题，各国应当共同努力，加强合作和全球治理。因此，更应保持贸易开放，积极应对贸易限制措施，有效开展农业对外援助，深化粮食安全国际合作（李先德等，2020；陈志钢等，2020）。

  在此，国际农业合作更应逆流而上、未雨绸缪，发挥稳固的桥梁作用以实现全球治理，从而保障粮食安全。2021年11月19日，云南省政府出台《加快面向南亚东南亚科技创新中心建设行动方案》，以创新合作机制和模式，开展全方位多层次的国际科技合作。在（1+3+n）的科创中心建设框架中，"区域现代农业研发辐射中心"是三个牵头实施机构之一。那么,"南亚东南亚农业科技辐射中心"(以下简称"中心")作为支撑机构,如何走出一条特色发展之路?因此,本书将以科技外交视角,回顾并重塑"南亚东南亚农业科技辐射中心"的成立和建设之路,以跨境农业合作为主线,结合行动方案分析中心的管理和发展。

第一节 跨境农业产业发展的 SWOT 分析

一 云南跨境农业产业发展的优势

(一)自然资源

云南省是我国光辐射资源最丰富和日照时间较长区域,气候资源分属 7 个气候类型区,除河谷地带和南部低海拔少数地区外,大部分地区夏无酷暑,最热月平均气温在 20—25℃;省内除北部少数高寒山区外,多数地区冬无严寒,最冷月平均气温大多在 8—10℃。独具"低纬高原气候"特色,适宜多种作物的生长,有利于开发地方名特优新稀产品,为农业的优质化、生态化、特色化、产业化发展奠定了坚实的基础。云南省三熟区面积占全省陆地面积的 20.67%;两熟区、三熟区面积占全省陆地面积的 74.93%。而此区域内,坡度小于 25°的土地面积占全省陆地面积的 46.95%。

(二)地理区位

云南连接着南亚、东南亚三大市场与太平洋、印度洋两大洋,是中国大陆的交汇点,是唯一与印度洋沿线国家直通的省份,陆路经东南亚,地理优势非常优越。20 多条出境公路及周边国家丰富的热带农业资源,是云南高原农业发展的重要补充。云南建成支线国际枢纽机场 1 个、支线机场 11 个,中国第四大国家门户枢纽机场就包括了昆明长水国际机场,面向东南亚和南亚,连接欧亚大陆。同时,水路、公路、铁路与南亚、东南亚紧密相连,形成了国际国内立体的水、陆、空交通网络。云南有 21 个国家级口岸,我国"南亚东南亚辐射"的建设以及中国—东盟自贸区的发展,为云南开放前沿提供了重要条件。内外联动、利用"两个市场、两种资源"的协同机制,快速发展云南农业产业化,有效促进了云南发展特色农业。

(三) 特色农业产业

云南基于资源优势、适应区域条件、适应不断变化的市场需求,强化建设优势特色商品基地,建设了一批优势农业基地,已初步形成的特色优势产业体系,有超过1.1亿亩优势经济作物和特色经济林面积,以及领先于其他省份的烟草、花卉、橡胶、茶叶和蔬菜等产业。发展木油籽、能源马铃薯作物、能源甘蔗等特色生物能源产业和特色优势农产品。在这种情况下,不断提升"云系"农产品在国内外的市场占有率,不断扩大产品影响力。特色农产品以其独特的地方特色和特殊的品质口味而闻名全国,其中就包括了云烟、普洱茶、文山三七、昭通天麻等。云南是我国少数民族种类最多的省份,受到生活实践的影响,各个民族有自己特有的文化,土特产品和风味食品都带有浓厚的民族特色,将其和文化、旅游产业相结合,市场非常广阔。

二 跨境农业产业发展的劣势

(一) 工作统筹不够

在合作层面上,落实高层互访是云南省政府层面的主要合作项目,将国家或省(市)层面的合作协议落实。对外经济和外贸的管理职能分散在发展改革、商务和科技等部门,对农业"走出去"工作的总体引导不足。"走出去"的相关项目之间没有足够的有机联系,缺乏整体规划。

(二) 财政支持不强

省级"走出去"项目旨在推动云南各行业的企业"走出去",涉农企业得到扶持相比较少。缺乏专项经费用于政府主导的农业合作项目,尤其是边境城市的农业,缺乏资金的支持,难以开展跨境农业合作。

(三) 金融支持较弱

在银行信贷上,由于资产在海外,对外投资农业很难从国内银行申请到贷款;在境外支付上,云南与老挝、缅甸接壤的边境地区是云南农业对外投资的重要区域,这些区域没有完善的金融机构服务,难

第十一章 跨境粮仓的农业合作机制建设

以实现境外支付；关于海外农业保险，没有完善中国的农业保险，缺乏健全的海外农业保险，难以从保险角度为境外农业开放企业提供必要的支持。

三 跨境农业产业发展的机遇

（一）开放政策的战略机遇

党的二十大报告中明确规定"推进高水平对外开放，稳步扩大规则、规制、管理、标准等制度型开放，加快建设贸易强国，推动共建'一带一路'高质量发展，维护多元稳定的国际经济格局和经贸关系"。为有效促进云南对外开放，云南省人民政府出台的2012年《云南省人民政府关于进一步推进"走出去"战略的若干意见》、2015年《中共云南省委云南省人民政府关于加快建设我国面向南亚东南亚辐射中心的实施意见》、2019年《云南省新时代扩大和深化对外开放若干意见》、2022年《云南省促进内外贸一体化发展若干措施》等都从政策方面助力云南农业"走出去"。

（二）区域经济一体化发展

现在，世界各地区和各国经济深入互联互通。相继成立了区域性国家联盟，比如大湄公河次区域合作机制、中国—东盟自由贸易区、中国—新西兰自由贸易区、中日韩自贸区等。这种国际环境，为云南农业"走出去"奠定了良好的基础。

（三）绿色农产品市场需求

云南是西南地区的生态安全屏障，是我国重要的生态保护区，有52.93%的森林覆盖率，有良好的自然植被维护，健康的生态环境，优渥的生态农业良。该地区独特的生态系统农产品的生产条件极佳，是由于当地低程度污染、清新的空气和清澈的水源，阳光农业和露地农业是云南发展的重要方向。现在，民众提高了食品要求，进而使国内外现代农业产业化都非常关注云南的"绿色"。内外市场认可"云系""滇牌"，在消费者眼中，云南农产品具有安全、绿色等优势。

（四）中老铁路建设的运行

老挝国民经济主要是农业，60%的民众属于农业人口，GDP的16%源自农业。老挝政府敦促积极发展农业，扩大对华农业合作，提高生产水平。老挝区位优势明显，相对稳定的政治环境，使中国企业比较愿意在老挝开展农业合作。"一带一路"倡议的突出标志就是中老铁路，截至2022年12月，中老铁路运输一年来累计发送旅客850万人次，累计运输货物超千万吨，其中，跨境货物超190万吨，国际货运总值突破百亿元，客货运输量质齐升。货物品类从通车初期的化肥、百货等100多种扩展到电子、光伏、冷链水果等1200多种，跨境运输货值超130亿元。随着中老铁路的开通，老挝逐渐形成陆联国，促进中国和湄公河国家物流发展，积极发展跨境投资贸易，确保循环畅通。开通之后的中老铁路，扩大了沿线农业投资贸易的需求。

四 跨境农业产业发展的挑战

（一）国际形势复杂多变

首先，部分次区域国家政局动荡，外商投资农业风险较大。例如，缅甸北部的动荡使产品转售无法维持正常，严重影响到了企业正常发展。其次，负面评价影响到了替代性等境外农业投资项目发展，阻碍了发展中的境外农业投资项目。最后，日本和韩国加大对缅甸、老挝、柬埔寨的投资力度，在农业领域，云南受到了日韩投资的挑战。

（二）农产品贸易保护主义

自新冠疫情暴发以来，各国纷纷出台贸易限制措施，加强保护和支持国内产业，以应对新冠疫情影响，为改善本国经济发展现状，全球范围内逐渐加强贸易保护主义。当新冠疫情暴发后，农业也不能逃脱贸易保护主义的影响，严重制约了云南农产品的外贸活动。

（三）农产品质量安全

中国成为世贸组织一员之后，国际竞争越来越激烈，尤其是农产品的国际竞争。而我国经济发展飞速，民众生活水平提高，也对农产品提出了更多的要求。各国为了有效管理农产品贸易活动，设置了绿色壁垒，甚至不断地丰富贸易壁垒的条件，农产品质量需要面对社会高标准要求。目前来说，我国农业生产环境相对比较简单、生产技术含量相对较低、市场机制尚不健全，多次爆发农产品质量安全问题，这对于中国农产品质量产生了负面影响，不利于安全信誉的塑造，对于农产品出口贸易起到了阻碍效果，从而导致农产品质量问题承受全新的难题。

表 11-1　云南跨境农业产业发展的 SWOT 分析矩阵

内部条件 战略 外部环境	优势（S） 自然资源优势 地理区位优势 特色农业产业优势	劣势（W） 工作统筹不够 财政支持不强 金融支持较弱
机遇（O） 开放政策的战略机遇 区域经济一体化发展 绿色农产品发展	S—O 增长性战略 保护生态农业环境构筑安全屏障 发展跨境农业优势产业集群 促进农业科技创新	W—O 扭转型战略 统筹布局东南亚南亚农业合作 实施农业生产化一体战略 强化科技支撑财政支持
挑战（T） 国际形势复杂多变 农产品贸易保护主义 农产品质量安全	S—T 多元化战略 强化国际合作积极应对国际形势 突出资源优势打造专业化品牌 建立农产品质量安全管理制度	W—T 防御型战略 务实推动国际合作机制建设 建立跨境农业支撑保护体系 落实各类优惠扶持政策

第二节　科技外交下跨境农业合作平台管理

一　科技外交下的粮食战略储备合作

农业作为南亚、东南亚国家的第一大产业，已将粮食安全和农业发展作为优先发展的重大战略（程国强和朱满德，2014；吴孔明，2018）。中国与东南亚和南亚各国传统的"经济外交"是我国外交的重要组成部分，在国际政治和经济形势发生重大变化的今天，选取代表第一生产力、无国界的"科技"为介入点，打造中国与南亚东南亚各国三方多边的"战略关系升级版"具有深远的意义，是促成区域"可持续发展"和"可持续安全"的重要保障。通过农业国际合作，中国农业技术研发时间平均缩短10—15年，研发投入平均节省

30%—50%，合理的跨平台合作与技术支持是不可忽视的基础性建设（肖卫东和詹琳，2018；梁湘梓，2018）。我国粮食生产实现历史的"九连增"，农民收入实现"九连快"，农业农村发展取得了巨大成就。广大发展中国家不仅希望搭上中国发展的快车，也希望借助中国的发展经验和实用技术，与中国开展广泛的农业国际合作。因此，将技术、资金和资源输送到南亚、东南亚国家可以大范围地带动所在国农业发展水平的提高，同时也为我国的粮食战略储备提供了保障。

二 科技合作推动下的技术进步促进产业升级

技术进步是粮食安全和经济发展的重要驱动力，发展中国家通过贸易引进技术和享受国际市场变动溢出效应，难以赶超国际技术领先水平，乡村振兴转化为经济可持续增长的动力需要强调全球视角（陈志钢等，2020）。发展中国家资源条件和技术需求相似，科技合作是发展中国家共同创新的重要选择。中国经验表明制度创新、技术进步、市场改革和农业投入是农业发展的四大驱动力（黄季焜，2018）。技术创新是提高农业劳动生产率和产业高质量发展的关键（Hayami and Godo，2001；Doss，2006；姚洋和柳庆刚，2013；叶兴庆，2016）。农业改良技术和新技术采用不仅可以增加农户收入、降低粮食价格，还能够提供更多的就业机会，改变粮食消费模式，推动农业生产结构变化和产业升级（Wang et al.，2010；Ding et al.，2011；Dusserre et al.，2012；Saito，2014；冯璐等，2017）。技术进步及其带来的国际分工的深化会突破市场范围或规模的限制，经济复杂度与分工专业化经济之间存在循环累积的效应（Sachs and Yang，2000）。中国正处于对外投资起步阶段，需要核心技术的支撑并通过先进技术的溢出实现反向技术外溢促进产业结构升级（高丽峰等，2013；丁振辉和翟立强，2013）。

三 南亚东南亚农业国际合作凸显重点

农业国际合作水平的高低，直接反映了一个国家综合国力和国际竞争力的强弱，直接反映了一个国家参与市场，以及资源和生产要素在全球范围内的优化配置能力。2015年，中国对外投资额占全球流量份额的9.9%，位列全球第二，已成为资本净输出国，同时，中国已是全球最大农产品进口国，占据大额市场，但是农业国际竞争力下降仍然是农业发展的核心矛盾之一。目前，我国已与 140 多个国家以及主要国际农业机构和金融组织保持长期稳定的农业合作关系，农业对外投资已成为中国对外投资的重要组成部分，而且逐年攀升，农业"走出去"已成为我国产业"走出去"、产业合作的重要组成，而要不断提升国际涉农领域的话语权，农业科技"走出去"显得越来越重要。我国农业国际合作初步形成全球性布局，但区域针对性也越来越强，配置于发展中国家的资源显著较多，尤其是南亚和东南亚正成为"一带一路"布局的重点，亟须提高地方政府主动性，加强政府治理能力，拓展沿边开发（初冬梅，2021）。

四 农业科技"走出去"催化共享研究平台建设

农业国际合作是我国对外开放和农业农村经济发展的重要组成部分，而农业"走出去"的核心是资本科技"走出去"，主要途径则是农业技术海外扩散。更高层次的"引进来"，有利于更好地利用国际市场和资源，更好地利用国外先进生产技术、机械装备及高端人才等现代要素，缓解国内紧缺农产品供求紧张关系，减轻国内资源环境压力；更大规模的"走出去"，有利于拓展农业发展空间，提升我国在全球农业价值链分工中的地位，增强我国利用国际资源调控国内农产品价格的能力（蓝海涛等，2016）。几十年来，包括许多不发达国家在内的农业生产力都有了大幅度提升，但是产量趋势和农业粮食系统仍不足以满足预期需求，我们需要更好地利用全球的专业知识和技术应对生产挑战，其中，社会经济学和作物学的交叉研究能深入地理解和模拟作物对全球环境的反应并加速关键技术的采用，而共享研究平台应该是目前最有效且唯一公平的途径（Reynolds et al.，2017），这一平台不仅需要熟悉国际合作规则，更要把握国际科学前沿发展方向、洞察国际合作需求与机会（饶子和，2004；孙玲等，2011；王立霞等，2016）。

第三节 跨境粮仓的国际合作机制建设

一 "南亚东南亚农业科技辐射中心"合作机制

本书在第二章的第五节"跨境农业合作进展"中,介绍过"南亚东南亚农业科技联合研究中心"的合作成果,而其依托平台即"南亚东南亚农业科技辐射中心"(以下简称"中心")主要包含以下合作组织:一是大湄公河次区域农业科技交流合作组。2008年由中国(云南)、泰国、柬埔寨、越南、老挝、缅甸6国农业科研机构组建,下设陆稻、马铃薯、甘蔗、植保、农经、大豆6个工作组。二是中国南亚农业科技交流合作组。2014年由中国(云南)、斯里兰卡、巴基斯坦、尼泊尔、孟加拉国5国农业科研机构组建,下设甘蔗、陆稻、麦类、植保4个工作组。三是云南农业"走出去"产业技术创新战略联盟。联盟以41家云南省涉外农业企业为主,截至目前还是国内唯一一家农业"走出去"技术创新战略联盟。四是云南越北农业科技交流合作机制。由云南省农业科学院、越南国家农科院和越北四省农业农村厅联合成立。五是各类双边培训中心、联合实验室、引智基地等国际合作平台(见图11-1)。

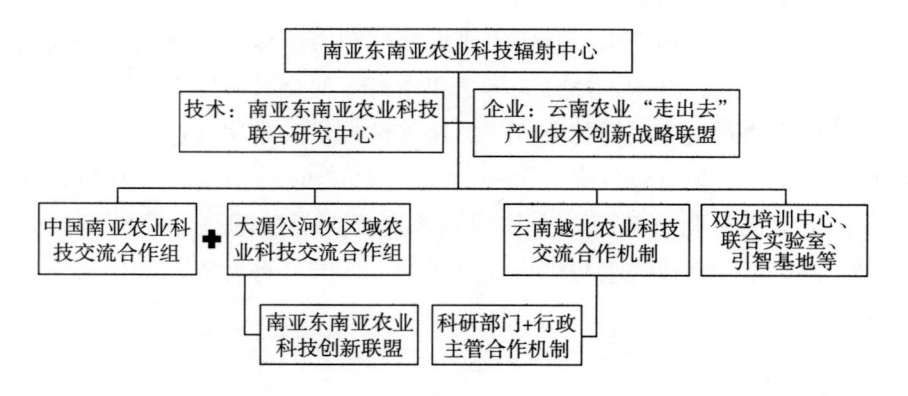

图11-1 "南亚东南亚农业科技辐射中心"合作机制

中心是对南亚东南亚国家和地区农业科技交流、合作、创新感兴趣的涉农农业科研、教育机构及企业等自愿加入并共同发起成立的非政府、非盈利的开放性、国际化的多边合作平台。以"平等、开放、包容、共商、共建、共享、共发展"为宗旨，因此理事会主席由理事成员轮值担任，并设立常务秘书处处理日常事务以及7个工作小组作为具体实施单元（见图11-2）。中心合作内容主要包括：一是合作研究。提炼南亚、东南亚农业、农村发展重大、关键、长远的农业科技问题开展联合研究。二是交流与分享。通过举办研讨会、培训等方式，强化作物种业、植物保护、产后加工等科研成果、专利和其他知识产权的交流分享。三是人才培养。要求中心成员设立开放研究岗位、提供支撑条件，通过科学研究、在岗培训等方式培养南亚、东南亚农业科技杰出人才。四是政策研究。鼓励成员间就与农业有关的科技政策问题开展协同研究，为各国政府农业相关科技政策的发展完善、互通互鉴提供决策建议。

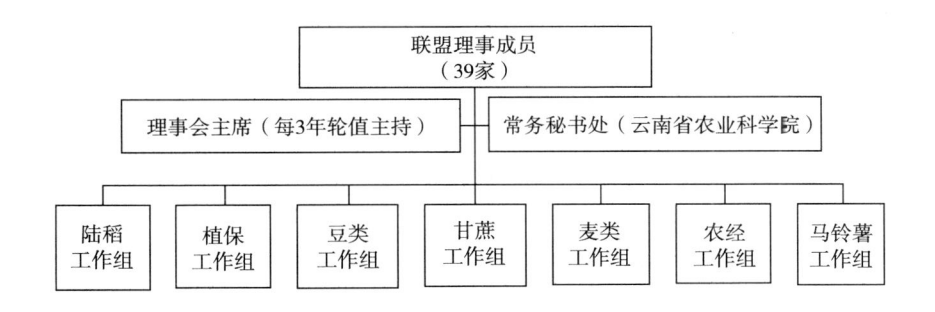

图11-2 "南亚东南亚农业科技创新联盟"组织结构

二 以合作平台发展看国际农业合作的现实问题

"南亚东南亚农业科技辐射中心"作为跨境农业的核心合作平台正处于发展初步阶段，更需要调整和强化组织建设和运行机制。因此，本书以发达国家的国际合作平台为参照，挖掘中心的建设发展和管理问题，并以创新管理的角度审视跨境农业合作中跨境粮仓建设的现实问题。

（一）平台建设需制定稳定与竞争并存的战略

当前，经济全球化、政治多极化、研发国际化已成为主流趋势，科技创新逐步成为世界各国实现经济可持续增长的战略选择，加强国际科技合作是提升国家科技创新能力的重大战略举措。农业相对于其他产业属于弱质型产业，但是在农业科技"走出去"方面的稳定支持也是有所侧重的。在国际合作发展背景下，具备公益性、重大性、关键性的基础建设、项目研究、机构运转等，发达国家的国际农业合作平台通常将其纳入国家发展战略体系，而对于其他方面的内容则以竞争性为主。但是，目前支撑"南亚东南亚农业科技辐射中心"的国际合作平台，主要是非政府、非盈利的开放性、国际化的多边合作公益性平台，从自身发展需要开展以主要学科为主、各研究内容为单元、以点线合作为主开展国际合作交流的工作格局，受到体制、机制、人才的强力制约，缺少"引进来"与"走出去"并重、有针对性地开展创新、主动服务农业"走出去"战略的职责职能，即公益平台缺乏战略制定。同时，由于缺少行业的、系统的研究，中心成员缺少政策、科技支撑，运转经费也是以竞争性项目经费为主，不能适应农业"走出去"战略需要，从而促进中心的产业化发展。不断创新完善云南跨境农业合作机制与平台，寻找完善可行的合作路径，不但有利于我国构建新的对外产业合作链，更能增加我国与东南亚国家间的政治互信、加强经贸往来。

（二）组织架构和部门职能需多元化和具体化

科研机构是科技创新的生力军，包括高校、科研院所及非政府组织科研机构等。科研机构在开展国际科技合作中具有专业性、非营利性等特点。其中，高校在开展国际科技合作中具备师资雄厚、生源丰富等优势，创新性最强，同时还具有合作办学、联合培养等功能。非政府组织在一些国家的科技合作中发挥了显著作用，非政府资助在科研资金资助版图中也占据重要部分。科研机构之间的交流合作，是当今世界科学研究中产出具有巨大影响力成果的重要手段，除了在科研层面上产生影响，还能在科研理念和管理体制上互相借鉴创新（邱瑾，2016）。但是，仅以科研机构为主的组织架构不够合理有效，缺乏企业和政府的合力，尚未调动市场和产业的服务力量和组织结构，未纳入政府职能部门、行业协会、涉农企业、合作社等。各国成员单位亦是以科研单位为主，尚缺乏境外企业、职能部门的加入，目前仍然是以技术为向导、经费为设计。云南越北四省合作机制、"走出去"产业联盟作为试行，但组织构架仍然比较粗略，具体的职能设置不详细、成效不显著或相关性不清晰。在此，美国国际开发署是美国实施对外援助重要的联邦政府独立机构，法国国际农艺发展研究中心由法国高等教育研究部和外交部联合管理，日本国际协力机构是直属日本外务省的政府机构，韩国农业科研、教育和推广事业由农林水产部下属的农村振兴厅统一负责。政府研究机构有较为多元的合作成员和具体的职能设置，单一技术导向型的发展脱离管理和市场的范畴，则不能借助国际体系服务平台发展。

（三）合作机制需强化内外联动明确监管措施

首先，跨境农业建设需要强化创新管理，而在全球新冠疫情影响下，各部门更缺少联动机制，缺少信息沟通，对外缺少与各国和地区农业政策制度有效衔接的现象更为突出。其次，成员单位职能不明确也就缺乏考核监管机制，导致合作人员流动性大，成果数量和质量不能保障且各工作组发展参差不齐。最后，以云南的科研力量为核心支撑，未充分调动国内科研合作资源，桥梁的作用发挥效果不明显。例如，中心在合作过程中以轮值理事主持年度工作，发展初期有助于保障平台平等的前提，也有助于促进合作方之间的初步认知，但在后期发展中亦缺乏核心管理力量的支撑，内外联动机制不明确且监管力量薄弱。在此，发达国家国际农业合作平台不仅通过技术合作或技术援助、人员培训等完善农业生产系统，不断调整和完善职能调动各类资源，还通过国际同行的合作，制定并采取有利于自身"走出去"的制度和措施。因此，调动联盟成员的主动性，需要明确责权实现内外联动。

（四）人才挖掘需调动成员力量拓宽信息渠道

目前，中国农产品进口额70%左右来自美国、巴西、东盟、欧盟和澳大利亚，从"一带一路"沿线国家进口的农产品数量增长较快，但云南贸易顺差较大,说明云南未充分利用国外的农业资源。云南并非所有农业资源都丰富,大米、大豆、水果等资源就不足,同样面临资源环境的压力。因此,应从长远的战略高度未雨绸缪,中心建设也应由"为了技术的市场"转换为"为了市场的技术"。而在市场条件下,人才建设和培养是云南经济发展的重要突破口,南亚东南亚有丰富的人力资源,除年轻的劳动力以外还有青年科技人员,国际杰青是流动的创新力量和生力军,发掘引进国际杰青是引进国内外创新力量的重要组成部分,而通过人才的合作培训建立信息联系,亦可保障数据的可持续性。目前,国际交流受到新冠疫情影响,网络大数据的作用更加突出,发达国家利用高效准确的信息系统,获得全球的农产品价格、供求等信息调整农业生产结构,并以此出台相应的农业进出口管理政策,以及农业生产支持性政策。同时,根据政策指导有目的、有针对性和倾斜性地实施具体的科研项目、国际合作项目等。因此,不仅要着眼于国内和省内的平台资源,更需要依托大数据调动联盟成员的人才力量,以人为本拓宽升级平台资源的渠道。

(五)成果转化需构建风险管理保障合作利益

农业科技成果转化是实现农业科技与经济相结合的重要纽带,我国农业要提高国际竞争力实现农业"走出去",不仅要科技先行,更要发挥成果转化的力量。但跨境农业合作的成果转化落地风险较多,如东南亚国家国情复杂、人文风俗差异较大;对外农业投资合作受到金融流通、资金预算等的限制;合作双方对国家科技合作政策理解不足等,很难开展大规模的科技合作与产业建设,参与度有限。目前,中美贸易摩擦、新冠疫情的全球蔓延等又加剧了全球共同面对粮食安全的不确定性和风险,这不仅需要共同进行科技合作加快技术研发,还需要构建完善的应急机制和风险管理系统等。事实上,云南省不但拥有一批实力较强的科研院校和机构,也拥有一批科技优势明显的企业集团甚至民营企业,具备面向南亚东南亚科技辐射所需的技术、产业和人才,但在对外科技合作中这些优势未能充分发挥作用、潜力未被充分发掘。一方面来自合作风险的不确定性和未知性,另一方面来自合作范围的狭窄,除农业技术、农业贸易以外,也需要法律、医疗、金融、语言等行业的支持，拓宽行业支撑构建风险管理，保障合作利益从而挖掘合作潜力。目前，中心建设在项目资助、论文发表、签署协议等成果方面增幅较大，但品种引进数量尚高于输出数量，说明中心通过资源引进一方面实现品种优化，另一方面建设重心仍处于交流或交换阶段。科技成果缺乏转化的支撑，市场准入度较弱亦会影响品种输出，而要强化成果转化的有效拉力，科技成果的示范建设必不可少，农业企业作为市场建设的纽带更不可忽视，在美国、日本等发达国家的经验案例中，海外农业投资十分重视企业的境外产业链建设，且主要通过行业协会或驻外使馆进行协调。中心目前以示范园区、联合实验室建设为主，虽然有企业联盟的加持，但并未得到有效衔接或跟踪。

三 创新国际农业合作机制服务跨境粮仓建设

在全球经济贸易一体化背景下，技术推广或扩散都是为了更好地服务市场，在提升当地经济发展的同时，满足国内这个最大的进口农产品市场。只有当技术成为真正的核心力量时，辐射中心的位置才不会因为市场的变动而变化，跨境农业合作的机制建设才能实现稳定运转。目前，"南亚东南亚农业科技辐射中心"的构架是以技术为导向的公益性科技研发平台，主要的区别不在于盈利与否，而在于管理和监管能否有效发挥，但跨境农业合作不仅需要技术支撑，更需要考察市场的变化。农业技术缺乏市场检验则不具备成为核心力量的基础，而不能以技术的核心力量为支撑的合作平台，组织构建就会缺少主导力量，职责职能相应不明确或不清晰，想监管或考核就无从下手，运行效果也相应不够理想。因此，跨境农业合作要同时做好"技术"和"市场"的衔接战略以及制度建设的详细再设计。由此，本书提出以下建议。

（一）深化顶层设计制定专项规划布局

建立高效的合作机制是搭建技术、市场和政策多维度的重要平台，跨国公司和国际机构是发达国家对外科技合作的主体，但我国以私人部门为主的境外农业投资主体尚在培育阶段（程国强和朱满德，2014；朱晶等，2018），缺乏国际竞争优势，市场占有率不高，这也是"一带一路"沿线国家农业发展所面临的共同问题。因此，在发展中国家科技合作推进过程中，政府还必须担当推动国际科技合作的主角（单玉丽和苏美祥，2011；王永春和王秀东，2018；吕开宇等，2020）。同时，我国农业走出去缺乏整体规划，境外企业管理与运营体制转轨滞后，尚未有效接轨国际投资和国际竞争规则，导致人才和信息缺乏（宋德军和刘阳，2007；曾庆学，2013）。因此，政府要积极地有针对性地制定专项规划布局，敦促科研机构和高校积极推进各种形式的合作研究，实质参与跨境农业合作中。在"南亚东南亚辐射中心"规划布局和行动指导下，重点研究制定南亚东南亚农业科技创新合作的专项战略设计和规划。针对不同领域、不同国家、不同部门规划并落实农业科技合作的具体任务，稳定并提升跨境农业合作相关组织的机构设置，并建立专项基金规划，保障长效支持机制，确保跨境农业工作运行的稳定。另外，围绕各地区农业科技创新发展需求，建立研发中心、纳入智库建设等，有针对性地配合国家自然科学/社会科学等国家级以及相关省厅各类科研项目的申请，并做好项目实施的前期、中期、后期的信息跟踪与反馈服务，稳定与竞争并存以提升研究能力。

（二）调整组织结构突出重点务实合作

随着我国"走出去"战略的实施和亚洲区域性国际合作的活跃，企业、高校、科研院所自主的科技合作逐渐增多，目前基本呈现政府主导支持，科技机构、高校、企业等多方参与，政府支持的合作、企业为主体的民间合作、区域性国际科技合作等多种形式并存，技术援助、技术贸易（含技术转让、技术服务等）、对外投资、商品贸易、合作研发、人员培训与交流、技术考察相互融合共同推进的合作格局。而云南省与东南亚国家间的跨境农业合作，多以政府合作项目、人员培训、短期互访和考察为主，带有较强的援外性和公益性。因此，根据规划布局落实相关部门的具体职能职责，务实完善协商会商机制。在行动方案的指导下，亟须调整或重新架构现行组织结构，需进一步提升各级政府管理部门监管服务中心行政运作的能力，确立各部门协商会商机制，构建绩效评价指标体系，以内外联动机制的搭建确保跨境农业合作的顺畅。深化教育与科技的结合，吸收区内外一批具有较大影响力的高校、科研机构的研究力量，强化跨境农业合作的支撑力量，重点拓宽有针对性的、务实的农业科技合作，积极探索创新适用且实用的合作方式，继续开展技术输出。

（三）提升服务环境优化合作网络降低风险

跨境农业合作要发挥国家级平台网络，充分利用国内外两种资源，不仅要实现内部联动，更要承上启下，依托国内强大的科研和市场力量，建设成为桥梁、杠杆。所以，要针对合作国需求建设联动机制，以人才、大数据合作等随时掌握市场信息加大力度进入市场体系，以市场为依托强化科研力量，构建国际化的市场、人才、信息等的合作网络。虽然目前国际合作人员交流的能动性受限于新冠疫情的发展，但是人才结构的调整需求更强，在此期间可进一步挖掘、培养国际化人才。南亚东南亚青年科技人员对科研信息、科技合作的需求强烈，青年科技人才的储备量也相对较大，这对建设南亚东南亚农业大数据网络、构建科技人文交流新模式等提出了新要求，例如，云南省自2013年选派国际科技特派员以来，以多种形式在周边国家开展科技创业、新技术新产品推广、试验示范和技术指导培训等工作，取得了一定的成效，得到相关国家科技部门的赞扬，切实做到"授人以鱼不如授人以渔"。另外，传统的项目、基地、人才三位一体的建设模式，需要提升为项目、基地、人才、大数据的合作网络，一方面，进一步促进研发适应合作国农业生产环境的科学技术；另一方面，借助中间平台搭建网络信息平台，选取具备业务实力和经营经验的信息顾问、职业猎头、财经法律、资本管理、对外交流等中介机构对跨境农业合作进行专业化培训和指导，进一步形成全面、完整、一流的跨境农业合作服务系统。

（四）挖掘新载体发展跨境农业产业服务民生

中国对外投资额位列全球第二，已成为资本净输出国。投资区域逐步向"一带一路"沿线国家聚集。但我国与"一带一路"国家农业产业国际分工程度一直维持在8%左右，是我国所有产业参与国际分工成度最低的部门之一（丁阳等，2016）。跨境经济合作是推动区域经济一体化和本国经济发展的重要途径，其中农业产业合作是中国东盟跨境经济合作关联度高且贸易互补的产业（王赞信等，2017）。中国农业对外投资主体中90%为民营企业，已成为中国农业海外投资的主力军，市场机制下的企业间科技合作以市场需求为导向，追求共同实现利益最大化，在合作中双方（或多方）必然会致力于联合技术创新，不断开发新产品、新技术、新市场。同时，新型经营主体的兴起助力我国农业产业发展，中心建设也要挖掘新的经营主体力量。因此，一方面，继续根据合作方需求，有针对性地提升已有跨境农业科技园区的建设，不仅要持续开展新品种、新技术集成示范，更要充分运用合作政策，有区别性地建立跨境农业科技园区的示范带动作用；另一方面，在以农业企业为主要载体，继续支持农业企业深度参与跨境农业合作的前提下，挖掘吸引新型经营主体的加入，运用民间力量实现基层推动，提升科技成果转化率服务民生。实现面向东南亚农业技术成果双向转移和落地，促进云南与东南亚国家的农业科技创新合作，提升云南省在东南亚国家的农业科技影响力。

（五）厚积薄发推进跨境农业合作转型

新冠疫情对传统的面对面国际合作方式提出新的挑战，同时，也为重新梳理各农业科技合作平台、农业产业发展、基础设施建设等协同合作情况，为后新冠疫情时期国际合作的转型提供了调整和完善的时间。借助"南亚东南亚农业科技辐射中心"这一重要合作平台，应推动多点、协同、交叉合作模式。首先，结合各国的具体需求和发展情况，分阶段、分国别、分领域找到新的合作模式。如中心下属"云南越北农业科技交流合作机制"，打破了国别合作的体制限制，创新了"跨境省级区域"的多点合作模式。其次，探索在确立以省级部门为科技合作主轴，带动州市级、县市级部门的纵向农业科技合作的同时，横向促进各级政府与部门以公私联动等方式面向东南亚地区开展农业合作，进而逐步形成"垂直省部、水平跨域、公私合作"相互融合的协同体系，挖掘并储备一批不同层次的科技服务机构，作为连接这一协同体系的平台，推动科技成果的转移和产业化，进而推动云南跨境农业的深层次合作。最后，除跨地域、跨部门合作以外，加快推进农业产业转型发展还需要实现交叉合作。跨境农业合作要因地制宜地发展跨境农业产业保障国内消费需求，就需要在优化农业合作产业结构层次的同时，实现不同层级产业的交叉合作，通过产业的交叉迭代发展，厚积薄发推进跨境农业合作转型。

综上所述，在目前科技外交的大背景下，跨境农业合作依托"南亚东南亚农业科技辐射中心"建设跨境粮仓，要实现上联匡际农业科技资源，中观国际市场需求动向，下达跨境民生建设的纵向发展，以及更新管理机制、创新合作模式、拉动成果转化的横向发展，需要分类统筹现有平台资源，发挥联盟成员的合作力量开展科技、人才、信息等资源配对，实现合作效益的最大化；在"双循环"新格局下，重新梳理现有管理机制，明晰联盟成员的责权利，实现管理效益最大化；重新审视新型经营主体下的市场建设，不仅要关注农业科技问题，更要关注民生问题，积极建言献策以实现服务效益最大化。

参考文献

白长虹：《疫情中反思危机管理》，《南开管理评论》2020年第1期。

蔡立旺：《农户决策影响因素的实证研究——步凤镇农民植棉及品种更新的过程分析》，《江西农业学报》2009年第2期。

陈斌开、林毅夫：《发展战略、城市化与中国城乡收入差距》，《中国社会科学》2013年第4期。

陈传波：《农户风险与脆弱性：一个分析框架及贫困地区的经验》，《农业经济问题》2005年第8期。

陈春生：《论农户行为模式转型与中国粮食安全问题》，《陕西师范大学学报（哲学社会科学版）》2010第1期。

陈国阶：《中国山区发展面临的问题与挑战》，《科技导报》2004年第6期。

陈航英：《中国的农业转型——基于农村四十年发展历程的思考》，《南京农业大学学报》（社会科学版）2020年第3期。

陈丽达：《基于产业链的柬中稻米贸易发展策略研究》，硕士学位论文，上海工程技术大学，2016年。

陈前恒、李军培：《贫困地区农民粮食安全状况与政策选择——基于西北A省、B自治区两个贫困县农户调查问卷的分析》，《中国农村经济》2006年第12期。

陈前恒、吕之望：《中国与东盟农业合作状况与展望》，《东南亚研究》2009年第4期。

陈秋菲、谭晓东：《中国粮食作物生产效率静态评价》，《农业经济》2017年第7期。

参考文献

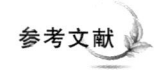

陈卫洪、谢晓英：《气候灾害对粮食安全的影响机制研究》，《农业经济问题》2013年第1期。

陈玉萍等：《基于倾向得分匹配法分析农业技术采用对农户收入的影响——以滇西南农户改良陆稻技术采用为例》，《中国农业科学》2010年第17期。

陈志成、孔志坚：《构建中国（云南）与中南半岛粮食贸易大通道的策略思考》，《全球化》2016年第2期。

陈志钢等：《新冠肺炎疫情对全球食物安全的影响及对策》，《中国农村经济》2020年第5期。

成升魁等：《关于新时代我国粮食安全观的思考》，《自然资源学报》2018年第6期。

程恩富、孙业霞：《以色列基布兹集体所有制经济的发展示范》，《经济纵横》2015年第3期。

程国强：《共建"一带一路"：内涵、意义与智库使命》，《中国发展观察》2015年第4期。

程国强、朱满德：《中国农业实施全球战略的路径选择与政策框架》，《改革》2014年第1期。

程国强等：《知名专家学者谈新冠肺炎疫情对世界粮食安全和中国农业影响》，《世界农业》2020年第5期。

仇焕广等：《中国农业企业"走出去"的现状、问题与对策》，《农业经济问题》2013年第11期。

初冬梅：《边疆治理视域下中国沿边开发开放研究》，《云南社会科学》2021年第5期。

单玉丽、苏美祥：《全球化视阈下的国际科技合作与我国对策》，《亚太经济》2011年第6期。

邓路、刘德学：《国家声誉与基于质量差异的南北贸易模式》，《世界经济研究》2018年第7期。

邓启明等：《"一带一路"背景下深化中国—东盟合作研究：面临问题与实现路径》，《福建论坛》（人文社会科学版）2018年第12期。

丁声俊：《粮食科学消费与保障粮食安全》，《中国粮食经济》

2011年第11期。

丁士军等：《被征地农户生计能力变化研究——基于可持续生计框架的改进》，《农业经济问题》2016年第37期。

丁阳：《"一带一路"战略中的产业合作问题研究》，博士学位论文，对外经济贸易大学，2016年。

丁阳等：《国外技术性贸易壁垒对我国企业出口的影响》，《科技管理研究》2016年第9期。

丁振辉、翟立强：《美国对外直接投资与贸易选择》，《国际贸易问题》2013年第8期。

董藩：《缘西边境国际经济合作带的构建依据与发展规划》，《北京师范大学学报》（社会科学版）2004年第5期。

樊胜根等：《逆全球化和全球粮食安全思考》，《农业经济问题》2019年第3期。

冯成玉：《中国杂交水稻在柬埔寨的生长发育与产量表现》，《中国稻米》2018年第4期。

冯婕等：《中缅跨境流动人口治理研究——基于"产教融合"的视角》，《云南社会科学》2019年第4期。

冯静等：《吉林省粮食大县（市）粮食生产效率分析》，《吉林农业大学学报》2015年第4期。

冯璐：《农业生产结构由生存型向市场型转型的研究》，经济科学出版社2017年版。

冯璐等：《不同种植结构条件下的农户利润风险分析——基于云南南部边境山区农户的调查》，《农业现代化研究》2017年第1期。

冯璐等：《科技外交视角下的跨境农业合作机制建设——再思南亚东南亚农业科技辐射中心的管理与发展》，《云南社会科学》2022年第3期。

冯璐等：《中国与南亚东南亚乡村的现状和未来——首届"'一带一路'乡村振兴国际论坛"会议综述》，《中国农业大学学报》（社会科学版）2019年第4期。

冯小：《去小农化：国家主导发展下的农业转型》，博士学位论文，中国农业大学，2015年。

付会洋、叶敬忠：《论小农存在的价值》，《中国农业大学学报》（社会科学版）2017年第1期。

傅晓霞、吴利学：《技术差距、创新路径与经济赶超——基于后发国家的内生技术进步模型》，《经济研究》2013年第6期。

高程、王震：《高质量发展"一带一路"倡议的差异化分层路径探析——以东南亚地区为例》，《东南亚研究》2021年第2期。

高程、王震：《中国经略周边的机制化路径探析——以中缅经济走廊为例》，《东南亚研究》2020年第1期。

高国庆、李维科：《东南亚水稻生产的潜力和我们的机遇》，《中国稻米》2009年第1期。

高丽峰等：《美国对外直接投资与产业升级的关系研究》，《经济经纬》2013年第6期。

高运胜等：《融入全球价值链扩大了发展中国家的工资差距吗？》，《数量经济技术经济研究》2017年第8期。

郭景福、蓝广荣：《边疆民族地区发展机制创新及特色产业富民路径优化》，《中南民族大学学报》（人文社会科学版）2021年第9期。

郭敏、屈艳芳：《农户投资行为实证研究》，《经济研究》2002年第6期。

郭庆海：《小农户：属性、类型、经营状态及其与现代农业衔接》，《农业经济问题》2018年第6期。

郭晓鸣等：《中国小农的结构性分化：一个分析框架——基于四川省的问卷调查数据》，《中国农村观察》2019年第1期。

韩峥：《脆弱性与农村贫困》，《农业经济问题》2004年第10期。

郝志鹏等：《我国实施农业科技"走出去"的战略分析》，《农业科技管理》2016年第5期。

何立华、王祖山：《中国山区贫困及其可持续发展研究》，《改革与战略》2013年第9期。

何永朋：《中国"一带一路"与印尼"全球海洋支点"战略的对接分析》，《中国周边外交学刊》2016年第2期。

何悦、漆雁斌：《城镇化发展对粮食生产技术效率的影响研究：基于我国 13 个粮食主产区的面板数据》，《中国农业资源与区划》2019 年第 3 期。

贺雪峰：《论中国农村的区域差异——村庄社会结构的视角》，《开放时代》2012 年第 10 期。

黄季焜：《科技体系在改革中前行》，《中国农村科技》2018 年第 10 期。

黄季焜：《农业供给侧结构性改革的关键问题：政府职能和市场作用》，《中国农村经济》2018 年第 2 期。

黄季焜：《四十年中国农业发展改革和未来政策选择》，《农业技术经济》2018 年第 3 期。

黄季焜：《新时期的中国农业发展：机遇、挑战和战略选择》，《中国科学院院刊》2013 年第 3 期。

黄季焜等：《新时期国家粮食安全战略和政策的思考》，《农业经济问题》2012 年第 3 期。

黄璐、张洪烈：《柬埔寨发展稻米产业吸引中国企业投资的环境及对策研究》，《经济研究导刊》2014 年第 9 期。

黄先海、宋学印：《准前沿经济体的技术进步路径及动力转换——从"追赶导向"到"竞争导向"》，《中国社会科学》2017 年第 6 期。

黄宗智：《小农经济理论与"内卷化"及"去内卷化"》，《开放时代》2020 年第 4 期。

贾伟、秦富：《农业企业绩效影响因素实证分析》，《西北农林科技大学学报》（社会科学版）2013 年第 5 期。

姜睿清等：《为什么农民无法从"公司+农户"中受益》，《中国农业大学学报》（社会科学版）2013 年第 3 期。

蒋和平等：《新冠肺炎疫情对我国农业发展的影响与应对举措》，《改革》2020 年第 3 期。

蒋永穆、王瑞：《农业经营主体的结构性分化——一个基于要素配置方式的分析框架》，《求索》2020 年第 1 期。

金荣德等：《韩国农业科技经济一体化管理机制——韩国农村振

兴厅访问后记》,《安徽农学通报》2010 年第 23 期。

孔祥智:《实施乡村振兴战略的进展、问题与趋势》,《中国特色社会主义研究》2019 年第 1 期。

孔祥智:《中国农家经济审视》,中国农业科技出版社 1999 年版。

孔志坚:《云南与湄公河流域国家粮食贸易的 SWOT 分析》,《云南社会科学》2012 年第 5 期。

蓝海涛等:《"十三五"时期我国现代农业发展趋势,思路及任务》,《经济研究参考》2016 年第 27 期。

黎星池等:《农业劳动力价格对种植结构的影响研究——基于空间溢出视角的分析》,《价格理论与实践》2022 年第 1 期。

李碧华:《越南"两廊一圈"的政策规划建设与中越共建"一带一路"》,《东南亚纵横》2016 年第 5 期。

李常林、陈真:《论 WTO 框架下的云南跨境贸易》,《云南社会科学》2003 年第 5 期。

李崇光:《〈农民专业合作经济组织营销渠道力——基于纵向组织关系的西部地区研究〉评析》,《内蒙古财经大学学报》2018 年第 2 期。

李俊利:《我国资源节约型农业技术扩散问题研究》,博士学位论文,华中农业大学,2011 年。

李丽、马振超:《中越边民跨国流动治理的困境与路径探析》,《西南民族大学学报》(人文社科版)2018 年第 3 期。

李明等:《中国出口 RCEP 成员国农产品贸易效率及潜力——基于随机前沿引力模型的分析》,《世界农业》2021 年第 8 期。

李实、朱梦冰:《中国经济转型 40 年中居民收入差距的变动》,《管理世界》2018 年第 12 期。

李先德等:《新冠肺炎疫情对全球农产品市场与贸易的影响及对策建议》,《农业经济问题》2020 年第 8 期。

李宪、宝高强:《行为逻辑、分化结果与发展前景——对 1978 年以来我国农户分化行为的考察》,《农业经济问题》2013 年第 2 期。

李祥:《如何加强落后山区农业科技创新与推广》,《北京农业》2014 年第 9 期。

李向阳:《"一带一路"的高质量发展与机制化建设》,《世界经济与政治》2020年第5期。

李小云等:《农户脆弱性分析方法及其本土化应用》,《中国农村经济》2007年第4期。

李忻蔚等:《RCEP机遇下云南"绿色食品牌"建设策略》,《合作经济与科技》2022年第5期。

李星晨、刘宏曼:《中国对"一带一路"国家农产品出口增长的二元边际分析》,《华南农业大学学报》(社会科学版)2020年第2期。

李杏园:《风险条件下浙江农户生产决策行为分析——基于MO-TAD模型》,硕士学位论文,浙江大学,2004年。

梁天锋等:《柬埔寨水稻生产特点及发展潜力》,《中国稻米》2015年第4期。

梁湘梓:《论认知传播学的身份定位与发展向度》,《中南大学学报》(社会科学版)2018年第2期。

廖桂莲、张体伟:《改革开放以来云南开放型农业发展研究》,《云南社会科学》2019年第2期。

林清泉等:《中国与RCEP其他成员国农产品贸易的竞争性和互补性研究》,《亚太经济》2021年第1期。

林毅夫:《新结构经济学——重构发展经济学的框架》,《经济学(季刊)》2010年第4期。

林毅夫:《制度、技术与中国农业发展》,上海人民出版社2014年版。

林毅夫、张鹏飞:《后发优势、技术引进和落后国家的经济增长》,《经济学(季刊)》2005年第1期。

刘春明、陈旭:《我国粮食生产技术效率及影响因素研究:基于省际面板数据的Translog—SFA模型的分析》,《中国农机化学报》2019年第8期。

刘海云、方海燕:《制度距离与企业OFDI进入模式的选择:基于中国制造业A股上市企业的实证检验》,《工业技术经济》2021年第9期。

刘洪仁、杨学成：《转型期农民分化问题的实证研究》，《中国农村观察》2005年第4期。

刘开强等：《柬埔寨水稻生产概况与发展战略》，《南方农业学报》2010年第6期。

刘镭：《农业经营方式的选择行动与社会结构互动关系研究》，《中南民族大学学报》（人文社会科学版）2014年第2期。

刘灵芝等：《农村居民直接和间接粮食消费对比分析与预测》，《江西财经大学学报》2011年第5期。

刘琦：《中南半岛地区对中国稻米出口的竞争力与潜力研究》，博士学位论文，浙江大学，2019年。

刘守英：《农业战略需要重大转变》，《农村工作通讯》2016年第16期。

刘小鲁：《知识产权保护、自主研发比重与后发国家的技术进步》，《管理世界》2011年第10期。

刘莹、黄季焜：《农户多目标种植决策模型与目标权重的估计》，《经济研究》2010年第1期。

刘再起、肖悦：《新冠疫情下的国际经济格局与中国畅通"双循环"的发展路径》，《学习与实践》2021年第2期。

刘中伟：《东亚生产网络、全球价值链整合与东亚区域合作的新走向》，《当代亚太》2014年第4期。

卢光盛、别梦婕：《"命运共同体"视角下的周边外交理论探索和实践创新——以澜湄合作为例》，《国际展望》2018年第1期。

陆学艺、张厚义：《农民的分化、问题及其对策》，《农业经济问题》1990年第1期。

吕开宇等：《新中国70年产业扶贫政策：演变路径、经验教训及前景展望》，《农业经济问题》2020年第2期。

罗必良等：《小农的种粮逻辑——40年来中国农业种植结构的转变与未来策略》，《南方经济》2018年第8期。

罗浩轩：《中国区域农业要素禀赋结构变迁的逻辑和趋势分析》，《中国农村经济》2017年第3期。

罗雁等：《国外低纬高原地区农业对云南高原特色农业发展的启示研究》，《安徽农业科学》2013年第15期。

马博：《文莱"2035宏愿"与"一带一路"的战略对接研究》，《南洋问题研究》2017年第1期。

蒙秀锋等：《农户选择农作物新品种的决策因素研究》，《农业技术经济》2005年第1期。

倪国华等：《对农业"走出去"战略的认识》，《世界农业》2014年第4期。

倪洪兴、吕向东：《正确理解我国农产品竞争力与国际的差距》，《农村工作通讯》2018年第10期。

牛若峰：《中国农业产业化经营的发展特点与方向》，《中国农村经济》2002年第5期。

农业农村部农垦局：《新中国农垦改革开放40周年》，中国农业出版社2020年版。

彭泽军：《西部地区跨境城镇可持续发展的制约因素及对策建议》，《经济问题探索》2007年第9期。

彭志荣：《澜湄合作机制背景下中国与老挝的经贸合作研究》，《广西社会科学》2017年第6期。

祁苑玲等：《"一带一路"建设中产业跨境转移的云南探索》，《云南行政学院学报》2019年第4期。

秦婉莹、展进涛：《后疫情时代中国农产品贸易展望及未来应对策略》，《对外经贸实务》2021年第4期。

邱瑾：《国际合作与中国科学：西方学者的视角》，《中国科学基金》2016年第2期。

全毅、尹竹：《中国—东盟区域、次区域合作机制与合作模式创新》，《东南亚研究》2017年第6期。

饶子和：《积极打造国际合作大平台》，《中国科学院院刊》2004年第5期。

尚丽：《基于DEA模型的陕西省粮食生产效率评价及影响因素研究》，《东北农业科学》2018年第5期。

沈澜：《泰国农产品进出口问题研究——以粮食、水果为对象》，博士学位论文，对外经济贸易大学，2019 年。

沈满洪、强朦朦：《农业生产风险评估及管理研究进展》，《浙江大学学报》（人文社会科学版）2020 年第 3 期。

史青、张莉：《中国制造业外包对劳动力需求弹性及就业的影响》，《数量经济技术经济研究》2017 年第 9 期。

史清华、贾生华：《农户家庭农地要素流动趋势及其根源比较》，《管理世界》2002 年第 1 期。

宋德军、刘阳：《中国农业技术扩散的实证研究》，《统计与决策》2007 年第 11 期。

隋鹏飞：《中国农业对外合作发展历程及形势任务》，《农民日报》2021 年 7 月 2 日。

孙楚仁、易正容：《对华大宗商品出口、产品空间关联与"一带一路"沿线国家出口产品比较优势提升》，《国际贸易问题》2019 年第 12 期。

孙玲等：《浅谈农业科研机构国际科技合作与交流的管理》，《科技管理研究》2011 年第 14 期。

孙伊然等：《"入世" 20 年中国经济安全观的演进逻辑》，《世界经济研究》2021 年第 12 期。

孙雨嘉：《中国与东南亚农业合作展望》，《经济研究导刊》2007 年第 1 期。

孙玉竹等：《农业技术进步模式对粮食生产能力影响分析：基于三大主粮 1999—2016 年省级面板数据分析》，《中国农业科技导报》2019 年第 7 期。

谭翔等：《农业龙头企业践行高质量发展应关注的重要问题——基于单案例的扎根研究》，《管理案例研究与评论》2021 年第 14 期。

谭翔等：《农业龙头企业践行高质量发展应关注的重要问题——基于单案例的扎根研究》，《管理案例研究与评论》2021 年第 2 期。

田红宇、祝志勇：《中国粮食生产效率及影响因素分析：基于 DEA—Tobit 两步法研究》，《中国农业资源与区划》2018 年第 12 期。

田千禧:《山区农业经济发展的内在动力及对策探讨》,《农业技术经济》1999年第5期。

汪艳涛:《农户分化背景下新型农业经营主体培育机制研究》,经济管理出版社2018年。

王彩凤:《澜湄合作机制下云南省对缅甸农业合作影响因素研究》,硕士学位论文,云南财经大学,2021年。

王芳等:《在开放的视野下再探中国农业"走出去"》,《世界农业》2014年第11期。

王国刚等:《中国农业生产经营主体变迁及其影响效应》,《地理研究》2017年第6期。

王国敏、侯守杰:《新冠肺炎疫情背景下中国粮食安全:矛盾诊断及破解路径》,《新疆师范大学学报》(哲学社会科学版)2021年第1期。

王怀豫:《云南南部山区农户陆稻技术采用与粮食保障的经济分析》,博士学位论文,华中农业大学,2006年。

王立霞等:《国际联合实验室在促进农业科技创新中的作用》,《科技管理研究》2016年第5期。

王勤:《当前东盟经济发展的新格局》,《亚太经济》2013年第6期。

王晓梅等:《新型冠状病毒肺炎疫情下粮食保障应对策略分析与建议》,《中国农业科技导报》2021年第5期。

王雅鹏:《对我国粮食安全路径选择的思考——基于农民增收的分析》,《中国农村经济》2005年第3期。

王永春、王秀东:《改革开放40年中国粮食安全国际合作发展及展望》,《农业经济问题》2018年第11期。

王永春、王秀东:《中国与东盟农业合作发展历程及趋势展望》,《经济纵横》2018年第12期。

王宇:《江苏"一带一路"创新合作与技术转移的实践与思考》,《科技管理研究》2020年第7期。

王越平:《去"边界化"与再"边界"化:空间建构视域下的跨境

种植研究——以河口县坪坝村为个案》,《思想战线》2015 年第 4 期。

王赞信等:《中国西南边疆地区跨境经济合作的产业选择研究》,《华东经济管理》2017 年第 2 期。

王志刚等:《资源依赖、联盟结构与产业扶贫绩效——来自深度贫困地区农产品供应链的案例证据》,《公共管理学报》2021 年第 1 期。

魏彦博:《中国民营农业企业如何"走出去":以新希望集团为例》,《对外经贸实务》2020 年第 1 期。

温铁军:《农民专业合作社发展的困境与出路》,《湖南农业大学学报》(社会科学版)2013 年第 4 期。

吴丹:《东亚区域内贸易的发展变化》,《东南亚研究》2008 年第 2 期。

吴孔明:《我国农业科技国际合作 40 年成果显著》,《中国农村科技》2018 年第 12 期。

吴万宗等:《产业结构变迁与收入不平等——来自中国的微观证据动》,《管理世界》2018 年第 2 期。

伍艳:《贫困山区农户生计资本对生计策略的影响研究——基于四川省平武县和南江县的调查数据》,《农业经济问题》2016 年第 3 期。

向敬伟、李江风:《贫困山区耕地利用转型对农业经济增长质量的影响》,《中国人口·资源与环境》2018 年第 28 期。

肖卫东、詹琳:《新时代中国农业对外开放的战略重点及关键举措》,《理论学刊》2018 年第 3 期。

肖祥、史月兰:《区域生态文明共享的生态正义问题——基于泛北部湾的分析》,《广西师范大学学报》(哲学社会科学版)2014 年第 6 期。

辛翔飞、秦富:《影响农户投资行为因素的实证分析》,《农业经济问题》2005 年第 10 期。

徐长春等:《"十三五"时期中国农业科技"走出去"的战略思考》,《世界农业》2016 年第 4 期。

徐珊等:《东北粮食主产区耕地资源时空变化及其对粮食生产能力的影响》,《农业工程学报》2012 年第 21 期。

徐振伟：《日韩海外农业投资的比较及对中国"一带一路"建设的启示》，《经济研究参考》2020年第14期。

许和连、栾永玉：《出口贸易的技术外溢效应：基于三部门模型的实证研究》，《数量经济技术经济研究》2005年第9期。

许恒周等：《农民分化对农户农地流转意愿的影响分析——基于结构方程模型的估计》，《中国土地科学》2012年第8期。

薛力：《东亚国家如何看待"一带一路"——基于对东亚八国精英的访谈》，《东南亚研究》2019年第5期。

薛龙、刘旗：《基于DEA—Tobit模型的河南省粮食生产效率分析》，《河南农业大学学报》2012年第6期。

杨保安：《多目标决策分析理论、方法与应用研究》，东华大学出版社2008年。

杨俊、杨钢桥：《风险状态下不同类型农户农业生产组合优化：基于target MOTAD模型的分析》，《中国农村观察》2011年第1期。

杨云彦、赵锋：《可持续生计分析框架下农户生计资本的调查与分析——以南水北调（中线）工程库区为例》，《农业经济问题》2009年第3期。

姚洋：《转轨中国：审视社会公正和平等》，中国人民大学出版社2004年版。

姚洋、柳庆刚：《经济增长差异和外部失衡》，《中国高校社会科学》2013年第3期。

姚毓春、李冰：《生产、贸易与储备：东南亚粮食安全与中国—东盟粮食合作》，《东南亚研究》2021年第2期。

叶兴庆：《新农村要有新经济》，《人民论坛》2016年第17期。

易先忠：《技术差距双面效应与主导技术进步模式转换》，《财经研究》2010年第7期。

殷磊磊等：《我国与东盟农产品贸易成本研究——基于异质性视角分析》，《经济研究参考》2018年第2期。

原瑞玲、翟雪玲：《"一带一路"背景下中国与缅甸农业投资合作分析》，《中国经贸导刊》2017年第16期。

曾庆芬：《贸易战对我国农业对外直接投资的影响及政策建议》，《农村经济》2019年第12期。

曾庆学：《中小企业融资租赁模式创新问题研究》，《统计与决策》2013年第12期。

曾小红、李光辉：《老挝热带农业发展》，中国农业科学技术出版社2021年。

张超等：《"一带一路"沿线国家粮食消费时空格局》，《自然资源学报》2021年第6期。

张红宇：《中国现代农业经营体系的制度特征与发展取向》，《中国农村经济》2018年第1期。

张洁：《菲律宾海洋产业的现状、发展举措及对中菲合作的思考》，《东南亚研究》2021年第2期。

张力、刘中杰：《压力环境中农业集体组织的结构变迁——以色列基布兹合作社及其启示》，《农村经济》2015年第3期。

张露：《小农分化、行为差异与农业减量化》，《农业经济问题》2020年第6期。

张其仔等：《经济复杂度、地区专业化与经济增长——基于中国省级面板数据的经验分析》，《经济管理》2012年第6期。

张鑫：《"一带一路"战略下西南跨境次区域农业一体化合作》，《广西民族研究》2017年第2期。

张焱等：《滇南跨境山区农户生计资本的量表开发及因子分析》，《经济问题探索》2017年第8期。

张原天：《论"一带一路"农业发展战略与合作模式》，《全球商业经典》2018年第3期。

张兆同、李静：《农民的农业生产经营决策分析——基于江苏省苏北地区的调查》，《农业经济问题》2009年第12期。

赵其波、胡跃高：《中国农业国际合作发展战略》，《世界农业》2015年第6期。

郑从英：《中国—东盟自由贸易区运行机制研究》，硕士学位论文，东华大学，2007年。

郑健雄、方兴起：《新冠疫情影响下全球产业链重构与中国应对》，《华南师范大学学报》（社会科学版）2020年第5期。

郑姗等：《美国农业与国际市场的纽带——海外农业服务局（FAS）》，《世界农业》2016年第2期。

钟飞腾：《新冠疫情与东南亚经济的U形复苏：一种国际政治经济学的分析》，《东南亚研究》2020年第5期。

钟甫宁：《世界粮食危机引发的思考》，《农业经济问题》2009年第4期。

周曙东等：《世界主要粮食出口国的粮食生产潜力分析》，《农业经济问题》2015年第6期。

朱晶：《贫困缺粮地区的粮食消费和食品安全》，《经济学（季刊）》2003年第3期。

朱晶等：《开放进程中的中国农产品贸易：发展历程、问题挑战与政策选择》，《农业经济问题》2018年第12期。

朱玲：《试论社会安全网》，《中国人口科学》1999年第3期。

祝学华、霍国庆：《我国科技外交人员社会资本评价指标及模型研究》，《中国软科学》2012年第3期。

左志安：《基于RCEP下云南粮食产业发展的思考》，《粮食问题研究》2021年第6期。

Abebe G. K., et al., "Contract Farming Configuration: Smallholders' Preferences for Contract Design Attributes", *Food Policy*, Vol. 40, 2013, pp. 14-24.

ACI (Agrifood Consulting International), "Final Report for the Cambodia Agrarian Structure Study", Ministry of Agriculture, Forestry and Fisheries, Royal Government of Cambodia, 2005.

ALRO (Agricultural Land Reform Office), "National Report on Agrarian Reform and Rural Development in Thailand", International Conference on Agrarian Reform and Rural Development (ICARRD), 6-10 March 2006, Brazil.

Altenburg T., "Building Inclusive Innovation Systems in Developing

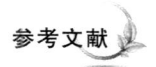

Countries: Challenges for IS Research", in Bengt-Åke Lundvall, et al., eds., *Handbook of Innovation Systems and Developing Countries*, Chapter 2, Edward Elgar Publishing, 2009.

Appa Rao S., et al., "Development of Traditional Rice Varieties and On-farm Management of Varietal Diversity in Laos", in Schiller J. M., et al., eds., *Rice in Laos*, Los Banos, Philippines: International Rice Research Institute, 2006, pp. 187–196.

Aronsson T., et al., "Estimating Intrahousehold Allocation in a Collective Model with Household Production", *Journal of Population Economics*, Vol. 14, No. 4, 2001, pp. 569–584.

Atlin G. N., et al., "Developing Rice Cultivars for High-fertility Upland Systems in the Asian Tropics", *Field Crops Research*, Vol. 97, No. 1, 2006, pp. 4–52.

Balisacan A., et al., *Sustainable Economic Development: Resources, Environment and Institutions*, New York: Academic Press, 2015, pp. 161–187.

Barnaud C., et al. "Rural poverty and diversification of farming systems in upper northeast Thailand", *Moussons, Recherche en sciences humaines sur l'Asie du Sud-Est*, Vol. 9, No. 10, 2006, pp. 157–187.

Barrett C. B., et al., "Smallholder Participation in Contract Farming: Comparative Evidence from Five Countries", *World Development*, Vol. 40, No. 4, 2012, pp. 715–730.

Bartolini F., et al., "The Impact of Water and Agriculture Policy Scenarios on Irrigated Farming Systems in Italy: An Analysis Based on Farm Level Multi-attribute Linear Programming Models", *Agricultural Systems*, Vol. 93, Issue. 1–3, 2007, pp. 90–114.

Basu K., "Gender and Say: A Model of Household Behavior with Endogenously-Determined Balance of Power", *SSRN Electronic Journal*, Vol. 116, No. 511, 2001, pp. 558–580.

Berg H. K., et al., "Recognizing Wetland Ecosystem Services for Sustainable Rice Farming in the Mekong Delta, Vietnam", *Sustainability Science*, Vol. 12, 2017, pp. 137-154.

Bestari N. G., et al., "*Lao PDR: An Evaluation Synthesis on Rice*, A Case Study from the 2005 Sector Assistance Program Evaluation for the Agriculture and Natural Resources Sector in the Lao People's Democratic Republic", Vientiane: Operations Evaluation Department, Asian Development Bank, 2006.

Biggs D., et al., "The Delta Machine: Water Management in the Vietnamese Mekong Delta in Historical and Contemporary Perspectives", in Francis M., et al., eds., *Contested Waterscapes in the Mekong Region: Hydropower, Livelihoods and Governance*, London: Earthscan, 2009, pp. 203-225.

Burns A., *Thailand's 20-Year Program to Title Rural Land*, Background Paper Prepared for the World Development Report 2004.

Cattan N. and Grasland C., "Migratization of Population in Czechoslovakia: A Comparison of Political and Spatial Determinants of Migration and the Measurement of Barriers", *Trinity papers in geography*, Vol. 8, 1992.

CGIAR, "Assessment Report: Drought and Salinity Intrusion in the Mekong River Delta of Vietnam", CGIAR Research Centres in Southeast Asia, 25-28 April, 2016.

Chambers R. and Conway G. R., "Sustainable Rural Livelihood: Practical Concepts for the 21st Century", IDS Discussion Paper, 1992.

Chambers R. and Conway G. R., "Sustainable Rural Livelihoods: Practical Concepts for the 21st Century", IWMI Books, Reports H032821, International Water Management Institute, 1991.

Chayanov A. V., "The Peasant Economy: Collected Works", *Ekonomika*, Moscow, 1989.

Chen F., et al., "Changing rice cropping patterns: evidence from the Yangtze River valley, China", *Outlook on Agriculture*, Vol. 42, No. 2, 2013, pp. 109-115.

Chitibut W., et al., *Fertilizer Policy in Thailand*. ReSAKSS Asia Policy Note 3, Washington D. C.: IFPRI, 2014.

Chuasuwan C., *Rice Industry Outlook*, 2018-2020, Bangkok: Krungsiri Research, 2018.

Clarke L., et al., *Research Capacity and Science to Policy Processes in Lao PDR: An Initial Study*, Vientiane: Laos-Australia Development Learning Facility, 2015.

Clerides S. K., et al., "Is Learning by Exporting Important? Micro-Dynamic Evidence from Colombia, Mexico, and Morocco", *Quarterly Journal of Economics*, Vol. 116, No. 3, pp. 903-947.

Cohen G., *Technology Transfer: Strategic Management in Developing Countries*, New Delhi: Sage Publications India, 2004.

Cramb R., *White Gold-The Commercialization of Rice Farming in the Lower Mekong Basin*, Singapore: Springer Nature, 2020.

Dao T. A. and Thai V. T., "The Cross-border Trade in Rice from Cambodia to Vietnam", in Cramb R, ed., *White Gold: The Commercialisation of Rice Farming in the Lower Mekong Basin*. Chapter 19, Singapore: Palgrave Macmillan, 2020.

Dao T. A., et al., "The Domestic Rice Value Chain in the Mekong Delta", in Cramb R, ed., *White Gold: The Commercialisation of Rice Farming in the Lower Mekong Basin*, Chapter 18, Singapore: Palgrave Macmillan, 2020.

Dasgupta S., et al., *The Impact of Sea-Level Rise on Developing Countries: A Comparative Analysis*, Washington D. C.: World Bank, 2007.

De Janvry A. and Sadoulet E., "World Poverty and the Role of Agricultural Technology: Direct and Indirect Effects", *Journal of Development Studies*, Vol. 38, No. 4, 2001, pp. 1-26.

Demont M. and Rutsaert P., "Restructuring the Vietnamese rice sector: towards increasing sustainability", *Sustainability*, Vol. 9, No. 2, 2017, p. 325.

Demsetz H. , *Ownership, Control and Enterprises*, Beijing: Economic Science Press, 1999.

Dien L. D. , et al. , "Comparing Nutrient Budgets in Integrated Rice-shrimp Ponds and Shrimp Grow-out Ponds", *Aquaculture*, Vol. 484, 2018, pp. 250-258.

Ding S. , et al. , "The Impact of Agricultural Technology Adoption on Income Inequality in Rural China: Evidence from Southern Yunnan Province", *China Economic Review*, Vol. 22, No. 3, 2011, pp. 344-356.

Doss C. R. , "Analyzing Technology Adoption Using Microstudies: Limitations, Challenges, and Opportunities for Improvement", *Agricultural Economics*, Vol. 34, No. 3, 2006, pp. 207-219.

Douthwaite B. , et al. , "Why Promising Technologies Fail: the Neglected Role of User Innovation during Adoption", *Research Policy*, Vol. 30, 2001, pp. 819-836.

Ducourtieux O. , et al. , "Land Policy and Farming Practices in Laos", *Development and Change*, Vol. 36, 2005, pp. 499-526.

Dusserre J. , et al. , "Upland Rice Production under Conservation Agriculture Cropping Systems in Cold Conditions of Tropical Highlands", *Field Crops Research*, Vol. 138, none, 2012, pp. 3-41.

Ekasingh B. , et al. , "Competitive Commercial Agriculture in the Northeast of Thailand", Department of Agricultural Economics and the Multiple Cropping Centre, Faculty of Agriculture, Chiang Mai University, 2008.

Ellis F. , *Rural Livelihoods and Diversity in Developing Countries*, New York: Oxford University Press, USA, 2000.

Evans G. , *Lao Peasants under Socialism and Post-Socialism*, Chiangmai: Silkworm Books, 1995.

Evenson R. E. and Gollin D. , "Assessing the Impact of the Green Revolution, 1960 to 2000", *Science*, Vol. 300, No. 5620, 2003, pp. 758-762.

Evenson R. E. , "Assessing the Impact of the Green Revolution, 1960 to 2000", *Science*, Vol. 300, No. 5620, 2003, pp. 758-762.

Falvey L., *Thai Agriculture: Golden Cradle of Millennia*, Bangkok: Kasetsart University, 2000.

Floch P. and Molle F., "*Pump Irrigation Development and Rural Change in Northeast Thailand*", Working Paper of Mekong Program on Water, Environment and Resilience. Vienna: University of Natural Resources and Applied Life Sciences, International Water Management Institute, 2009.

Floch P. and Molle F., "Irrigated Agriculture and Rural Change in Northeast Thailand: Reflections on Present Developments", in Daniel R. L., et al., eds., *Governing the Mekong: Engaging in the Politics of Knowledge*, Malaysia, Petaling Jaya: Strategic Information and Research Development Centre, 2013, pp. 185–212.

Fox J. and Castella J. C., "Expansion of Rubber (Hevea brasiliensis) in Mainland Southeast Asia: What are the Prospects for Smallholders", *Journal of Peasant Studies*, Vol. 40, No. 1, 2013, pp. 155–170.

Gathala M. K., et al., "Conservation Agriculture Based Tillage and Crop Establishment Options can Maintain Farmers' Yields and Increase Profits in South Asia's Rice–maize Systems: Evidence from Bangladesh", *Field Crops Research*, Vol. 172, No. 15, 2015, pp. 85–98.

GDS, *Integrated Value Chain Analysis of Selected Strategic Sectors in Lao People's Democratic Republic*, Virginia: Global Development Solutions, 2005.

Gereffi G., "The Organization of Buyer-Driven Global Commodity Chains: How U. S. Retailers Shape Overseas Production Networks", in Gary Gereffi and Miguel Korzeniewicz, eds., *Commodity Chain and Global Capitalism*, Connecticut, London: Praeger Westport, 1994, pp. 95–122.

Girma S., et al., "Can Production Subsidies Explain China's Export Performance? Evidence from Firm-level Data", *The Scandinavian Journal of Economics*, Vol. 111, No. 4, 2009, pp. 863–891.

Gorsuch J., *Rice, the Fabric of Life in Laos*, Los Banos, Philippines: International Rice Research Institute, 2002.

Grandstaff T. B. , et al. , "Rainfed Revolution in Northeast Thailand", *Southeast Asian Studies*, Vol. 46, 2008, pp. 289–376.

GSO (General Statistics Office), *Agriculture, Forestry and Fisheries*, Hanoi: General Statistics Office, 2016.

Hanson G. H. , "Economic Integration, Intra-industry Trade, and Frontier Regions", *European Economic Review*, Vol. 40, No. 3–5, 1996, pp. 941–949.

Hanson G. H. , "Economic Integration, Intraindustry Trade, and Frontier Regions", *European Economic Review*, Vol. 40, Issue 3–5, 1996, pp. 941–949.

Harvey M. and Pilgrim S. , "The New Competition for Land: Food, Energy, and Climate Change", *Food Policy*, Vol. 36, Issue S1, 2011, pp. S40–S51.

Hausmann R. and Klinger B. , "*The Structure of the Product Space and the Evolution of Comparative Advantage*", CID Working Papers No. 128, 2007.

Hayami T. and Godo Y. , *Development Economics: From the Poverty to the Wealth of Nations*, UK: Oxford Academ, 2001.

Hazell P. B. R. , "An Assessment of the Impact of Agricultural Research in South Asia since the Green Revolution", *Handbook of Agricultural Economics*, Vol. 4, none, 2010, pp. 3469–3530.

Hazell P. B. R. , "Asia's Green Revolution: Past Achievements and Future Challenges", in Pandey S, et al. , eds. , *Rice in the Golbal Economy: Strategic Research and Policy Issues for Food Security*, Los Banos, Philippines: International Rice Research Institute, 2010, pp. 61–92.

Helmers K. , "Rice in the Cambodian Economy: Past and Present", in Nesbitt H. J. , ed. , *Rice Production in Cambodia*, Manila: International Rice Research Institute, 1997, pp. 1–14.

Hidalgo C. A. and Hausmann R. , "The Building Blocks of Economic Complexity", *Proceedings of the National Academy of Sciences of USA*,

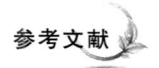

Vol. 106, No. 26, 2009, pp. 10570-10575.

Horton D., *Planning, Implementing, and Evaluating Capacity Development*, The Hague: ISNAR, 2002.

Huynh T. T. T., et al., "Pig Production in Cambodia, Laos, Philippines, and Vietnam: A Review", *Asian Journal of Agriculture and Development*, Vol. 4, No. 1, 2007, pp. 69-90.

ICEM (International Centre for Environment Management), "Lao PDR National Report on Protected Areas and Development", *Review of Protected Areas and Development in the Lower Mekong River Region*, Brisbane: ICEM, 2003.

Inthapanya P., et al., "The History of Lowland Rice Variety Improvement in Laos", in Schiller J. M., et al., eds., *Rice in Laos*, Los Banos, Philippines: International Rice Research Institute, 2006, pp. 325-348.

Isgin T., et al., "Using Count Data Models to Determine the Factors Affecting Farmers' Quantity Decisions of Precision Farming Technology Adoption", *Computers & Electronics in Agriculture*, Vol. 62, No. 2, 2008, pp. 231-242.

James W. E., et al., *Food Prices and Inflation in Developing Asia: Is Poverty Reduction Coming to An End?* Asian Development Bank, Philippines, April 2008.

Javier E. L., "Rice ecosystems and varieties", in Nesbitt H. J., ed., *Rice Production in Cambodia*, Manila: International Rice Research Institute, 1997, pp. 39-81.

Javier E. L., "Rice Ecosystem and Varieties", *Rice Production in Cambodia*, Los Banos, Philippines: International Rice Research Institute, 1997, pp. 39-81.

Joergensen L. N., et al., "Decision Support Systems: Barriers and Farmers' Need for Support", *EPPO Bulletin*, Vol. 37, No. 2, 2007, pp. 374-377.

Kajisa K. and Payongayong E., "Potential of and Constraints to the

Rice Green Revolution in Mozambique: A Case Study of the Chokwe Irrigation Scheme", *Food Policy*, Vol. 36, No. 5, 2011, pp. 614-625.

Kakonen M., "Mekong Delta at the Crossroads: More Control or Adaptation", *Ambio*, Vol. 37, No. 3, 2008, pp. 205-212.

Kamanou G. and Morduch J., *Measuring Vulnerability to Poverty*, World Institute Development Economics Research Discussion Paper No. 58, 2002.

Kasem S. and Thapa G., "Sustainable Development Policies and Achievements in the Context of the Agriculture Sector in Thailand", *Sustainable Development*, Vol. 20, 2012, pp. 98-114.

Kearney J., "Food Consumption Trends and Drivers", *Philosophical Transactions of the Royal Society of London*, Vol. 365, No. 1554, 2010, pp. 2793-2807.

Kiernan B. and Boua C., *Peasants and Politics in Kampuchea*, 1942-1981, London: Zed Books, 1981.

Kose M. A. and Yi K. M., "Can the Standard International Business Cycle Model Explain the Relation between Trade and Comovement?", *Journal of Internstional Economics*, Vol. 68, No. 2, 2006, pp. 267-295.

Krugman P., "Increasing Returns and Economic Geography", *Journal of Political Economics*, Vol. 99, No. 3, 1991, pp. 483-499.

Lao-IRRI Project, *Annual Technical Report* 2005, Vientiane: IRRI and NAFRI, 2005.

Le Coq J. F., et al., "History of Rice Production in the Mekong Delta", Paper presented at Third EUROSEAS Conference, London, 6-8 September, 2001.

Leigh C., et al., "Concurrent Rice-shrimp-crab Farming Systems in the Mekong Delta: Are Conditions (sub) Optimal for Crop Production and Survival?", *Aquaculture Research*, Vol. 48, 2017, pp. 5251-5262.

Li Y., et al., "Why Some Rural Areas Decline while Some Others not: An Overview of Rural Evolution in the World", *Journal of Rural Stud-*

ies, Vol. 68, none, 2019, pp. 135-143.

Lin F. and Tang H. C., "Exporting and Innovation: Theory and Firm-Level Evidence from the People's Republic of China", Working Papers on Regional Economic Integration, Asian Development Bank No. 111, 2013.

Lobell D. B., et al., "Crop Yield Gaps: Their Importance, Magnitudes, and Causes" *Annual Review of Environment & Resources*, Vol. 34, No. 1, 2009, pp. 179-204.

MAF, *Strategy for Agricultural Development to 2020*, Vientiane: Ministry of Agriculture and Forestry, 2014.

MAFF, "Annual Report of Agriculture, Forestry and Fisheries, Cambodia (2010-2011)", Ministry of Agriculture, Forestry and Fisheries, Cambodia, 2012.

Mary K., et al., "The Ethics of Constrained Choice: How the Industrialization of Agriculture Impacts Farming and Farmer Behavior", *Journal of Agricultural & Environmental Ethics*, Vol. 18, No. 3, 2005, pp. 269-291.

Mealy P., et al., "Interpreting Economic Complexity", *Science Advances*, Vol. 5, No. 1, 2019, pp. 91-108.

MIT, *A Report on the Vietnam Border Trade with Cambodia*, 2001-6. Hanoi: Ministry of Industry and Trade, 2008.

Molle F., et al., "The 'Greening of Isaan': Politics, Ideology and Irrigation Development in the Northeast of Thailand", in Molle F., et al., eds., *Contested Waterscapes in the Mekong Region: Hydropower, Livelihoods and Governance*, London: Earthscan, 2009, pp. 253-282.

Mordor Intelligence, "Fertilizers Market—Thailand", *Industry Growth, Trends and Forecasts 2017-2022*, India: Mordor Intelligence, 2019.

Mullen J., et al., "Impact Assessment of ACIAR-supported Research in Lowland Rice Systems in Lao PDR", *ACIAR Impact Assessment Series No. 97*, Canberra: Australian Centre for International Agricultural Research, 2019.

Nguyen D. C. , et al. , "Livelihoods and Resource Use Strategies of Farmers in the Mekong Delta", in Tran T. B. , et al. , eds. , *Challenges to Sustainable Development in the Mekong Delta*, Bangkok: Sustainable Mekong Research Network, 2007, pp. 66-98.

Nguyen D. C. , "Transformation of Farming Systems in Coastal Mekong Delta: Seeking for Better Management and Sustainability", The 6th International Symposium on Structural Transformation of Vietnamese Agriculture and Rural Society, Kagoshima University, Japan, 14-16 March, 2011.

Nguyen H. T. M. , et al. , "The Political Economy of Policy Exceptionalism during Economic Transition: The Case of Rice Policy in Vietnam", Crawford School Working Papers 1713. Canberra: Crawford School of Public Policy, Australian National University, 2017.

Nguyen V. K. , et al. , "Dike Compartments: Case Studies in Water Governance, Farming Systems, and Adaptation to Water-regime Changes in An Giang Province, Mekong Delta, Vietnam", in *Dynamics of Water Governance in the Mekong Region*, Mekong Program on Water, Environment and Resilience Series 5, Kuala Lumpur: Strategic Information and Research Development Centre, 2016.

Nguyen V. K. and Howie C. , *Conservation and Development of the Floating Rice Based Agro-Ecological Farming Systems in the Mekong Delta*, Hanoi: Agricultural Publishing House, 2018.

Niebuhr A. and Stiller S. , "*Integration Effects in Border Regions: A Survey of Economic Theory and Empirical Studies*", Hamburgisches Welt Wirtschafts Archiv (HWWA) Discussion Paper, 2002.

Niebuhr A. and Stiller S. , "*Integration Effects in Border Regions: A Survey of Economic Theory and Empirical Studies*", HWWA Discussion Papers, No. 179, 2002.

NSOT (National Statistics Office, Thailand), "*Agriculture Inter-censual Survey in 2008 for Whole Kingdom*", Available at http://service. nso. go. th/nso/nsopublish/service/agricult/ais-wk/ais-wk. pdf.

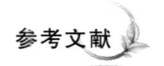

OAE (Office of Agricultural Economics), "Agricultural Economics Outlook 2011-2012", Thailand: Office of Agricultural Economics, 2011.

Pandey S. and Bhandari H., "Rice Production in Cambodia: Will Exports Continue to Grow?" in Dawe D, ed., *The Rice Crisis: Markets, Policies and Food Security*, London: Earthscan Ltd, 2010.

Pandey S., "Technology for the Southeast Asian Uplands", in Pender, J. and P. Hazell, eds., *Promoting Sustainable Development Less - Favored Areas*, 2020 vision focus 4, Washington D. C.: International Food Policy Research In Pender J. and Hazell P. B. R., *Promoting Sustainable Development in Less - favored Areas*, 2020 Vision Focus 4, International Food Policy Research Institute, 2000.

Perkmann M., "Cross - border Region in Europe: Significance and Drives of Regional Cross - border Cooperation", *European Urban and Regional Studies*, Vol. 10, No. 2, 2003, pp. 153-171.

Perkmann M., "Cross-border Regions in Europe: Significance and Drivers of Regional Cross - border Cooperation", *Social Science Electronic Publishing*, Vol. 10, No. 2, 2003, pp. 153-171.

Petrakos G. and Topaloglou L., "Economic Geography and European Integration: the Effects on the EU's External Border Regions", *International Journal of Public Policy*, Vol. 3, No. 3-4, 2008, pp. 146-162.

Preston N. and Clayton H., *Rice-Shrimp Farming in the Mekong Delta: Biophysical and Socioeconomic Issues*, Canberra: Australian Centre for International Agricultural Research, 2003.

Purcell T., *Rice Production in Cambodia: Trends in Production and Productivity and Opportunities for Improvement*, Phnom Penh: Agricultural Development International, 2010.

Rabobank, *Thai Rice: Time for a Sustainable Development*, Food and Agribusiness Research, Bangkok: Rabobank International, 2003.

Rambo A. T., "The Agrarian Transformation in Northeastern Thailand: A Review of Recent Research", *Southeast Asian Studies*, Vol. 6, 2017, pp. 211-245.

Ratti R. and Reichman S. , *Theory and Practice of Transborder Cooperation*, Basel: Helbing & Lichtenhahn, 1993.

Reardon T. , et al. , "The Quiet Revolution in Asia's Rice Value Chains", *Annals of the New York Academy of Sciences*, Vol. 1331, none, 2015, pp. 106-118.

Reuter K. and Scheffler M. , "Motivation and Planning for Developing International Economic Cooperation Belt along the Western Border of China", *International Conference on Public Administration Proceedings*, Chengdu: University of Electronic Science and Technology of China, 2005, pp. 1226-1231.

Reynolds M. P. , et al. , "Improving Global Integration of Crop Research", *Science*, Vol. 357, No. 6349, 2017, pp. 359-360.

Riesgo L. and Gómez-Limón J. A. , "Multi-criteria Policy Scenario Analysis for Public Regulation of Irrigated Agriculture", *Agricultural Systems*, Vol. 91, Issue 1-2, 2006, pp. 1-28.

Rigg J. , et al. , "Joining the Dots of Agrarian Change in Asia: A 25 Year View from Thailand", *World Development*, Vol. 40, 2012, pp. 1469-1481.

Rothuis A. , *Rice-Fish Culture in the Mekong Delta, Vietnam: Constraint Analysis and Adaptive Research*, Leuven, Belgium: Katholieke Universiteit, 1998.

Sachs J. , and Yang X, , *Development Economics—Inframarginal versus Marginal Analyses*, New York: Blackwell, 2000.

Sachs J. D. , and Woo W. T. , "Understanding China's Economic Performance", National Bureau of Economic Research (NBER), USA, Working paper No. w5935, 1997.

Saito K. , "A Screening Protocol for Developing High-yielding Upland Rice Varieties with Superior Weed-suppressive Ability", *Field Crops Research*, Vol 168, none, 2014, pp. 119-125.

Schiller J. M., et al., "A History of Rice in Laos", In Schiller J. M., et al., eds., *Rice in Laos*, Los Banos, Philippines: International Rice Research Institute, 2006, pp. 9–28.

Schiller J. M., "Rice Production: Status and Needs Relating to Future Food Security of Lao PDR and Potential Development Options for Southern Lao PDR", Vientiane Capital: Asian Development Bank, 2008.

Schröder P., "Seed Rice Production in the Lao PDR. Consultancy Study for Lao-IRRI", The Lao-IRRI Rice Research and Training Project, Annual Technical Report 2001–2002, Vientiane: Lao-IRRI Project, 2003.

Scott A. J., "World Development Report 2009: Reshaping Economic Geography", *World Environment*, Vol 9, No. 6, 2008, pp. 1269–1277.

Sengxua P., et al., "Rapid Assessment of Stocks and Marketing System of Paddy Rice in Lao PDR", Vientiane: National Agriculture and Forestry Research Institute and Food and Agriculture Organization, 2009.

Setboonsang S., "Rice Research Priorities in Thailand", In Evenson R. E., et al., eds., *Rice Research in Asia: Progress and Priorities*, Los Banos: International Rice Research Institute, 1996.

Setboonsarng S., et al., "Rice Contract Farming in Lao PDR: Moving from Subsistence to Commercial Agriculture", ADBI Discussion Paper 90, Tokyo: Asian Development Bank Institute, 2008.

Shiferaw B. A., et al., "Adoption and Adaptation of Natural Resource Management Innovations in Smallholder Agriculture: Reflections on Key Lessons and Best Practices", *Environment Development & Sustainability*, Vol 11, No. 3, 2009, pp. 601–619.

Shrestha S., et al., "Sowing Seeds in Lab and Field: Socio-economic Impact of the Lao-IRRI Rice Research and Training Project", Los Banos, Philippines: International Rice Research Institute, 2006.

Simpfendorfer B., "The New Silk Road: How A Rising Arab World is Turning Away from the World and Rediscovering China", *Journal of Economics Issue*, Vol 47, No. 4, 2013, pp. 1050–1052.

Song Z., et al., "Growing Like China", *American Economic Review*, Vol 101, No. 1, 2011, pp. 196-233.

Stewart-Koster B., et al., "Expert-based Model Building to Quantify Risk Factors in A Combined Aquaculture-agriculture System", *Agricultural Systems*, Vol. 157, 2017, pp. 230-240.

Stone G. D., and Glover D., "Disembedding Grain: Golden Rice, the Green Revolution and Heirloom Seeds in the Philippines", *Agriculture and Human Values*, Vol 34, No. 1, 2017, pp. 87-102.

Stuart-Fox M., *Buddhist Kingdom, Marxist State: The Making of Modern Laos*, Bangkok: White Lotus, 1996.

Stuart-Fox M., *Buddhist Kingdom Marxist State: The Making of Modern Laos*, Studies in Asian History No. 2. Bangkok: White Lotus Press, 1996, p. 52.

Sunsuk D., "Isaan Farmers and Local Officials Slam Failed Rice Policy", *The Isaan Record*, Vol. 25, Oct., 2016.

Thang T. C., "Current Status of Vietnam Rice Export Quality", Taipei: Food and Fertilizer Technology Center for the Asian and Pacific Region, 2017.

Thath R., *Potentials and Constraints of Cambodian Rice Export*, MPRA Paper 71490, University Library of Munich, Germany, 2016.

Thepphavong B., Sipaseuth, *Plant Breeding and Related Biotechnology Capacity*, Vientiane: Lao People's Democratic Republic, 2007.

Thuy N. N., Anh H. H., "Vulnerability of Rice Production in Mekong River Delta under Impacts from Floods, Salinity and Climate Change", *International Journal on Advanced Sciences Engineering and Technology*, Vol. 5, No. 4, 2015, pp. 272-279.

Timmer C. P., "Food Security, Market Processes, and the Role of Government Policy", *Encyclopedia of Agriculture and Food Systems*, Vol 3, none, 2014, pp. 324-337.

Tobin J., "Estimation of Relationships for Limited Dependent Variables", *Econometrica*, Vol 26, No. 1, 1958, pp. 24-36.

Tsuneishi T., "Thailand's Economic Cooperation with Neighboring Countries and Its Effects on Economic Development within Thailand", IDE Discussion Papers, Institute of Developing Economies, Japan External Trade Organization (JETRO), 2007.

UNDP, "National Human Development Report Lao PDR 2001: Advancing Rural Development", Vientiane: UNDP, 2002.

VFA, *Annual Activity Report of* 2012, Hanoi: Vietnam Food Association, 2012.

Vormoor K., "Water Engineering, Agricultural Development and Socio-Economic Trends in the Mekong Delta, Vietnam", ZEF Working Paper Series No. 57, Bonn: Center for Development Research, University of Bonn, 2010.

Wang H., et al., "Patterns of Varietal Adoption and Economics of Rice Production in Asia", Manila: International Rice Research Institute, 2012.

Wang H., et al., "Econometric Analyses of Adoption and Household-Level Impacts of Improved Rice Varieties in the Uplands of Yunnan, China", *Sustainability*, Vol 12, No. 17, 2020, pp. 6873.

Wang H., et al., "Farmers' Adoption of Improved Upland Rice Technologies for Sustainable Mountain Development in Southern Yunnan", *Mountain Research and Development*, Vol 30, No. 4, 2010, pp. 373-380.

Wang H., et al., "Pattern of Adoption of Improved Rice Varieties and Its Determinants in Cambodia", *Procedia Economics & Finance*, Vol 2, No. 12, 2012, pp. 335-343.

Welcher P., Prasertsri, P., "Laos Rice Report MY2018-2019", GAIN Report No. TH9016, Bangkok: USDA Foreign Agricultural Service, 2019.

Wiboonpongse A., Chaovanapoonphol Y., "Agribusiness Research on Marketing System in Thailand", Chiangmai: Multiple Cropping Center, Chiangmai University, 2001.

Wiggins S., and Levy S., "Rising Food Prices: A Global Crisis", Overseas Development Institute Briefing Paper, London, 2008.

Wilson R. S., et al., "Targeting the Farmer Decision Making Process: A Pathway to Increased Adoption of Integrated Weed Management", *Crop Protection*, Vol 28, No. 9, 2009, pp. 756-764.

Wu H., et al., "Assessing the Impact of Agricultural Technology Adoption on Farmers' Well-being Using Propensity-score Matching Analysis in Rural China", *Asian Economic Journal*, Vol 24, No. 2, 2010, pp. 141-160.

Xu H. Z., et al., "Impact of Farmers' Differentiation on Farmland-use Efficiency: Evidence from Household Survey Data in Rural China", *Agricultural Economics*, Vol 59, No. 5, 2013, pp. 227-234.

Xu J., and Rana G. M., "Living in the Mountains", in Terry Jeggle eds., *Know Risk*, United Nation Inter-agency Secretariat of the International Strategy for Disaster Reduction, 2005.

Yasuyuki K., "Canal Development and Intensification of Rice Cultivation in the Mekong Delta: A Case Study in Cantho Province, Vietnam", *Southeast Asian Studies*, Vol. 39, No. 1, 2001, pp. 70-85.

Zeigler R., *Sustaining Global Food Security: The Nexus of Science and Policy*, Australia: CSIRO Publishing, 2019.

Zhang Q. F., and Donaldson J. A., "From Peasants to Farmers: Peasant Differentiation, Labor Regimes, and Land-rights Institutions in China's Agrarian Transition", *Politics & Society*, Vol 38, No. 4, 2010, pp. 458-489 (32).

Zhang Y., et al., "The Status of Female Employee and Their Competitive Industries in Myanmar: Based on the Female Employee Competition Degree Measurement by Coefficient Model", 2020 2nd International Conference on Economic Management and Model Engineering (ICEMME), The Institute of Electrical and Electronics Engineers, Chongqing, China, November 20-22, 2020.

后 记

党的二十大报告指出,"推进高水平对外开放。依托我国超大规模市场优势,以国内大循环吸引全球资源要素,增强国内国际两个市场两种资源联动效应,提升贸易投资合作质量和水平"。新时期农业发展主要矛盾的解决不能罔顾国外市场和资源,从而错失推进农业供给侧改革的时机。当今世界正经历百年未有之大变局,乌克兰危机、中美贸易摩擦又加速了世界经济格局的裂化,导致国际粮食市场动荡不稳、贸易限制措施频出以及全球粮食安全的风险。因此,中国不仅要提高粮食综合产能,夯实大国粮仓根基,更要充分利用国际市场资源保障粮食安全。在此,东南亚作为重要的粮食产地不可忽视,随着"南亚东南亚辐射中心"以及"中老铁路"的建设运行,中国(云南)—东南亚跨境合作区域的重要性日益突出。云南省作为边疆农业大省,在着力打造开放型农业方面取得了明显成效,并搭建了多个国际农业合作平台。2022年11月,中共云南省委十一届三次全会进一步提出"坚持开放发展,大力推进思想观念开放,抓好口岸开放,发挥平台开放作用"。

基于上述背景,云南农业大学经济管理学院冯璐研究员先后主持了国家自然科学基金项目"农业产业化背景下小农户衔接大市场的决策行为优化:跨境山区农户分化实证(72263035)"、国家留学基金委高访项目(202008530022);云南省哲社科学规划项目'云南农业企业面向东南亚构建跨境农业产业链的路径研究(YB2021017)"、云南省科技厅基础研究专项"云南跨境山区农户异质性分化视角下的农业产业化经营行为决策风险评估及影响因素研究(202301AT070496)"、云南省高层次人才培养支持计划(YNWR-

QNBJ-2020-228）等国家级、省部级项目，对区域粮食安全视角下国际农业合作的理论构建和实践经验进行全面系统的梳理。同时，冯璐研究员主持的"跨境农业经济合作"团队，又先后获得国家自然科学基金项目"西部边疆民族地区乡村小规模学校发展的时空演化及驱动因素研究（72164039）"、"农业直接补贴政策的粮食全要素生产率增长效应：理论构建、实证评估与政策优化"（72003201）的支持，与云南省农业科学院国际农业研究所、中南民族大学经济学院开展合作，自2020年以来，研究小组分批多次赴相关政府部门、农业企业、县市村寨开展座谈调研、农户访谈等，并依托"大湄公河次区域农业科技交流合作组"获得丰富翔实的研究资料。通过多次内部研讨和专家咨询，于2023年1月完成初稿，后经多轮修改完善，最后于2023年8月成稿。书稿的具体分工如下：

第一章由冯璐、张焱主笔；第二章由李忻蔚、李勃主笔；第三章由闵锐、张子良、张焱主笔；第四章由唐婷、云建辉主笔；第五章由晋燕、刘舰主笔；第六章由李勃、姚黎主笔；第七章由邵子真、冯璐主笔；第八章由毛珮、晋燕主笔；第九章由冯璐、赵梅主笔；第十章由云建辉、普亚鸿主笔；第十一章由冯璐、晋燕主笔；前言和后记由冯璐主笔。全部书稿资料（按拼音排序）由陈翠英、陈鹏鑫、陈文刚、丁美军、董诗婧、飞雪梅、黄宜、黎斌林、刘建芳、李国庆、李文学、普东、阮冬秀、王晓艳、王之凡、吴金龙、吴莎莎、易璟、杨夏妮、闫振宇、曾艳、张军、朱启赛整理提供，校稿由冯璐、晋燕、张焱、李勃和云建辉完成。

本书的出版统筹了上述相关项目的研究成果，有幸获得越南国家农业科学院Dao The Anh博士、新西兰林肯大学Wei Yang博士、北京理工大学王怀豫副教授、华南农业大学陈风波副教授、云南省农业科学院陶大云研究员和丁仁展研究员的指导。同时，九三学社云南省委参政议政部等相关部门给予了积极协助，并获得云南省替代种植发展行业协会、云南农垦国际贸易有限责任公司、云南农垦云橡投资有限公司、云南商业集团有限公司、云南供销电子商务股份有限公司、云南省花宏进出口有限公司、云南金满田生物科技有限公司、云南通海

后　记

高原农产品有限公司、云南通茂进出口有限公司等的大力支持。中国社会科学出版社的编辑团队更为本书的出版付出了艰辛和努力。在此，一并表示衷心的感谢！

我们相信，在党的全面领导和党中央的集中统一领导下，坚持农业农村优先发展，推动高水平农业对外开放，从而保障粮食安全、满足群众高品质生活需求、提高农产品国际竞争力等，必定能最终实现乡村全面振兴和农业农村现代化。

冯璐

2023 年 9 月